名演説で学ぶ
アメリカの歴史

上岡伸雄 編著

研究社

Learning American History through Famous Speeches

Edited and with Commentary by Nobuo Kamioka

Copyright © 2006 by Nobuo Kamioka

Acknowledgments

Charlotte Aldebron
Reprinted with permission of AlterNet.org

Rachel Carson
Rachel Carson's writing © 1998 by Roger Allen Christie
Published by permission of Frances Collin, Literary Agent, Wayne, Pennsylvania through Tuttle-Mori Agency, Inc., Tokyo.

Shirley Chisholm
from *American Heritage Book of Great American Speeches for Young People* edited by Suzanne McIntire(John Wiley & Sons, Inc., 2001)

William Sloane Coffin Jr.
from *American Heritage Book of Great American Speeches for Young People* edited by Suzanne McIntire(John Wiley & Sons, Inc., 2001)

Albert Einstein
Copyright © 1956, 1984 Estate of Albert Einstein. All rights reserved. Reprinted by arrangement with Kensington Publishing Corp. www.kensingtonbooks.com

William Faulkner
Copyright © The Nobel Foundation 1950

Betty Friedan
Copyright (C) 1976 by Betty Friedan Abortion: A Woman's Civil Right first appeared in IT CHANGED MY LIFE, published by Random House. Reprinted by permission of Curtis Brown, Ltd.

Wamsutta (Frank B.) James
Reprinted with permission of United American Indians of New England

Martin Luther King Jr.
Copyright © 1963 Martin Luther King Jr., copyright renewed © 1991 Coretta Scott King. Reprinted by arrangement with the Estate of Martin Luther King Jr., c/o Writers House as agent for the proprietor New York, NY.

Malcolm X
from *Malcom X Speaks: Selected Speeches and Statesments* edited by George Breitman(Pathfinder Press, 1965)

Michael Moore
from "Mike's Letter" April 7, 2003(michaelmoore.com)

Eleanor Roosevelt
Reprinted with permission of Nancy Roosevelt Ireland, Trustee

Mario Savio
Reprinted with permission of Lynne Hollander Savio

Kurt Vonnegut
from *Wampeters Foma & Granfalloons (Opinions)* by Kurt Vonnegut Jr. (Dell Publishing)

*

All of the photos used in this book are considered to be in the public domain, except the photo of Wamsutta (Frank B.) James, which is used with the permission of United American Indians of New England.

まえがき
Introduction

　本書の目的は、アメリカ史を彩る名演説のさわりの部分を紹介しながら、英語を学び、アメリカ史を知ろうというものである。

　アメリカ史をたどると、その重要な場面のひとつひとつに歴史に残る名演説がある。こうした名演説が人々の心を動かし、歴史を動かしてきた。自由や平等という理念の下に誕生したアメリカ合衆国が、いかにその理念を真の意味で達成しようと奮闘してきたか(しかし未だに達成しきれていないか)。また、いかにアメリカが「民主主義を守る」という大義名分の下、海外の紛争に介入するようになり、世界の平和の守り手を標榜するようになったか。こうした演説の中には、アメリカの偽善と矛盾が現われているものもあるが、一方でその偽善と矛盾を(多くはマイノリティ、あるいは差別される立場から)鋭く突くものもある。それらは、まさにアメリカ自体を反映していると言えるだろう。これらの演説をたどるだけで、アメリカ史が概観できると言っても過言ではない。

　と同時に、これらの名演説は英語学習の上でも非常に有効な素材であると言える。英語の名文を読み、声に出して繰り返すことが、英語力を高めるための基本であることは言うまでもない。まして一般の人々の心を動かした名演説となれば、リーディングやリスニング、そして暗誦の最高の学習教材となる。むずかしい単語も使われているが、それらはアメリカ人の(少なくとも知識人にとっては)最低限の語彙範囲内だ。さらに、アメリカ人は学校でアメリカ史を必修科目として学び、これらの演説を常識として身につけている。とすれば、これらを知っておくことは、アメリカ人と話す上での必要不可欠な基礎教養と言ってよいであろう。これらの演説を読むこと、聞くこと、そして暗誦することは、単に英語力を向上させるのみならず、英語とアメリカ人の考え方を理解する必須の知識と教養を培うことになるのである。

　本書では、アメリカ史の重要な演説をほぼ年代順に紹介し、注と解説を付して、アメリカ史がたどれるように配慮した。中には「名演説」とは言いがたいものもあるし、無名人の演説もあるが、少なくともアメリカの歴史を知る上では重要なものばかりと考えている。読者はその興味と英語力に応じて、この中から演説を選び、読んでいけばよいと思う。特に有名な部分、重要な部分は太字にしたので、そこだけでも暗誦してみるとよいのではないだろうか。本書に収録された演説を丁寧に読んで、聞いて、時に声に出して読んでいけば、アメリカ史の概略を知るとともに、その中のフレーズを応用できるようにもなるはずだ。それはつまり、総合的な英語

力が大きくアップした、ということになるのである。

　このような本を企画した理由は、英語の朗読・暗誦の本は数多く出ていながら、一緒にアメリカ史をたどれるものがまだないと思ったからである。リンカーンやキング牧師のもののような名演説は、歴史的な背景とともに学んでこそ、意味があるのではないか。そういう必要な教養から切り離された「英語力」など、空しいものではないか。そのように考えて、名演説を通してアメリカ史をたどり、英語も学習できる本を作ってみたいと思うようになったのである。

　こうした問題意識をもったのは、教師として最初に埼玉大学教養学部のアメリカ研究コースに赴任したことが大きいと思う。文学を専門とし、当時はアメリカ史にまったく無知であった私だが、その職務を与えられたために、否が応でもアメリカの歴史と事情を学ばざるをえなくなった。しかし、それによってアメリカ史とアメリカ社会事情の重要性に気づき、それがその後の研究生活に大きな刺激を与えてくれたことは間違いない。埼玉大に呼んでくださったのは、アメリカ史の権威である同大教授、有賀夏紀先生であり、先生には本当に感謝している。今回、この本を書くにあたっても、先生の名著『アメリカの20世紀(上・下)』(中公新書)を大いに参考にさせていただいた。この場を借りてお礼を申し上げたい。

　また、歴史的な事項については、故飛田茂雄氏の『現代英米情報辞典』と『英米法律情報辞典』も参考し、いくつか引用もさせていただいた。故飛田氏と、現版権所有者の飛田友子氏にもお礼を申し上げる。

　こうした教材には、良い朗読CDが不可欠であると考えていたが、ロジャー・パルバース氏とザンティ・スミス氏という、もったいないくらいの朗読者を得て、素晴らしいCDが付くことになった(そして奇しくも録音はアメリカの独立記念日である7月4日に行なわれた)。おふたりにもここで感謝したい。また、学習院大学の高見健一先生には、英文法に関する質問をさせていただいた。明治大学時代の学生である砂見尚志君には、CDのタイトル音楽と校正で大変お世話になった。ほかに東幸一郎君、永谷一央君にも、データ入力などの作業を手伝ってもらった。皆さん、どうもありがとうございました。

　最後になったが、研究社の金子靖氏には、企画から編集まで、大変お世話になった。雑用に時間を取られ、どうしても執筆が遅れがちになったが、彼の情熱に引っ張られ、本書を最後まで書き上げることができた。いや、金子氏とは本当にすごい人だ。ということで、金子氏にも心よりお礼を申し上げる。

2006年8月15日

上岡　伸雄

目 次

まえがき　Introduction　3

第1部
自由と平等を求めて(建国期から19世紀)　9

理念と抑圧　10

CD DISC ONE 2
1. Patrick Henry　パトリック・ヘンリー　12
"Give Me Liberty, or Give Me Death!"
「自由を与えよ、さもなければ死を！」(*1775*)

CD DISC ONE 3
2. Thomas Jefferson　トマス・ジェファソン　20
"All Men Are Created Equal"
「すべての人間は平等に作られている」(*1776*)

CD DISC ONE 4
3. Red Jacket　レッド・ジャケット　28
"The Great Spirit Does Right"
「偉大なる精霊は正しいことをする」(*1805*)

CD DISC ONE 5
4. Frederick Douglass フレデリック・ダグラス　36
"What to the American Slave Is Your Fourth of July?"
「アメリカの奴隷にとって、独立記念日とはどんな日なのか？」(*1852*)

CD DISC ONE 6
5. Abraham Lincoln　エイブラハム・リンカーン　44
"Government of the People, by the People, for the People"
「人民の、人民による、人民のための政府」(*1863*)

> **コラム1**
> Abraham Lincoln　エイブラハム・リンカーン　51
> "A House Divided"「分裂した家」(1858)

CD DISC ONE 7
6. Susan B. Anthony　スーザン・B・アンソニー　52
"Are Women Persons?"「女性たちは人間なのか？」(*1873*)

> **コラム2**
> Chief Joseph　チーフ・ジョゼフ　60
> "I Will Fight No More Forever"
> 「私はもうこれ以上永遠に戦いません」(1877)

第2部
世界の大国へ（1930年代まで） 61

繁栄と転落 62

CD DISC ONE 8
7. Theodore Roosevelt　セオドア・ローズヴェルト　64
"Speak Softly and Carry a Big Stick"
「穏やかに語り、棍棒を携える」 *(1901)*

CD DISC ONE 9
8. Florence Kelley　フローレンス・ケリー　72
"Freeing the Children from Toil"
「子供たちを苦役から解放する」 *(1905)*

CD DISC ONE 10
9. W. E. B. Du Bois　W・E・B・デュボイス　80
"We Want the Constitution of the Country Enforced"
「我々はこの国の憲法がきちんと執行されることを望む」 *(1906)*

CD DISC ONE 11
10. Woodrow Wilson　ウッドロー・ウィルソン　88
"The World Must Be Made Safe for Democracy"
「世界は民主主義にとって安全でなければならない」 *(1917)*

CD DISC ONE 12
11. Emma Goldman　エマ・ゴールドマン　96
"First Make Democracy Safe in America"
「まず民主主義が国内で安全であるようにせよ」 *(1917)*

CD DISC ONE 13
12. Franklin D. Roosevelt　フランクリン・D・ローズヴェルト　104
"The Only Thing We Have to Fear Is Fear Itself"
「私たちが恐れるべき唯一のものは、恐怖それ自体」 *(1933)*

■地図1　「アメリカ合衆国の領土拡張（1776～1853年）」　112
　地図2　「南北戦争勃発時の合衆国」

第3部
第二次世界大戦から冷戦へ　113

冷戦と恐怖　114

CD DISC ONE 14
13. Franklin D. Roosevelt　フランクリン・D・ローズヴェルト　116
"A Date Which Will Live in Infamy"
「汚名のうちに生きる日」 *(1941)*

コラム3
Harry S Truman　ハリー・S・トルーマン　123
"It Is an Atomic Bomb"
「これは原子爆弾です」 *(1945)*

| CD DISC ONE 15 | 14. Harry S Truman　ハリー・S・トルーマン　124
"We Must Assist Free Peoples"
「我々は自由な諸国民を支援しなければならない」(*1947*) |
| CD DISC ONE 16 | 15. Albert Einstein　アルベルト・アインシュタイン　132
"The Fate of Our Civilization"「我々の文明の運命」(*1947*) |
| CD DISC ONE 17 | 16. William Faulkner　ウィリアム・フォークナー　140
"I Decline to Accept the End of Man"
「人類の終焉を受け入れることを拒否する」(*1950*) |
| CD DISC ONE 18 | 17. Rachel Carson　レイチェル・カーソン　148
"We Are Part of the Whole Stream of Life"
「我々は生命全体の流れの一部である」(*1954*) |
| CD DISC ONE 19 | 18. John F. Kennedy　ジョン・F・ケネディ　156
"Ask What You Can Do for Your Country"
「国のために何ができるかを問え」(*1961*) |

> **コラム 4**
> Eleanor Roosevelt　エリナー・ローズヴェルト　164
> "We, Whether We Like It or Not, Are the Leaders"
> 「好もうと好まざろうと、私たちはリーダーです」(1954)

第4部　公民権運動とベトナムの泥沼　165

混迷と抵抗　166

| CD DISC TWO 1 | 19. Martin Luther King　マーティン・ルーサー・キング　168
"I Have a Dream"「私には夢がある」(*1963*) |
| CD DISC TWO 2 | 20. Mario Savio　マリオ・サヴィオ　176
"It Is a Struggle against the Same Enemy"
「同一の敵に対する戦い」(*1964*) |

> **コラム 5**
> Malcolm X　マルコム X　183
> "The Ballot or the Bullet"「投票か弾丸か」(1964)

| CD DISC TWO 3 | 21. William Sloane Coffin Jr.
ウィリアム・スローン・コフィン・ジュニア　184
"The War Is Not Only Unwise But Unjust"
「戦争は愚行なばかりか不当でもある」(*1967*) |

DISC TWO 4   22. Lyndon B. Johnson   リンドン・B・ジョンソン   192
"To Seek an Honorable Peace" 「名誉ある平和を求めて」 (*1968*)

DISC TWO 5   23. Kurt Vonnegut   カート・ヴォネガット   200
"A Virtuous Physicist Is a Humanistic Physicist"
「高潔な物理学者はヒューマニスティックな物理学者」 (*1969*)

DISC TWO 6   24. Shirley Chisholm   シャーリー・チザム   208
"The Business of America Is War"
「アメリカのビジネスは戦争である」 (*1969*)

第5部 多様な価値観と単独主義   215

テロと新たな戦争   216

DISC TWO 7   25. Betty Friedan   ベティ・フリーダン   218
"The Real Sexual Revolution" 「真の性革命」 (*1969*)

DISC TWO 8   26. Frank James   フランク・ジェームズ   226
"We Are Indians!" 「我々はインディアンだ！」 (*1970*)

DISC TWO 9   27. Richard Nixon   リチャード・ニクソン   234
"I Shall Resign the Presidency" 「大統領職を辞任する」 (*1974*)

DISC TWO 10   28. George W. Bush   ジョージ・W・ブッシュ   242
"Axis of Evil" 「悪の枢軸」 (*2002*)

DISC TWO 11   29. Charlotte Aldebron   シャーロット・アルデブロン   250
"I Am What You Are Going to Destroy"
「あなた方が殺そうとしているのは、私です」 (*2003*)

DISC TWO 12   30. Hillary Rodham Clinton   ヒラリー・ロダム・クリントン   256
"Today Roe Is in More Jeopardy Than Ever"
「今日、ロウはこれまで以上に危機に瀕している」 (*2005*)

コラム 6
Michael Moore マイケル・ムーア   264
"Shame on You, Mr. Bush"
「恥を知れ、ミスター・ブッシュ！」 (*2003*)

■地図3 「アメリカ50州と州都と主要都市」   265
■アメリカ史年表   266   ■おもな参考文献   269   ■索引   270

＊CDのDISC ONEのトラック1には、次のナレーションが収録されています。"Learning American History through Famous Speeches. Edited and with Commentary by Nobuo Kamioka. Narration by Xanthe Smith and Roger Pulvers. Recorded on the Fourth of July 2006 in Tokyo."

第1部
自由と平等を求めて
(建国期から19世紀)

Patrick Henry
Thomas Jefferson
Red Jacket
Frederick Douglass
Abraham Lincoln
Susan B. Anthony
Chief Joseph

理念と抑圧

　自由と平等を求めて、植民地が本国イギリスに対して反乱を起こし、独立・建国を果たした国が、アメリカ合衆国である。しかし、建国当時は自由と平等が実現したとはおよそ言えなかった。アフリカ系の人々は奴隷として酷使され、先住民たちは土地を奪われ、女性たちは白人でさえ参政権を認められていなかった。第1部は独立戦争から南北戦争、そして婦人参政権運動まで、自由と平等を求めての闘争を概観する。

　イギリスによる最初の恒久的な植民地は、1607年、現ヴァージニア州のジェームズタウンに築かれた。続いて1620年、清教徒たちがメイフラワー号で現マサチューセッツ州のプリマスに上陸、1630年にはボストン付近にマサチューセッツ湾植民地が築かれた。こうして南部にはヴァージニアを中心に奴隷制に依存したプランテーション農業が広がり、北部にはマサチューセッツを中心に商工業が発展した。この奴隷制の存否は、その後も南部と北部の対立の火種となった。

　やがてイギリスはフランスとの植民地戦争に勝ち、北アメリカ大陸東部での覇権を確立した。しかし、その戦争の費用を植民地からの税金で賄おうとしたため、植民地の人々は団結して本国に反抗するようになった。この時(1775年)、ヴァージニア州のパトリック・ヘンリーは「我に自由を与えよ、さもなければ死を！」と叫び、イギリスへの武力蜂起を訴えた(第1章)。独立を求めた時から、アメリカの大義は「自由」であったことがわかる。

　こうしてアメリカ合衆国は、1776年にイギリス本国から独立した。トマス・ジェファソンによる「独立宣言」は、建国の理念として、すべての人々が平等に作られていること、そして生命、自由、幸福の追求とい

う権利が与えられていることなどを挙げている(第2章)。

　このように自由や平等を理念として生まれたアメリカ合衆国だが、現実には、有色人種には平等の権利を認めず、彼らの自由な言動を抑圧していた。特に虐待されたのは、先住民とアフリカ系の人々であった。先住民に関して言えば、白人たちは彼らの土地に勝手に入り込み、自分たちの生活様式や宗教を押しつけ、従わなければ武力で従わせようとした。1805年、セネカ族の酋長レッド・ジャケットは、キリスト教を押しつける白人たちに対して、人種や宗教の多様性を認めるように訴えた(第3章)。

　また、アフリカ系の人たちは、アフリカから強制的に連れてこられ、奴隷として無理やり働かされた。アメリカ北部諸州は早くから奴隷制に反対していたが、南部は奴隷制を基盤に経済が成り立っていたため、聞く耳をもたず、北部も南部との連合を保つために妥協を重ねざるをえなかった。そんな折、奴隷の身分から逃亡して奴隷解放の論客となったフレデリック・ダグラスは、1852年、独立記念日に際して、アメリカの自由・平等の理念がいかに欺瞞とまやかしに満ちているかを暴いた(第4章)。

　こうして奴隷制をめぐる南北の対立から、南北戦争が勃発した。エイブラハム・リンカーンは1863年、奴隷解放宣言を発し、激戦場ゲティスバーグでの死者を称え、「人民の、人民による、人民のための政府がこの地上から滅亡することがないように」という有名な演説を行なった(第5章)。

　戦争の結果、黒人は奴隷から解放され、参政権も得た。ところが、白人でもまだ参政権を得ていない人々がいた。女性たちである。女性参政権運動のスーザン・B・アンソニーは、1873年、「合衆国を形成しているのは男の市民だけなのか?」と疑問を呈し、女性に参政権を認めないのは憲法違反である、と訴えた(第6章)。しかし、女性たちの参政権が憲法修正箇条によって保証されるには、1920年まで待たなければならなかった。

1

Patrick Henry

"Give Me Liberty, or Give Me Death!" (1775)

CD DISC ONE 2

They tell us, sir, that we are weak; unable to cope with so formidable[1] an adversary. But when shall we be stronger? Will it be the next week, or the next year? Will it be when we are totally disarmed, and when a British guard shall be stationed in every house? Shall we gather strength by irresolution and inaction? Shall we acquire the means of effectual resistance, by lying supinely[2] on our backs, and hugging the delusive[3] phantom of hope, until our enemies shall have bound[4] us hand and foot?[5]

Sir, we are not weak, if we make a proper use of the means which the God of nature hath[6] placed in our power.[7] Three millions of people, armed in the holy cause of liberty, and in such a country as that which we possess, are invincible[8] by any force which our enemy can send against us. Besides, sir, we shall not fight our battles alone. There is a just[9] God who presides[10] over the destinies of nations; and who will raise up friends to fight our battles for us. The battle, sir, is not to the strong alone;[11] it is to the vigilant,[12] the active, the brave.

---

[1] **formidable** 恐るべき、手ごわい。

[2] **supinely** あおむけに、無気力に。

[3] **delusive** 人を誤らせる、偽りの (delusion = 「妄想」より)。

[4] **bound** bind (縛る) の過去分詞。

[5] **hand and foot** （副詞的に）手も足も、完全に。

[6] **hath** has の古い形。

[7] **in one's power** 手中［支配下］に。

[8] **invincible** (a.) 無敵の。

[9] **just** (a.) 正しい、公正な。

[10] **preside** (vi.) 統括する、管理する。

[11] **alone** (adv.) 単に、もっぱら。

[12] **vigilant** (a.) 絶えず警戒を怠らない、用心深い。the + 形容詞で「〜である人」の意味になる。

1

パトリック・ヘンリー

「自由を与えよ、さもなければ死を!」 (1775)

皆さん、彼らは我々が弱いと言います。あのように恐ろしい敵に対処することはできない、と。しかし、我々はいつ強くなれるのでしょうか? 来週でしょうか? 来年でしょうか? 我々の武器がすべて取り上げられ、イギリスの衛兵がすべての家に配備された時でしょうか? 何をするか決心もせずに、実際に行動もせずに、それで力が得られるのでしょうか? ひれ伏し、実体のない影のような希望を抱くことによって、効果的な抵抗手段が得られるのでしょうか? そうしているうちに、我々は敵に手足を縛られてしまうのではないでしょうか?

Patrick Henry
パトリック・ヘンリー
(1736–99)
アメリカの政治家・雄弁家で、独立革命時の急進派。Give me liberty, or give me death! ということばで有名。

　皆さん、我々は弱くありません。自然の神が与えてくれた手段を適切に使えば、弱いはずはないのです。300万人もの人々が自由という神聖な大義で武装し、しかも我々がもっているような土地に暮らしているのですから、敵がどんな軍を送ってこようとも、絶対に我々を打ち負かすことはできません。しかも、我々は孤立して戦うわけではありません。公正な神が国々の運命を統括してくれていますから、我々のために戦う友軍を奮い立たせてくれるはずです。また、戦いは決して強い者たちだけに利するものではありません。用心深い者たち、行動的で勇敢な者たちにも利するのです。

1 Patrick Henry

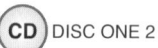 DISC ONE 2

Besides, sir, we have no election.[13] If we were base[14] enough to desire it,[15] it is now too late to retire from the contest. There is no retreat, but in submission and slavery! Our chains are forged![16] Their clanking[17] may be heard on the plains of Boston! The war is inevitable — and let it come! I repeat it, sir, let it come!

It is in vain, sir, to extenuate[18] the matter. Gentlemen may cry peace, peace — but there is no peace. The war is actually begun![19] The next gale[20] that sweeps from the north will bring to our ears the clash[21] of resounding arms! Our brethren[22] are already in the field! Why stand we here idle? What is it that gentlemen wish? What would they have? **Is life so dear, or peace so sweet, as to be purchased at the price of chains and slavery? Forbid it,[23] Almighty God![24] I know not what course others may take; but as for me, give me liberty, or give me death!**

---

[13] **election** = choice

[14] **base** 卑しい、下劣な。

[15] **it** = the other election つまり戦う以外の選択肢を指す。

[16] **forge** （鉄を）鍛えて造る、案出する。

[17] **clank** ガチッ［ガツッ］と音を立てる。

[18] **extenuate** 軽くみなす。

[19] **The war is actually begun!** このisはhasと同じ。古い用法だが、The spring is come.と同じように、場所・状態の変化を示す自動詞を伴う時、現在完了のhave動詞の代わりにbe動詞が代用される。

[20] **gale** 疾風。

[21] **clash** ジャン［ガチャン］とぶつかる音。

[22] **brethren** 同胞(複数扱い)。

[23] **Forbid it** = God forbid! そんなことがあってたまるか、とんでもない！

[24] **Almighty God** 全能の神。この場合は、間投詞的に使われている。

"Give Me Liberty, or Give Me Death!"

しかも、我々にはほかの選択肢がありません。たとえ我々が敵前逃亡するようなひどく見下げた者であっても、もはやそれをするには遅すぎます。撤退などありえません。それは服従と隷属を意味します。我々を縛る鎖はすでに作られています！　ボストンの平原で、その鎖のガチャガチャいう音が鳴り響いているのです。もはや戦争は避けられません。来るなら来い！　繰り返します。来るなら来い！

事を軽く見ようとしても、何の解決にもなりません。平和を叫ぶ紳士諸君もいますが、もはや平和はありません。戦争はすでに始まっています！　次に北部から吹いてくる疾風が、武器の轟く音を、我々の耳に運んでくるでしょう！　我々の同胞たちはすでに戦場に出ています！　それなのに我々は何もしないでここにいていいのでしょうか？　紳士諸君の望みは何ですか？　何を得られますか？　**生命とはそんなにも愛しく、平和はそこまで魅力的なものなのですか——束縛と隷属を代償にして手に入れなければならないほどのものですか？　とんでもない！　ほかの人たちがどのような進路を取るかはわかりませんが、私はこうです。自由を与えよ、さもなければ死を！**

下院で演説するパトリック・ヘンリー。

板垣退助（写真）は、明治15年（1882年）に岐阜市で演説中、暴漢に刺された時に、「板垣死すとも自由は死せず」と叫んだとされている（実際にはジャーナリスト小室案外堂の演説の題名「板垣死ストモ自由ハ亡ビズ」が板垣の発言として広まったものらしい）が、これはパトリック・ヘンリーのGive me liberty, or give me death! をまねたと言われる。

1　Patrick Henry

COMMENTARY

　アメリカ合衆国建国の母体となったのは、言うまでもなく東部13の植民地である。地図1（112ページ）を見れば、独立当時、アメリカには東部しかなく、そこから西へと広がっていったことがよくわかる。アメリカの東部には17世紀からイギリス人が入植し、オランダやフランスとの勢力争いに勝って、東部全体をほぼ支配するようになった。そのイギリスの植民地が本国に対して独立を求め、武力蜂起したのが1775年からの独立戦争である。

　東部13の植民地のうち、代表的なものが北部のマサチューセッツ湾植民地と南部のヴァージニア植民地である。北部の植民地を築いたのは、宗教的迫害を逃れ、アメリカに新天地を求めた清教徒たち。まずピルグリム・ファザーズと呼ばれる人々がメイフラワー号で1620年に現マサチューセッツ州のプリマスに到着し、プリマス植民地を建設。続く1630年、別の清教徒たちがボストン付近にマサチューセッツ湾植民地を建設、キリスト教の信仰に基づく厳格な宗教社会を築き上げた。このマサチューセッツ湾植民地が北部の中心となる。北部は気候が寒冷で土地も痩せていたため、農業には適さず、早くから造船業が発達、海運業に従事する商人が活躍するなど、商工業中心に発展していく。

　それに対し、南部のヴァージニアにはイギリスの国家事業として英国国教徒たちが入植した。先住民の娘ポカホンタスに命を救われたという伝説で知られるジョン・スミスらがヴァージニアに到着し、植民地を築いたのは1607年。マサチューセッツよりも古い植民地である。南部は気候が温暖で土地も肥沃であり、そのため最初は煙草、続いて綿の栽培がさかんになった。これらはアメリカの植民地の重要な輸出品となる。そして大規模な農業経営を行なうための安価な労働力としてアフリカ人たちが送り込まれ、奴隷として働かされることになる。奴隷制に依存した農作物の輸出で富を得る経済体制。南部のこうした特徴は、やがて北部との激しい対立を生んでいくことにもなるのである。

　ともかく、北部の中心であるマサチューセッツ植民地と、南部の中心であるヴァージニア植民地。大きく異なる二つの地域が、独立戦争の時はイギリスの圧制への抵抗という形で団結する。それまでもイギリスは植民地に対し、さまざまな形で税金をかけ、それに植民地は抵抗してきた。たとえば1765年、イギリスはフレンチ・

"Give Me Liberty, or Give Me Death!"

解説

　アンド・インディアン戦争と帝国再編の財源獲得のために、北米植民地における公文書や出版物に課税しようとする。この印紙税法が同意なき課税として強い反発をよび、一揆やボイコットが起きて、翌年廃止に追い込まれた。

　また、輸入するお茶に税金をかける茶税にも植民地側は抵抗、税金を払わずにこっそりと茶を輸入する商人もいた。それに対し本国は東インド会社の茶貿易独占を促進する法律を通そうとし、植民地側はいっそう激しく抵抗する。こうしてボストン市民がイギリスから輸入された茶を海に投げ込むというボストン茶会事件が1773年に起こり、ボストンを中心にイギリスに対する抵抗運動が盛り上がった。その時ヴァージニアでもイギリスとの交戦を主張する人々が現われ、植民地が団結した戦いへと向かっていく。この戦争を主張した中心人物がパトリック・ヘンリー (Patrick Henry, 1736–99) である。

　ヘンリーはヴァージニア州に生まれ、独学で弁護士となり、さらにヴァージニア植民地議会の議員となった人物である。新人議員の頃、彼はイギリス本国の印紙税法に「代表なければ課税なし」(No taxation without representation)、すなわち植民地の代表の出席が認められていないイギリス議会での勝手な課税の決定は許されないと弁じて抵抗、植民地議会に印紙税法を無効とする決議案を提出し、その可決に導いた。その後も雄弁術で名を馳せ、植民地議会の議員として長年活躍した。

　ここに取り上げた演説はヘンリーが1775年3月23日、ヴァージニア植民地議会において、イギリス本国に対する武力蜂起を訴えたものである。この演説は最後の「自由か死か」という部分が特に有名で、ヘンリーはこれを叫んだ時、剣で胸を突く仕草をしたと言われている。植民地が戦争へと進んでいくにあたって、この科白が大きな推進力になったことは間違いない。

　演説の最初の半分は省略したが、その部分でヘンリーはもはやイギリスとの和解の余地はないと述べている。我々はこれまでもイギリスに対して嘆願してきたが、イギリスはそれを無視し、我々を足蹴にしてきた。もはや和平の望みはない。自由になりたければ戦うしかない！ そうヘンリーは訴える。

　それに続く They tell us, sir 以下の引用部分で、イギリス軍に比べて自分たちが弱いから戦争を避けようという議論に反駁する。unable to cope with はその前の

1 Patrick Henry

we are に続いていて、They tell us that we are unable to cope with (...) ということ。They (＝交戦に反対する人々) は、我々のことを弱く、あのように恐ろしい敵に対処することはできない、と言う。しかし、我々はいったいいつ強くなれるのか？ イギリス軍に完全に包囲されてから強くなったとしても意味がないではないか？ おとなしく屈服し、偽りの希望を抱いているだけで強くなれるはずがないではないか？ ヘンリーはこのように疑問を投げかけている。

　さらにヘンリーは、自分たちは決して弱くない、と言う。自然の神に与えられた手段 (means) を適切に用いるなら、自分たちは弱くない。それが次の太字部分。

Sir, we are not weak, if we make a proper use of the means which the God of nature hath placed in our power. Three millions of people, armed in the holy cause of liberty, and in such a country as that which we possess, are invincible by any force which our enemy can send against us.

　ここの such a country as that which we possess の部分は、「我々が所有しているような土地」。つまり、300万人もの人々が自由という神聖な大義(cause)により武装し、しかもこのような神聖な土地に暮らしているのだから、敵がどんな軍を送ってこようとも、絶対に我々を打ち負かすことはできない。ヘンリーはそう主張している。

　ここから読み取れるのは、自分たちが自由という大義を抱き、アメリカという国に生きているからこそ強いという信念である。自由という大義は神聖であり、アメリカもまた神聖な国だということ。こうしたレトリックは、その後もアメリカが戦争をするたびに繰り返されることになる。

　続く部分で、ヘンリーは自分たちが孤立して戦うわけではないと言う。

Besides, sir, we shall not fight our battles alone. There is a just God who presides over the destinies of nations; and who will raise up friends to fight our battles for us. The battle, sir, is not to the strong alone; it is to the vigilant, the active, the brave.

　公正な神が国々の運命を統括してくれており、我々のために戦う友軍を奮い立たせてくれるはずだ。これは、他国の支援を期待しての発言だろう。また、戦いは決して強い者たちだけに利するものではなく、用心深い者たち、行動的で勇敢な

"Give Me Liberty, or Give Me Death!"

者たちに利するものだ。このようにヘンリーは訴えかける。

　さらにヘンリーは、もはやほかの選択肢 (election) はないと言って、戦争を訴える。There is no retreat, but in submission and slavery! の but は except の意味なので、「服従と奴隷状態になる以外には撤退はない」という意味になる。つまり、撤退すればイギリスに服従することになるだけ。我々を縛る鎖はすでに作られており、もはや戦争は避けられない。「来るなら来い！」(let it come!) と彼は言う。

　次の段落、The war is actually begun! は、語注でも解説したように現在完了で、「戦争は実際に始まった」ということ。北部ではすでに武器の音が鳴り響き、同胞たちが戦場に立っている。それなのに我々は何もしない (idle) でいいのか？　そう問いかけ、この演説はいよいよクライマックスに達する。

Is life so dear, or peace so sweet, as to be purchased at the price of chains and slavery? Forbid it, Almighty God! I know not what course others may take; but as for me, give me liberty, or give me death!

　最初の文は so ... as to do（……するほどに……）の構文。つまり、束縛と奴隷状態を代償に買われなくてはならないほど、生命は dear で sweet（どちらも「愛しい」の意味）なのかという問いかけである。「とんでもない！」(Forbid it, Almighty God!) とヘンリーは強く否定し、「自由を与えよ、さもなければ死を！」(give me liberty, or give me death!) と叫んで、演説を締めくくるのである。

　ヘンリーのこの演説の1カ月後、北部ではボストン近郊のレキシントンとコンコードで戦闘の火蓋が切られ、イギリスとアメリカの植民地は交戦状態に入った。5月には第2回大陸会議(13植民地の代表が集まる会議)が開かれ、全植民地が団結してイギリスと戦うことを決定、その最高司令官にジョージ・ワシントン (George Washington, 1732–99) が選ばれた。ワシントンは当時43歳、ヴァージニアの大農園主で、フレンチ・アンド・インディアン戦争で名を馳せた軍人である。とはいえ、世界一のイギリス軍に対して、民兵や義勇兵の寄せ集めである植民地軍は、しばらく苦戦を強いられることになる。

　ところでこの戦争、現在では「独立戦争」と呼ばれているが、最初は植民地の権利を認めさせるための戦争だった。しかし、しだいに独立の気運が高まり、翌1776年には次章で取り上げる独立宣言を採択、13植民地は独立国家建設へと突き進んでいくのである。

2

Thomas Jefferson

"All Men Are Created Equal" (*1776*)

CD DISC ONE 3

When in the Course of human events, it becomes necessary for one people to dissolve the political bands[1] which have connected them with another, and to assume, among the Powers[2] of the earth, the separate and equal station[3] to which the Laws of Nature and of Nature's God entitle them, a decent respect to the opinions of mankind requires that they should declare the causes which impel[4] them to the separation.

We hold these truths to be self-evident,[5] that all men are created equal, that they are endowed[6] by their Creator with certain unalienable[7] Rights, that among these are Life, Liberty and the pursuit of Happiness. That to secure[8] these rights, Governments are instituted[9] among Men, deriving[10] their just[11] powers from the consent of the governed;[12] that whenever any Form of Government becomes destructive of these ends, it is the Right of the People to alter or to abolish it, and to institute new Government, laying its foundation on such principles and organizing its powers in such form, as to them shall seem most

---

[1] **band** 〔古〕（法的・道徳的・精神的な）きずな、束縛。

[2] **power** 強国、大国。powers で「列強」。

[3] **station** 位置、地位。

[4] **impel** 推し進める、駆り立てる。

[5] **self-evident** 自明の。

[6] **endow** 賦与する、授ける。

[7] **unalienable** 奪うことができない（alienate =「引き離す、譲渡する」より）。

[8] **secure** 確保する、保証する。

[9] **institute** 設ける、制定する。

[10] **derive** 引き出す、得る。

[11] **just** (*a.*) 正しい、正当な。

[12] **the governed** 統治（govern）された人々。

2

トマス・ジェファソン
「すべての人間は平等に作られている」(1776)

人間をめぐる情勢の変化の中で、ある国民が他の国民と結びついている政治的なきずなを解消し、独立した平等の地位を世界の列強の中に築くのが必要となる場合がある。その平等の地位は、自然の法と自然の神によって権利として与えられたものだ。そのような場合、全世界の人々の意見に謙虚に敬意を払い、分離に駆り立てられた理由を明らかにすべきであろう。

Thomas Jefferson
トマス・ジェファソン
(1743–1826)
アメリカの政治家・著述家・第3代大統領(1801–09)。「独立宣言」の起草に重要な役割を果たした。

　私たちは次の真理を自明のものだと考える。すなわち、人々はみな平等に作られており、その創造主によって譲渡できない権利を与えられている。その権利の中には、生命、自由、そして幸福の追求の権利がある。これらの権利を保障するため、政府が人々のあいだに作られ、統治される者たちの同意によって、その正当な権力を得ている。そしていかなる形態の政府でもこうした目的を損なうようになった時は、国民の権利として、その政府を変え、あるいは廃止し、新しい政府を設立することができる。その新政府の土台となる原則、そして権力が組織される形態は、人々に安全と幸福を最も効果的にもたらすようなものでなければならない。もちろん分別に従えば、長く存続している政府を軽々しく一時的な理由で変えるべきではない。したがって、あらゆる経験が示してきたように、悪弊でも耐えることができるうちは、慣れ親し

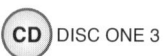

likely to effect[13] their Safety and Happiness. Prudence, indeed, will dictate[14] that Governments long established should not be changed for light and transient[15] causes; and accordingly all experience hath shown, that mankind are more disposed[16] to suffer,[17] while evils are sufferable, than to right[18] themselves by abolishing the forms to which they are accustomed.

But, when a long train[19] of abuses and usurpations,[20] pursuing invariably the same Object, evinces[21] a design to reduce[22] them under absolute Despotism,[23] it is their right, it is their duty, to throw off such Government, and to provide new Guards for their future security. Such has been the patient sufferance[24] of these Colonies; and such is now the necessity which constrains[25] them to alter their former Systems of Government. The history of the present King of Great Britain is a history of repeated injuries and usurpations, all having in direct object the establishment of an absolute Tyranny over these States. (…)

んだ形態を壊して自己を救うより、それを黙って耐え忍ぼうとすることになる。

ジェファソンの肖像。

　しかしながら、権力の乱用や略奪が長く続き、政府が常に同じ目的を追求することで、人民を絶対的な専制の下に服従させようという企てが明らかになる場合には、人民は、権利ばかりでなく、義務としても、そのような政府を転覆し、将来の安全を確保するための新しい護衛者を見つけなければならない。アメリカの植民地はこのように辛抱強く耐え忍んできたのであり、だから今こそ従来の政府機構を変えなければならないのだ。現在の大英帝国王の治世は、繰り返し行なわれた危害と強奪の歴史であり、そのすべての直接的な目的はアメリカ諸州に対して絶対的専制を樹立することである。（……）

COMMENTARY

ボストンに端を発した植民地の暴動は、やがて全米の植民地の団結を促すことになる。1775年5月には植民地の代表者たちによる大陸会議が開かれ、戦争を全植民地の連帯によって戦うことが決定された。とはいえ、その目標はイギリス人と対等の自由と権利を獲得することであり、最初から独立を考えていたわけではない。それが大きく変わるきっかけは、1776年1月、トマス・ペイン (Thomas Paine, 1737–1809) が『コモン・センス』(*Common Sense*) を出版したことである。

ペインはこの本の中で専制君主制を非難し、アメリカは独立に向かうべきだと主張した。この本が広く読まれ、人々に大きな影響を与えた結果、大陸会議もイギリスからの独立を真剣に考えるようになったのである。こうして1776年5月の大陸会議で「アメリカ全体の幸福と安全に最も貢献するような政府を作ること」が決定され、独立宣言の作成が始まる。その草稿を作ったのが、後の第3代大統領(在職1801–09)、トマス・ジェファソン (Thomas Jefferson, 1743–1826) である。

ジェファソンはヴァージニア州の新興プランター出身で、大学では啓蒙的合理主義に傾倒した。その後、法律家からヴァージニアの大陸会議代表となり、34歳ながら独立宣言の起草者に選ばれる。これは、彼の思想と雄弁ぶりがすでによく知られていたためで、実際、独立宣言の基本的な構成と内容、特に最も有名な最初の部分は、ほとんど彼の文章のままである。この宣言は1776年7月4日に採択され、この日がアメリカの独立記念日となった。

独立宣言の精神はジェファソンが深く影響を受けたヨーロッパの啓蒙思想、特にジョン・ロックの唱える政治思想に基づいている。すなわち、政府は人民の同意によって、人民の安全や幸福を守るために設立されるもので、その目的に反する政府は廃止して構わないという思想。ヨーロッパではまだ理想にすぎなかった考えを、アメリカで実現させようとしたのである。

正確に言えば独立宣言は演説ではないが、これ以後アメリカ人が理想とする原理、自由と平等の理念を格調高い文章で謳い上げており、声に出して読まれるのに適した名文である。以後紹介する演説にもしばしば引用されており、アメリカ史を理解するうえでどうしても知っておかなければならない文章ということで、ここでも取り上げることにした。

独立宣言はおもに3つの部分に分かれている。最初の部分で独立の正当性を主張し、第2の部分でイギリス王の悪行を列挙、最後の部分で結論として13植民地の独立を宣言する。特によく知られているのは最初の部分なので、ここでもその部分を見ていきたい。

まずジェファソンは、独立することがいかに自然かを訴える。ひとつの国民と他の国民とを結びつけてきた政治的なきずなを解消し、「自然の法と自然の神が権利として与えている、独立した平等の地位」(the separate and equal station to which the Laws of Nature and of Nature's God entitle them) を築くのが必要となる時がある。a decent respect 以下は、そのような時「全世界の人々の意見への謙虚な敬意」が that 以下のことを要求するという文。つまり、分離せざるをえなくなった理由を宣言すべきだ、ということである。

そう言って、彼は次のような真理が自明なことだと主張する。ここがどこよりも有名で、その後の多くの人々が歴史的な演説の中で繰り返す部分だ。

We hold these truths to be self-evident, that all men are created equal, that they are endowed by their Creator with certain unalienable Rights, that among these are Life, Liberty and the pursuit of Happiness.

that が繰り返されるのは、these truths の内容を示す名詞節が列挙されるためである。endow は endow A with B で「A に B を授ける」という意味。ここは受身なので、造物主(神)によって「譲り渡すことのできない権利」(certain unalienable Rights) を与えられているということ。それが「生命、自由、幸福の追求」である。この部分は、ジョン・ロックの考えである「生命、自由、財産」を変更したのだが、それによって財産権にとどまらない、普遍的な価値が生まれたと言われている。

次にジェファソンが挙げる自明な真実は、この権利を確保するために政府が設立され、その政府は「治められる人々」(the governed) の合意から権力を得るものだということである。

That to secure these rights, Governments are instituted among Men, deriving their just powers from the consent of the governed;

　ここで重要なのは、政府とは被治者の合意があるからこそ正当だという信念である。したがって、被治者の合意を得られないようなことをする政府は作り変えられるべきであり、人民にはそれを作り変える権利があると主張する。それが次のthat 節、つまりこれも自明な真実のひとつである。

that whenever any Form of Government becomes destructive of these ends, it is the Right of the People to alter or to abolish it, and to institute new Government, laying its foundation on such principles and organizing its powers in such form, as to them shall seem most likely to effect their Safety and Happiness.

　ここで these ends とは、人間としての当然の権利を守ることを指す。政府がそれに対して危害を加える (destructive) ようになったら、人民の権利として政府を作り変え、あるいは破壊し、新しい政府を打ち立てることができる。laying 以下の部分、その新しい政府の土台 (foundation) を「そのような原則」(such principles) に基づいて据え、その権力を「そのような形態」(such form) で組織するという節は、such ... as の構文。次の as は関係代名詞で、shall seem の主語となる。つまり、「人々に安全と幸福を最ももたらしやすいと思われる原則と形態」である。
　続く Prudence (...) will dictate は、「分別が that 以下のことを命ずる (指示する)」ということ。分別に従えば、長く存続している政府を「軽く一時的な (light and transient) 理由」で変えるべきではない。したがって、悪が耐えられるものであるうちは、人間はそれを耐えようとする。than to right の right は「救う、正当に扱う」という他動詞。直訳すると、「慣れ親しんできた形態を廃止することによって自己を救うよりも」という意味である。
　しかしながら……ということで、次の段落に続く。ここでの Object は「目的」の意味で、政府がひとつの目的だけを追求し、権力の「乱用や略奪」(abuses and usurpations) が長く続いて、「人民を絶対的な専制の下に服従させようとする企てを露わにしている」(evinces a design to reduce them under absolute Despotism) 場合には、そのような政府を転覆し、将来の安全を確保するための新しい護衛者を見つけるのが人民の権利であり、義務である、と言っている。

続く Such has been 以下はこれまでの植民地の状態を指し、such is now 以下は現在の植民地の状態を指す。すなわち、これまで植民地は「持続的な忍従」(patient sufferance) を甘んじて受け入れてきたのであり、今こそ従来の政府機構を変える必要に迫られているのだ。イギリスはアメリカの植民地に対して「危害と強奪」(injuries and usurpations) を繰り返し与えてきた。それらはすべてその「直接的な目的」(direct object) として、絶対的な専制の確立を意図してきたのである。

このようにジェファソンは人間としての当然の権利を主張し、それを守るのが政府であるとする。そして第2の部分でイギリス政府がいかに植民地人に対してひどいことをしているかを訴え、第3の部分で植民地の独立を宣言することになるのである。

とはいえ、独立を宣言したものの、独立戦争はまだ始まったばかりであった。植民地軍はしばらく苦戦を強いられたが、最高司令官ワシントンは決定的な打撃を受けないように兵力を温存しつつ、戦争を継続させる。そしてフランス軍の援軍を得てイギリス軍を撃破、アメリカ合衆国は独立を実現したのである。ジェファソンは1801年に第3代大統領となり、1803年にはナポレオンからルイジアナ地域を購入(112ページの地図1を参照)、領土を大きく拡大させ、アメリカが大国へと発展していく上で、大きな役割を果たした。

ところで、この合衆国の独立宣言は人間の平等の権利を謳ったものとして歴史的に意義深く、アメリカ国民の心の拠り所となったのだが、アメリカ国内にはこの宣言とまったく相容れない制度が存在していた。言うまでもなく、奴隷制である。「すべての人間は平等に作られている」と言いながら、アフリカ系の人々は奴隷として酷使するという矛盾(実はこれを書いたジェファソン自身も黒人奴隷をもつ大農園主であった)。その矛盾のために、アメリカ合衆国は南部と北部の対立という火種を抱えながらスタートし、やがて南北戦争という壮絶な災禍を潜り抜けることになる。

また、政治的な権利がないという点では、女性についても同じであった。女性参政権が憲法修正箇条によって保証されるのは、ようやく20世紀に入ってからである。素晴らしい理念に基づいてスタートしたアメリカ合衆国だが、その理念の実現にはまだ遠い道程が待っているのである。

3

Red Jacket

"The Great Spirit Does Right" (1805)

DISC ONE 4

Brother! Listen to what we say. There was a time when our forefathers[1] owned this great island.[2] Their seats[3] extended from the rising to the setting of the sun.[4] The Great Spirit[5] had made it for the use of Indians. (…) **But an evil day came upon us. Your forefathers crossed the great waters and landed on this island. Their numbers were small. They found friends and not enemies. They told us they had fled from their own country for fear of wicked men, and had come here to enjoy their religion.[6] They asked for a small seat. We took pity on them, granted[7] their request and they sat down amongst us. We gave them corn and meat. They gave us poison[8] in return.** (…)

Brother! You say there is but[9] one way to worship and serve the Great Spirit. If there is but one religion, why do you white people differ so much about it? Why not all agree, as you can all read the book?

---

[1] **forefather** 父祖、祖先。

[2] **this great island** アメリカ大陸のこと。

[3] **seat** 生活の場を指す。

[4] **from the rising to the setting of the sun** = from the rising of the sun to the setting of the sun. 日の昇るところから沈むところまで。

[5] **the Great Spirit** 偉大なる精霊(北米先住民の主神)。

[6] **enjoy their religion** 植民地時代にアメリカに来たヨーロッパ人の多くは清教徒だった。自国で宗教的な迫害を受けてアメリカに逃れてきたのである。ここでの enjoy は「(特権・有利なものなどを)享受する、もっている」。つまり、自由に信仰することを指す。

[7] **grant** 承諾する、認める。

[8] **poison** 直接的には酒のこと。先住民は移住してきたヨーロッパ人に親切にし、とうもろこしの作り方を教えたと言われているが、それに対してヨーロッパ人は酒を与えたり、疫病をうつしたりなど、さまざまな害を及ぼした。

[9] **but** (adv.) ただ……だけ (only)。

3

レッド・ジャケット

「偉大なる精霊は正しいことをする」 (1805)

兄弟よ！ 我々の言うことを聞いてください。かつて我々の祖先がこの巨大な島を独占していた時がありました。彼らの生活の場は太陽の昇るところから沈むところにまで広がっていました。偉大なる精霊は、この島をインディアンたちが使えるように作ってくれたのです。（……）しかし、忌まわしい日が訪れました。あなた方の先祖が巨大な海を横切り、この島に上陸したのです。彼らの数はわずかでした。彼らはここで敵ではなく、味方に出会いました。彼らは我々にこう言ったのです。自分たちは邪悪な人々を恐れ、自国を逃れてきた、そして自分たちの宗教を自由に信仰するためにここに来たのだ、と。彼らはささやかな居場所を求めました。我々は彼らを哀れに思い、その要求を認め、我々の中に受け入れることにしたのです。我々は彼らにトウモロコシと肉を与えました。彼らはその返礼に我々に毒を盛ったのです。（……）

兄弟よ！ あなた方は、偉大なる精霊への崇拝と奉仕にはひとつのやり方しかない、と言います。もしひとつしか宗教がないのなら、どうして白い人々はこんなにも宗教に対して意見が分かれてしまうのでしょうか？ あなた方はみな本が読めるのですから、みな同意してもいいはずではないでしょうか？

Red Jacket
レッド・ジャケット
(1758?–1830)
北米インディアンセネカ族 (Seneca) の族長。雄弁で知られ、白人と友好関係を保つことに努め、インディアンを白人社会の文明の中で教育しようと努めた。

3　Red Jacket

DISC ONE 4

[10] **hand down**（財産・資質・慣習などを親から子などへ）伝える。

[11] **he** the Great Spirit を指す。

[12] **red children** 先住民たちを指す。彼らは肌が赤いと言われ、redskin とも呼ばれた。

[13] **arts** 技術。

Brother!　We do not understand these things.　We are told that your religion was given to your forefathers and has been handed down,[10] father to son.　We also have a religion which was given to our forefathers, and has been handed down to us, their children.　We worship that way.　It teaches us to be thankful for all the favors we receive, to love each other, and to be united.　We never quarrel about religion.

Brother!　The Great Spirit has made us all.　But he[11] has made a great difference between his white and red children.[12]　He has given us a different complexion and different customs.　To you he has given the arts;[13] to these he has not opened our eyes.　We know these things to be true.　**Since he has made so great a difference between us in other things, why may not we conclude that he has given us a different religion, according to our understanding?　The Great Spirit does right.　He knows what is best for his children.　We are satisfied.**

Brother!　**We do not wish to destroy your religion, or take it from you.　We only want to enjoy our own.** (...)

兄弟よ！　我々はこうしたことが理解できません。我々はこう言われました。あなた方の宗教はあなた方の先祖に与えられ、父から子に受け継がれてきたものである、と。我々にも先祖に与えられ、その子である我々にも伝えられた宗教があります。我々はそのように神を崇拝します。それは、我々が受けるすべての好意に感謝すること、互いに愛し合うこと、そして団結することを、我々に教えてくれます。我々は宗教のことでは決して喧嘩をしません。

兄弟よ！　偉大なる精霊は我々みなを作りました。しかし、彼は自分の白い子供たちと、赤い子供たちとのあいだに、大変大きな違いを生じさせました。我々に異なる肌の色と異なる習慣を与えました。彼はあなた方に技術を与えました。彼はこうしたものに対して我々の目を開かせませんでした。これらが真実であることは、我々にもわかっています。ほかのことに関しても、彼は我々のあいだに大きな違いを与えたのですから、このように結論を出すべきではないでしょうか？　彼は我々の理解に応じてそれぞれ別の宗教を与えたのだ、と。偉大なる精霊は正しいことをします。彼は自分の子供たちにとって何が最良か知っているのです。我々は満足しています。

兄弟よ！　我々はあなた方の宗教を破壊したくないし、奪いたくもありません。ただ我々の宗教を信じていたいだけです。（……）

写　真の第7代大統領アンドルー・ジャクソン (Andrew Jackson, 1767–1845) は、その在任期 (1829–37) において、ミシシッピ川より東に住むインディアンを同川の西側に強制移住させ（解説も参照）、これに抵抗した部族には合衆国軍を派遣した。こうして彼の支持層である白人庶民や南部プランターの利益をはかり、インディアンからは土地を奪って黒人奴隷制度を拡大・強化した。

3　Red Jacket

COMMENTARY

　1776年、アメリカ合衆国は独立を宣言し、人間平等の理念の下に新国家を創設した。そしてイギリスとの戦争に勝利し、1788年には合衆国憲法を発効、翌年ワシントンが初代大統領に就任して、いよいよ近代国家としての道を歩み始める。

　しかし、この国の理念である「平等」はすべての人種の人々に及んでいたわけではない。最もひどい扱いを受けたのが「奴隷」として強制的に連れて来られたアフリカ系の人々であり、土地や生活様式を奪われていった先住民たちである。アメリカ合衆国の歴史とは、いわば平等の理念の真の実現に向けた格闘の歴史だと言ってもよい。

　ヨーロッパ人によって「インディアン」と呼ばれていたアメリカの先住民は、アジアとアメリカが陸続きだった1万5千年から2万年前、アジア北部からやってきたと言われている。コロンブスが到着した頃には、南北アメリカ大陸におよそ1500万人、現在の合衆国の範囲には約100万の先住民が暮らしていたらしい。彼らは500ほどの部族から成り立ち、言語もさまざまで、定住して農耕する部族、放浪して狩猟する部族など、生活習慣も多様だった。このことは先住民たちが白人の襲来に対して団結できず、無力であったことのひとつの原因となる。

　しかし、宗教的には、どの部族も「偉大なる精霊」(the Great Spirit) を万物の造物主として信仰し、大地と自分たちに霊的な関係が存在すると考えてきた。自然界のものはみな自分たちに分け与えられたものであり、みなで共有しなければならないと考えた彼らには、土地所有の観念がなかったと言われている。彼らは自然のものをいっさい無駄にせず、狩猟や採集は必要なだけにとどめ、すべてを大切に分け合う生活をしてきた。彼らの生活は環境破壊の進んだ現在、再び見直されている。

　とはいえ、このこともまた先住民たちが白人たちにつけこまれた理由のひとつであった。彼らに土地所有の観念がなかったため、白人たちは勝手に先住民たちの土地に入り込み、土地を奪い、抵抗に遭えば武力で鎮圧したのだ。また、白人の持ち込んだ疫病や酒により、多くの先住民が死んだり、アルコール中毒になるなど、大きな打撃を受けた。

　また、白人たちは先住民たちの部族間の争いを自分たちの都合に合わせて利用した。たとえば1754年から63年のフレンチ・アンド・インディアン戦争では、

"The Great Spirit Does Right"

解　説

　フランスが先住民の諸部族と同盟し、イギリスもその諸部族と敵対している部族と手を結んで対抗した。こうして先住民同士の争いは激化し、多くの命が失われたのみならず、負けたフランス側についた諸部族はそのあとで手痛い報復を受けることにもなる。このようにして、彼らが古くから守ってきた生活は次々に破壊されていったのである。

　ここで紹介するのは、白人の襲来に対して自分たちの宗教と生活様式を守ろうとした先住民の演説である。白人たちは先住民を虐待していく一方で、彼らを自分たちに同化させようと試み、自分たちの言語や宗教を押しつけてきた。こうした動きに対して、はっきりと理由を述べて抵抗したのが、レッド・ジャケット (Red Jacket, 1758?–1830) という人物である。彼の演説はアメリカ先住民の代表的なものとして知られている。

　レッド・ジャケットはニューヨーク州東部で生まれたセネカ族 (Seneca) の酋長で、本名は Segoyewatha (若い頃は Otetiani). アメリカ独立戦争の時はイギリス側について戦ったが、この時イギリスから赤いコートを与えられ、それを好んで着ていたことから、レッド・ジャケットと呼ばれるようになった。しかし、合衆国独立後、彼らの住んでいた土地はアメリカ領となり、白人の侵入に苦しむようになる。レッド・ジャケットは合衆国との平和維持に努め、1792 年にはワシントン大統領を訪問しているが、一方で自分たちの宗教や生活様式を頑固に守り続けた。この演説は 1805 年、キリスト教への改宗を勧めに来たボストンの宣教師に対し、レッド・ジャケットがそれを拒絶し、自分たちの宗教を擁護したものである。

　レッド・ジャケットはまず、白人たちに "Brother!" と呼びかける。そして、自分たちインディアンの先祖たちがこの大きな島、つまりアメリカ大陸を独占していたこと、彼らの生活の場が昇る太陽から沈む太陽まで及んでいたということを訴える。もちろん、大陸の東から西まですべて自分たちのものだったということだ。「偉大なる精霊」はアメリカ大陸をインディアンたちのために作ったのである。

　Brother! Listen to what we say. There was a time when our forefathers owned this great island. Their seats extended from the ris-

ing to the setting of the sun. The Great Spirit had made it for the use of Indians.

　続く省略部分で、レッド・ジャケットは「偉大なる精霊」が自然の動物たちを作り、インディアンたちがその肉や皮を使えるようにしてくれたと言う。「偉大なる精霊」は動物たちを大地にちらばせ、インディアンたちに狩猟の仕方を教えた。また、トウモロコシを与え、パンが作れるようにしてくれた。これらはみな、「偉大なる精霊」が、「赤い子供たち」、つまりインディアンたちを愛していたからこそ、彼らに伝授したことなのだ。
　ところが、この大陸に白人たちがやってきた。白人たちは自分たちの信じる宗教のために故国で迫害され、信教の自由を求めて来たと言った。インディアンたちは彼らに哀れみをかけ、トウモロコシや肉を与えた。それなのに、白人はお返しに毒をよこした、とレッド・ジャケットは言う。これは語注でも解説したように、直接的には酒のことで、インディアンたちは酒に溺れるなど、それによって大きなダメージを受けた。しかし、言うまでもなく、白人たちはそれ以外にもインディアンたちをさまざまな形で迫害してきたのである。
　ここでレッド・ジャケットは話題を宗教に変える。それが次の太字部分。

Brother! You say there is but one way to worship and serve the Great Spirit. If there is but one religion, why do you white people differ so much about it? Why not all agree, as you can all read the book?

　白人の主張は神への崇拝と奉仕の仕方にはひとつしかないということだ。それなら、なぜ白人たちのあいだでも意見の相違があるのか？　白人たちは「本＝聖書」を読めるのだから、皆が同意してもいいはずではないか？　そうレッド・ジャケットは問いかける。これは実にもっともな主張ではないだろうか。
　続けてレッド・ジャケットは、白人たちに先祖から伝えられた宗教があるのと同じように、自分たちにも先祖から伝えられた宗教があると言う。インディアンたちの宗教の教えは、互いの好意に感謝すること、そして愛し合い、団結することであり、インディアンたちは宗教のことでは喧嘩しない。そして、神は白人とインディアンたちに、皮膚の色や習慣など、大きな違いを与えたと言い、次の太字部分に続く。

Since he has made so great a difference between us in other things, why may not we conclude that he has given us a different religion, according to our understanding? The Great Spirit does right. He knows what is best for his children. We are satisfied.

Brother! We do not wish to destroy your religion, or take it from you. We only want to enjoy our own.

　神はこれだけ大きな違いを我々に与えたのだから、宗教もそれぞれの理解に応じて違うものを与えたと結論してよいのではないか、とレッド・ジャケットは問いかけている。「偉大なる精霊」は常に正しいことをするのであり、インディアンたちに何が最良なのかもわかっている。我々も満足している。だから、我々は白人の宗教を受け入れる必要はない、と言う。そして最後の段落で、自分たちは白人の宗教を破壊したり奪ったりする気はないのだから、自分たちにも自由に宗教を信じさせてほしいと頼んでいるのである。

　しかし、このレッド・ジャケットの演説も白人の侵入には無力だった。特に第7代大統領アンドルー・ジャクソン (Andrew Jackson, 1767–1845) は西部への拡張を促進するため、インディアン強制移住法を成立させ、先住民たちをミシシッピ川の西の土地オクラホマに強制移住させたのである。これによって、テネシー州とノースカロライナ州に暮らしていたチェロキー族は住み慣れた土地を追い立てられ、厳寒の季節に西部に向かわねばならず、その約四分の一が途中で死んだと言われている。彼らが通った道は涙の道 (The Trail of Tears) と呼ばれた。

　その後もヨーロッパからの移民の流入が増えるにつれ、先住民たちはますます西へ西へと追いやられた。そして移民たちが西部の土地を開拓し、畑や牧場にしていく過程で、先住民たちは先祖から続く生活様式を奪われ、最後には白人たちが指定した「居留地」(reservation) と呼ばれる狭い土地で暮らさざるを得なくなったのである。

　先住民たちの抵抗はしばらく続いたが、それも1890年のウーンデッドニーの大虐殺までと言われている。この年、ラコタ族の人々がサウスダコタ州の居留地で最後の抵抗を試み、子供も含めた150人もの人々が殺された。これによって先住民たちの抵抗する力は完全に奪われたのである。

4

Frederick Douglass

"What to the American Slave Is Your Fourth of July[1]?" (1852)

CD DISC ONE 5

Fellow citizens, above your national, tumultuous[2] joy, I hear the mournful wail of millions! — whose chains, heavy and grievous yesterday, are, today, rendered[3] more intolerable by the jubilee[4] shouts that reach them. (…)

I do not hesitate to declare with all my soul that the character and conduct of this nation never looked blacker to me than on this Fourth of July! Whether we turn to the declarations of the past or to the professions of the present, the conduct of the nation seems equally hideous[5] and revolting.[6] America is false to the past, false to the present, and solemnly binds[7] herself to be false to the future. Standing with God and the crushed and bleeding slave on this occasion, I will, in the name of[8] humanity which is outraged,[9] in the name of liberty which is fettered,[10] in the name of the Constitution and the Bible which are disregarded and trampled[11] upon, dare to call in question and to denounce,[12] with all the emphasis I can command,[13] everything that serves to perpetuate[14] slavery — the great sin and shame of America! (…)

---

[1] **Fourth of July** 7月4日（＝アメリカの独立記念日）。the Fourth だけでも独立記念日を指す。

[2] **tumultuous** 騒がしい、荒れ狂う。

[3] **render** [補語を伴って] ……を（……に）する、させる (make)

[4] **jubilee** 祝祭、歓喜。

[5] **hideous** 恐ろしい、ぞっとする、醜悪な。

[6] **revolting** 胸が悪くなる、忌まわしい。revolt (*vt.* 人をむかむかさせる) より。

[7] **bind** 束縛する、……に義務を負わせる。

[8] **in the name of** ……の名にかけて、……の権威をもって。

[9] **outrage** 踏みにじる、凌辱する。

[10] **fetter** ……に足枷をかける、束縛する。

[11] **trample** 踏みつける、踏みつぶす。

[12] **denounce** 弾劾・糾弾する、告発する。

[13] **command** 自由に操る、意のままにする。この場合は

4
フレデリック・ダグラス
「アメリカの奴隷にとって、独立記念日とはどんな日なのか？」(1852)

同胞の市民の皆さん、あなた方の国の騒がしい喜びの声よりも、私には何百万もの人々の悲痛な叫び声がひときわ大きく聞こえてきます。その人々を縛る鎖は、昨日もすでに重く、激しいものでしたが、彼らの耳に届く歓喜の叫び声によって、今日はいっそう耐え難いものになっています。(……)

私は躊躇うことなく、魂の底から、次のことを宣言します。私にとって、この国の品性と行状が、今日この日の独立記念日において以上に邪悪に見える時はない、と。私たちが過去に宣言したことに目を向けようと、現在公言していることに目を向けようと、この国で行なわれていることは、等しく醜悪で、おぞましいものです。アメリカは過去に対して不実であり、現在に対して不実であり、さらには自己をしかつめらしく束縛して、未来に対しても不実であろうとしています。この機会に、私は神とともに、そして打ちひしがれ、血を流している奴隷たちとともに、敢えて次のことをしたいと思います。凌辱された人間の名にかけて、足枷をかけられた自由の名にかけて、無視され、踏みにじられた憲法と聖書の名にかけて、そして私がもっているすべての力を込めて、奴隷制を存続させようとしているものに異議を唱え、それを弾劾するのです。それはすなわち、アメリカの大きな罪であり、恥辱です！(……)

Frederick Douglass
フレデリック・ダグラス
(1817–95)
もと Frederick Augustus Washington Bailey. 米国の奴隷解放運動家・著述家・演説家。奴隷として生まれたが逃亡 (1838)、Douglass と名のる。『フレデリック・ダグラスの生涯の物語』(Narrative of the Life of Frederick Douglass, 1845) を発表。自由の身になってのち North Star 紙を発刊、編集 (1847–60) し、奴隷制撤廃を唱える。

DISC ONE 5

What, to the American slave, is your Fourth of July? I answer: a day that reveals to him, more than all other days in the year, the gross[15] injustice and cruelty to which he is the constant victim. To him, your celebration is a sham;[16] your boasted liberty, an unholy license;[17] your national greatness, swelling[18] vanity; your sounds of rejoicing are empty and heartless; (...) **There is not a nation on the earth guilty of practices more shocking and bloody than are the people of the United States at this very hour.**

Go where you may, search where you will, roam[19] through all the monarchies[20] and despotisms[21] of the Old World, travel through South America, search out every abuse,[22] and when you have found the last, lay your facts by the side of the everyday practices of this nation, and you will say with me that, for revolting barbarity[23] and shameless hypocrisy, America reigns[24] without a rival.

---

emphasis を目的語として、「奮い出せる限りの強調(力)を込めて」という意味になる。

[14] **perpetuate** 永続させる。(cf. perpetual「a. 永久の」)

[15] **gross** はなはだしい、ひどい。

[16] **sham** にせもの、ごまかし。

[17] **license** 過度の自由、放縦、気まま。

[18] **swelling** 増長した、尊大な、思い上がった。

[19] **roam** 歩きまわる、ぶらつく。

[20] **monarchy** 君主国。

[21] **despotism** 専制政治、独裁制。

[22] **abuse** 悪弊、虐待。

[23] **barbarity** 野蛮、残虐行為。

[24] **reign** 君臨する。The king reigns but does not rule.（国王は君臨すれど統治せず。）

"What to the American Slave Is Your Fourth of July?"

　あなた方の独立記念日は、アメリカの奴隷にとって、どういう日でしょうか？　答えはこうです。奴隷にとっては、1年のほかのどんな日よりも、自分たちが絶えずひどい目に遭わされている、そのはなはだしい不正と残忍さが明らかになる日である、ということ。奴隷にとって、あなた方の祝典はまがいものです。あなた方が自慢する自由は、汚らわしいご都合主義です。あなた方の国の偉大さは、思い上がった虚栄にすぎません。あなた方の歓喜の声は、空虚で非情です。(……) 今この地球上で、アメリカ合衆国の国民以上に、衝撃的で血なまぐさい行ないをしている罪深い国民はいません。

　好きなところへ行き、好きなように調査し、旧世界のあらゆる君主国や専制国を歩き回り、南アメリカを旅し、あらゆる虐待を探し出し、そしてその最後のものにたどり着いたら、あなたが見つけたその事実を、この国で日常行なわれていることのとなりに並べてみてください。そうすれば、あなたは私と一緒になって、こう言うに違いありません。おぞましい蛮行と破廉恥な偽善に関して、アメリカの右に出る国は決してない、と。

フレデリック・ダグラスの『フレデリック・ダグラスの生涯の物語』(Narrative of the Life of Frederick Douglass, an American Slave, 1845) の初版本の表紙。

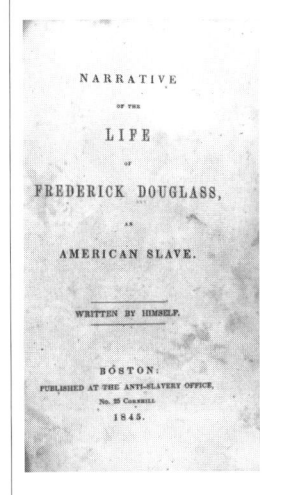

下は、その初版本に添えられた本人の写真。

COMMENTARY

　これまで述べてきたように、新国家アメリカには奴隷制という対立の火種がくすぶり続けていた。この火種は初期アメリカ史の重要な局面でしばしば燃え上がることになる。

　まず、憲法の制定がある。1787年、フィラデルフィアに各州の代表が集まり、新国家の基盤となる憲法の草案を作り始めた。この時、北部と南部が事あるごとに対立したが、それは多くの場合、奴隷制に関わる問題についてであった。

　各州の代議員の数を決める時だ。上院は各州の平等をはかって州2人ずつと決まったのだが、下院は州の人口に比例して代議員の数を決めることになり、この人口に黒人奴隷を含めるかどうかで対立したのである。南部は奴隷を人口に含めることを主張、それによって下院の代議員の数を増やそうとした。アフリカ系の人々の市民権をまったく認めず、奴隷として酷使しているのにもかかわらず、代議員の数を決める時だけ人口に含めようという矛盾。それに北部が反対したのは言うまでもない。

　また、奴隷貿易をめぐる対立もあった。奴隷制を非人道的であると考える北部の代表たちは、奴隷の輸入自体をやめさせようとしたのに対し、南部は奴隷貿易の権限は各州が掌握すべきだとして反対した。ここには関税をめぐる問題も絡んだ。南部は生産物を北部の港や船を使って輸出したのだが、その際、北部は高額の輸出税を要求していた。国内の商工業を伸ばしたい北部としては保護関税政策を取りたいが、農産物の輸出で稼いでいる南部にとって、それはありがたくない。南部は強力な連邦政府が北部に有利な保護関税政策を取ることを恐れたのである。

　こうした対立はすべて南北の妥協によって解決された。どちらも合衆国が南北に分裂することは避けようとしたため、とりあえず一時しのぎ的な案によって問題の先送りを図ったのである。まず代議員の数については、黒人奴隷ひとりを5分の3人と数えるという妥協が成立した。奴隷貿易については、1808年まで奴隷の輸入を認めることとし、その代わり南部は奴隷ひとりにつき10ドル程度の輸入税を払うことに同意した。また、南部は北部に逃げ込んだ逃亡奴隷を捕まえる権利も得た。

　北部がこれらの妥協に同意した理由は、奴隷制がいずれ消滅すると予測してい

解説

たからである。しかし、事はそのように運ばなかった。1793 年にイーライ・ホイットニー (Eli Whitney, 1765–1825) が綿繰り機を発明、これによって綿生産の効率が上がり、利益が飛躍的に増えたのである。じきに南部一帯は綿花王国となり、奴隷労働がさらに必要となった。

奴隷制に対し、北部では古くから反対運動が起こっていた。1775 年にベンジャミン・フランクリン (Benjamin Franklin, 1706–90) が奴隷制反対協会を設立したのをはじめとして、1831 年には戦闘的な奴隷解放論者ウィリアム・L・ギャリソン (William L. Garrison, 1805–79) が機関紙『解放者』を創刊、奴隷制に反対する論陣を張った。また同年にはヴァージニア州で奴隷ナット・ターナーによる反乱が起こり、南部のプランターたちを震撼させた。こうした不穏な状況下、黒人奴隷として生まれながら北部に逃亡し、奴隷解放運動に挺身した人物がフレデリック・ダグラス (Frederick Douglass, 1817–95) である。

フレデリック・ダグラスはメリーランド州生まれ。母親が奴隷で、父親は白人の主人であったと言われている。当時のアメリカでは、白人の奴隷主が女性奴隷に子供を産ませることは日常的に行なわれており、奴隷の子は奴隷として扱われた。ダグラスは幼少の頃から奴隷制という残酷な制度に疑問を抱き、奴隷の身分を脱したいと思うようになっていた。そして、脱出への鍵が知識にあることに気づき、ほとんど独学で文字を学んで、新聞などを通して北部の奴隷解放運動の情報を得る。こうして知識を得ていくにつれ、主人に対して反抗的な態度を取るようになり、主人の暴力にも決して屈しなくなったという。

1838 年、20 歳の時にダグラスは逃亡に成功、ニューヨークに無事にたどり着く。そしてギャリソンら奴隷解放運動家たちと交わるようになり、講演会で自分の奴隷体験を語ったのをきっかけに、奴隷解放運動の論客として活躍するようになった。その運動の一環として、自伝『フレデリック・ダグラスの生涯の物語』(Narrative of the Life of Frederick Douglass, 1845) を執筆、南部奴隷制の残酷さを北部の人々にも広く訴えかけたのである。

ここで取り上げるのは、1852 年 7 月 5 日、ニューヨーク州ロチェスターにおけるダグラスの演説である。ダグラスは前日の独立記念日を敢えて主題に選び、アメ

リカの偽善を激しく糾弾する。白人の祝福ムードを逆手に取り、挑発する勇気とレトリック。ダグラスの雄弁術がよく現われた名演説だ。

　ダグラスはまず、この独立記念日という賑やかな祝日に、何百万の人々の「悲痛な叫び声」(mournful wail) が聞こえてくると言う。言うまでもなく、奴隷たちの声である。彼らの苦しみは、独立記念日を祝う歓喜の叫び声が聞こえてくるために、今日はいっそう耐え難いものになっている。

　続いてダグラスは躊躇うことなく、魂の底から、次のことを宣言したいと言う。それが次の部分。

I do not hesitate to declare with all my soul that the character and conduct of this nation never looked blacker to me than on this Fourth of July! Whether we turn to the declarations of the past or to the professions of the present, the conduct of the nation seems equally hideous and revolting. America is false to the past, false to the present, and solemnly binds herself to be false to the future.

　この国の品性と行状が独立記念日よりも暗黒に(邪悪に)見える日はない、ということである。Whether 以下、the declarations of the past は、たとえば独立宣言などの過去の宣言で、the professions of the present はアメリカが現在公言していること。そのどちらに目を向けようと、この国の行状は等しく醜悪で、おぞましい。アメリカは過去にも現在にも不実である。次の herself はアメリカを指し、binds herself で to 以下のように自己を束縛しているということ。奴隷制をもつがために、未来に対しても不実にならざるを得ないということである。

　続く部分の Standing with God は、自分が神を信仰しているし、神は自分の味方であるという思いである。また、自分は打ちひしがれて血を流している奴隷たちとも共にある。in the name of に続けて列挙するのは、自分の拠り所とするものだ。それは人間性であり、自由であり、憲法と聖書である。奴隷制というのはこれらすべてのものを踏みにじる行為なのだ。こうしたものの名にかけて、ダグラスは奴隷制を存続させようとしているもの、つまりアメリカの罪と恥辱を弾劾するのである。

　こうしてダグラスは、アメリカの奴隷にとって独立記念日とはどんな日なのかと問いかける。

What, to the American slave, is your Fourth of July? I answer: a

day that reveals to him, more than all other days in the year, the gross injustice and cruelty to which he is the constant victim.

　he はもちろんアメリカの奴隷を指す。それは奴隷たちに対して、はなはだしい不正と残忍さとを明らかにする日だ。奴隷は絶えずそうした不正と残忍さの犠牲になっているのである。

　続けてダグラスは、奴隷にとって白人たちの祝祭はまがいものであり、白人たちが誇る自由は汚らわしい放縦であり……と、畳みかける。そして、世界中でもここまでひどい行為をしている国はない、と挑発するのが次の部分である。

There is not a nation on the earth guilty of practices more shocking and bloody than are the people of the United States at this very hour.

　最後の段落、Go where you may は Wherever you may go と同じ。どこへ行こうとも、どこで調査しようとも、どんな君主国を歩こうとも……といった譲歩の節が続く。when you have found the last は、最後までたどり着いた時ということ。あらゆる虐待行為などを探し当ててから、これまで見聞した事実すべてをアメリカで「日常行われていること」(everyday practices) と比べてみなさい、と言っている。その時、あなた方は私と共に that 以下の事実を認めざるを得ない。つまり、アメリカが「おぞましい蛮行と破廉恥な偽善」(revolting barbarity and shameless hypocrisy) に関して無敵の王座に君臨している、それに関して右に出る国は決してない、ということである。

　ダグラスはこのように激しく白人を挑発する。自由と平等の国のつもりでいながら、アメリカは実は世界で最も残虐な国だ。その偽善にすべての人々の目を向けさせようとしているのである。

　このような激しい反対運動にもかかわらず、南部は奴隷制を維持し続けた。ひとつには、その経済があまりに奴隷制に依存していたため、それを廃止することなど考えられなかった、ということがある。また、南部の人々はアフリカ系の人々を白人よりも下の人種と見ていたため、自分たちがキリスト教やアメリカ建国の精神に反しているとは思わなかったのだ。

　奴隷制が廃止されるには、南北戦争によって大量の血が流されなければならなかったのである。

5
Abraham Lincoln
"Government of the People, by the People, for the People" *(1863)*

DISC ONE 6

[1] score 20（人、個など）。単複同型なので注意。

[2] bring forth 生み出す。

[3] conceive 創設する、考え出す。

[4] dedicate ……を奉納する、[生命・一生などを]（人・目的に）ささげる、献身する、[再帰的]（……に）専念する(to...)。

[5] proposition 提案、計画。

[6] civil war 内戦。大文字で the Civil War とすると、アメリカ史上では南北戦争を指す。

[7] that = so that ……するため。

[8] consecrate 神聖にする、清める、奉献する。

[9] hallow 神聖なものとする、あがめる、神に捧げる。

[10] detract 取り去る、減ずる。

Four score[1] and seven years ago our fathers brought forth[2] on this continent a new nation, conceived[3] in liberty and dedicated[4] to the proposition[5] that all men are created equal.

Now we are engaged in a great civil war,[6] testing whether that nation, or any nation so conceived and so dedicated, can long endure. We are met on a great battle-field of that war. We have come to dedicate a portion of that field as a final resting place for those who here gave their lives that[7] that nation might live. It is altogether fitting and proper that we should do this.

But, in a larger sense, we can not dedicate — we can not consecrate[8] — we can not hallow[9] — this ground. The brave men, living and dead, who struggled here, have consecrated it, far above our poor power to add or detract.[10] The world will little note, nor long remember what we say here, but it can never forget what they did here.

5
エイブラハム・リンカーン
「人民の、人民による、人民のための政府」(1863)

87年前、私たちの父たちがこの大陸に新しい国を生み出しました。その国は、自由という理念に基づいて創設され、人間はみな平等に作られているという主張に身を捧げてきました。

いま私たちは大きな内戦を戦っています。この国が、あるいはどんな国であれ、このような理念で創設され、その理念に身を捧げてきた国が、はたして長く存続できるかどうか、試しているのです。私たちはその戦争の激戦地に集いました。この国の存続のために命を捧げた兵士たちの最後の安息の場として、この戦地の一部を捧げるためです。私たちがそれをするのはまったくもって適切であり、当然です。

しかし、より大きな意味では、私たちはこの地を捧げることなど——清めることなど——神聖なものにすることなどできません。この地を神聖なものにしたのは、生き残ったにせよ死んだにせよ、ここで戦った勇敢な兵士たちであり、私たちの乏しい力では、その神聖さを加えたり減らしたりはできないのです。私たちがここで言うことになど、世界はたいした注意を払わないでしょうし、長く記憶にとどめることもしないでしょう。しかし、彼らがここでしたことは、決して忘れないはずです。

Abraham Lincoln
エイブラハム・リンカーン
(1809–65)
アメリカ第16代の大統領 (1861–65)。南北戦争で国家の統一を達成し、奴隷解放宣言 (Emancipation Proclamation) を発した (1863)。南部を率いたリー (Robert Edward Lee) 将軍の降伏後まもない1865年4月14日、ワシントンのフォード劇場 (Ford's Theater) で観劇中に、俳優ジョン・ブース (John W. Booth) に撃たれ、翌日死亡した。

5　Abraham Lincoln

[11] **thus far** ここまで（= so far）。
[12] **devotion** 献身、専念。
[13] **full measure of** 不足のない量の、目いっぱいの。

It is for us the living, rather, to be dedicated here to the unfinished work which they who fought here have thus far[11] so nobly advanced. **It is rather for us to be here dedicated to the great task remaining before us — that from these honored dead we take increased devotion[12] to that cause for which they gave the last full measure of[13] devotion — that we here highly resolve that these dead shall not have died in vain — that this nation, under God, shall have a new birth of freedom — and that government of the people, by the people, for the people, shall not perish from the earth.**

COMMENTARY

　1789年、新憲法のもとで連邦政府が創設され、ワシントンが初代大統領に就任、これによってアメリカ合衆国はようやく政治的に安定し始めた。イギリスとの貿易に関するいざこざから起こった1812年の戦争にも勝利し、これが製造業発展の刺激剤となって、経済的にも安定していった。

　国土も19世紀前半に大きく広がった。1803年のルイジアナ購入以後、1845年にテキサスを併合、48年にはメキシコとの戦争に勝利してカリフォルニアとニューメキシコ地方を獲得し、太平洋に達する大陸国家となった（112ページの地図1参照）。この時期、アメリカが西部に拡張することは、神から与えられた「明白な運命」

"Government of the People, by the People, for the People"

私たち生きている者たちがすべきことは、ここで戦った者たちが気高く進めてきた未完の仕事に身を捧げることです。ほかでもない、私たちが、目の前に残された偉大な仕事に、身を投げ出して、取り組まなければなりません。つまり、名誉ある死者たちが全身全霊をかけて守ろうとした大義を、私たちがより一層の熱意をもって守っていくこと。彼ら名誉ある者たちの死を決して無駄にしないように、固く決意すること。さらにこの国が、神の下で、新しい自由の誕生を迎えられるようにすること。そして、この人民の、人民による、人民のための政府が、決して地上から消滅しないようにすることです。

2月14日の Abraham Lincoln's Birthday（エイブラハム・リンカーン誕生日）は、連邦の公定休日に定められている。全米の半分くらいの州で州の公定休日になっている。1866年（リンカーン暗殺の翌年）に、上下両院によって初めて祝われた。

解説

（Manifest Destiny）だと考えられるようになったのである。人口も1790年に393万人だったのが、1860年には3144万人と約8倍に膨張した。

しかし、この西部への拡張をめぐって南北の対立が表面化した。西部の未開の土地が次第にアメリカ合衆国の領土となり、やがて州へと昇格する。その時、その州を自由州とするのか奴隷州とするのか、つまり奴隷制を禁止するのか許容するのかで、南部と北部が激しく対立したのだ。

この対立の妥協案として、1820年には「ミズーリ協定」という法案が成立した。ミシシッピー川以西で最初に州となったミズーリを奴隷州として編入するにあたっ

5　Abraham Lincoln

　て、北部の反対を宥めるため、以後新規に州が編入される時は北緯 36 度 30 分を奴隷州と自由州の境界線とすることにしたのである。しかし、これが何の解決にもならなかったことは言うまでもない。その後も奴隷制廃止を求める北部と、奴隷制を堅持しようとする南部とのあいだのせめぎ合いは続き、その対立は 1860 年の大統領選挙で頂点に達した。この時の共和党の大統領候補がエイブラハム・リンカーン (Abraham Lincoln, 1809–65) である。

　よく知られているように、リンカーンはケンタッキーの貧しい農家に生まれた。独学で法律を学んで弁護士になり、1834 年にホイッグ党からイリノイ州の下院議員に当選、56 年にはホイッグ党から共和党に移り、60 年に共和党の大統領候補になった。彼が大統領候補となったのは、奴隷制に対して比較的穏健であったためだ。彼は即時奴隷制廃止を主張せず、西部諸州への奴隷制拡大のみに反対し、北部諸州の支持を受けて当選した。しかし、南部諸州は彼を大統領として認めず、次々に合衆国から脱退して南部連合を結成、1861 年に合衆国と戦闘状態に入った（112 ページの地図 2 参照）。これが南北戦争である。

　戦争が始まってしばらく、南部と北部は一進一退の攻防を続けた。リンカーンは戦争の目的を内外にはっきりと示すため、1863 年 1 月に奴隷解放宣言を発布、これによって北部を結束させ、イギリスの南部連合承認を阻止した。1863 年 7 月には北部への進攻を試みた南軍に対し、北軍がペンシルヴェニア州ゲティスバーグで迎え撃ち、多くの犠牲を出しながらも勝利。これをきっかけに形勢は北部有利に大きく傾く。1865 年、南部は北部に対して降伏し、憲法修正 13 条によって奴隷制は正式に廃止された。しかし、リンカーンは南北戦争終結直後、南部人ジョン・ブースによって暗殺された。

　ここで紹介する演説は、ゲティスバーグの戦いから 4 カ月後、1863 年 11 月 19 日にリンカーン大統領がゲティスバーグで読み上げたものである。ゲティスバーグでは凄まじい数の戦死者が出たが、兵士たちの遺体を故郷まで運ぶことはできず、ここに埋葬されていた。そこで激戦地の一部を戦死者たちの墓地とすることになり、その奉献式が開かれたのである。彼の演説はたったの 272 語、3 分ほどだったが、ゲティスバーグの戦死者たちを称え、その死に気高い意味を与えた。特に最後の「人民の、人民による、人民のための政府」の部分は、民主主義の真髄を表現した言葉として、広く知られている。

　演説は「87 年前に私たちの父たちがこの大陸に新しい国を生み出した」という言葉で始まる。87 年前は 1776 年、つまりアメリカの独立宣言の年。その年に生まれたアメリカという国は、「自由（という理念）に基づいて創設され、人間はみな平

等に作られているという主張に身を捧げてきた」のだ。dedicate という言葉は「捧げる」という意味の他動詞。過去分詞 dedicated で「身を捧げている、打ち込んでいる」という意味になるが、この演説では何度も繰り返し使われている。

Four score and seven years ago our fathers brought forth on this continent a new nation, conceived in liberty and dedicated to the proposition that all men are created equal.

　all men are created equal は、言うまでもなく、独立宣言からの引用。アメリカ合衆国の平等という理念の拠り所である。この理念がありながら、これまでアフリカ系の人々は奴隷として扱われてきた。真の平等が達成できるかどうか、その試練の時にアメリカは立たされている。そのことをリンカーンは次の部分、「私たちはいま大きな内戦に携わり、whether 以下のことを試している」で述べている。

Now we are engaged in a great civil war, testing whether that nation, or any nation so conceived and so dedicated, can long endure.

　any nation so conceived and so dedicated は、どんな国であれ、アメリカと同じ理念で作られ、献身してきた国ということ。そういう国が永続できるかどうかを試す戦争に携わっているということである。
　次にリンカーンは奉献式の趣旨について語る。この激しい戦場だった場所に集まっているのは、この場所の一部を those who 以下の人々ための安息の地として捧げる（dedicate）ためだ。

We are met on a great battlefield of that war. We have come to dedicate a portion of that field as a final resting place for those who here gave their lives that that nation might live.

　語注でも説明したように、二つ続く that の最初のものは so that の意味の接続詞。あとの that は that nation（その国＝アメリカ）の that.「アメリカが生き残れるように生命を捧げた人々」というのが those who 以下である。
　次にリンカーンは、この地を dedicate するために集まったとはいえ、私たちは

5　Abraham Lincoln

　本当の意味では dedicate できない——この地を神聖なものにはできない——と言う。それはどういうことかというと、この地を神聖なものとしたのは、ここで生命を捧げた勇敢な兵士たちであり、その神聖さを「加えたり減らしたりすることは私たちの力を超えている」(far above our poor power to add or detract)。私たち生きている者たちがすべきことは、死者たちが気高く進めてきた未完の仕事に、身を投げ出して取り組む (dedicate) ことなのである。
　こうして最も有名な部分に入る。

It is rather for us to be here dedicated to the great task remaining before us — that from these honored dead we take increased devotion to that cause for which they gave the last full measure of devotion

　私たちの目の前に残されている「偉大な仕事」(great task) に身を捧げるべきは私たちである、と言っている。そして that 以下でその「偉大な仕事」の内容を語る。まず、名誉ある死者たちから私たちは increased devotion を受け継ぐ。死者たちが全身全霊をかけて守ろうとしたその大義 (cause) への献身を、さらに高めた形で私たちが受け継ぐということ。この大義はもちろん自由平等の理念である。
　さらに「偉大な仕事」の内容を示す that 節が3つ続く。

that we here highly resolve that these dead shall not have died in vain — that this nation, under God, shall have a new birth of freedom — and that government of the people, by the people, for the people, shall not perish from the earth.

　最初は、こうした名誉ある者たちの死を決して無駄にしないように強く心を決めること。それも私たちの仕事だということである。さらに私たちの仕事は、この国が a new birth of freedom (自由の新しい誕生) を迎えられるようにすること。そして、that government of the people, by the people, for the people が地上から消滅しないようにすること。この有名な言葉でリンカーンは演説を締めくくる。
　南北戦争は北部の勝利で終わり、憲法修正13条によって奴隷は解放された。さらにフレデリック・ダグラス (第4章参照) らの活動家の努力が実り、憲法修正14条と15条によって、黒人にも平等な市民権と選挙権が与えられた。しかし、黒人は

"Government of the People, by the People, for the People"

その後も差別され続けたのが現実である。特に南部では人種隔離（学校や食堂、交通機関などで白人用と黒人用を分けること）があからさまに行なわれ、選挙での投票などできるはずもなく、黒人が白人によってリンチされることも稀ではなかった。平等な権利を求める黒人たちの闘争は、まだ始まったばかりだったのである。

コラム 1

Abraham Lincoln　エイブラハム・リンカーン
"A House Divided"「分裂した家」 (1858)

　雄弁で名高いリンカーンだが、ゲティスバーグ演説以外の有名な演説として、リンカーン・ダグラス論争の時のものがある。1858 年、イリノイ州選出の連邦上院議員の議席を争った選挙で、民主党上院議員スティーヴン・ダグラスに対し、共和党から立候補したリンカーンが、おもに奴隷制拡大の問題をめぐって7回の公開討論を挑んだ。この中でリンカーンは、"A house divided against itself cannot stand."という言葉で、アメリカが分裂状態を解消するように強く訴え、選挙戦には敗れたものの、全国にその名が知られるようになった。この言葉は新約聖書マルコ伝第 3 章からの引用であるが、以後リンカーンの言葉として広く知られるようになった。（第 22 章のリンドン・B・ジョンソンの演説も参照。）

　"A house divided against itself cannot stand." I believe this government cannot endure permanently half slave and half free. I do not expect the Union to be dissolved; I do not expect the house to fall; but I do expect that it will cease to be divided. It will become all one thing, or all the other. Either the opponents of slavery will arrest the further spread of it, and place it where the public mind shall rest in the belief that it is in the course of ultimate extinction; or its advocates will push it forward till it shall become alike lawful in all the States, old as well as new, North as well as South.

　「分裂した家は、立ち続けることができません」。私は、この政府が、半分は奴隷州、半分は自由州という状態で永久に続くはずなどない、と考えます。連邦の解体は望みません。家の倒壊も望みません。私が望むのは、家の分裂状態を止めることです。この国はどちらかひとつにならなければなりません。奴隷制に反対する者たちが奴隷制のこれ以上の拡張を抑え、最終的にそれが消滅するだろうと誰もが思えるところまで導けるか、あるいは、奴隷制に賛成する者たちがさらにそれを押し広げ、すべての州で——古い州も新しい州も、北部も南部も——同じように奴隷制を合法とするところまでもっていくか、そのどちらかしかありません。

6

Susan B. Anthony

"Are Women Persons?" *(1873)*

CD DISC ONE 7

- [1] **indictment** 起訴、告発。発音は /indáitmənt/。
- [2] **alleged** 申し立てられた。the alleged murderer で「殺人犯と言われている人物」。
- [3] **preamble** 序文、前文。
- [4] **domestic tranquility** 独立期のアメリカは、国内の州同士が対立し、不穏な状況だったため。
- [5] **common defense** 対外的には、イギリスのような外敵もあって、それに対して一致して防衛しなければいけなかったことを指す。
- [6] **secure** 確保する、守る。
- [7] **posterity** 子孫。
- [8] **ordain** 定める、制定する。

Friends and fellow citizens, I stand before you tonight under indictment[1] for the alleged[2] crime of having voted at the last presidential election, without having a lawful right to vote. It shall be my work this evening to prove to you that in thus voting, I not only committed no crime but, instead, simply exercised my citizen's rights, guaranteed to me and all United States citizens by the National Constitution, beyond the power of any state to deny. (…)

The preamble[3] of the federal Constitution says:

"We, the people of the United States, in order to form a more perfect union, establish justice, insure domestic tranquility,[4] provide for the common defense,[5] promote the general welfare, and secure[6] the blessings of liberty to ourselves and our posterity,[7] do ordain[8] and establish this Constitution for the United States of America."

6

スーザン・B・アンソニー

「女性たちは人間なのか？」(1873)

友人たち、同胞の市民の皆さん、今夜、あなた方の前に立っている私は、前回の大統領選挙で投票権がないのに投票したという罪を申し立てられ、起訴されています。今夜、私がすべき仕事は、このように投票したものの、私は何の罪も犯していないし、市民としての権利を行使したにすぎない、と証明することです。その権利は、合衆国憲法が私とすべての合衆国市民に保障するものであり、いかなる州も否定することはできません。(……)

Susan B (rownell) Anthony
スーザン・B・アンソニー
(1820–1906)
米国の社会運動家・婦人参政権運動の指導者。

合衆国憲法の前文には次のようにあります。

「我々合衆国国民は、より完璧な連合国家を形成し、正義を確立し、国内の安定を確かなものとし、互いの防衛に備え、全体の福祉を促進し、自由の恵みを我々と我々の子孫たちに確保するために、このアメリカ合衆国憲法を制定し、確立する」

[9] the Union 連合国家 (the United States を指す)。

[10] downright まったくの、紛れもない。

[11] enjoyment 享受。第3章 Red Jacket の注 [6] も参照。

[12] ballot 投票(権)。

[13] hardihood 図々しさ。

[14] enforce 実施[施行]する。

[15] abridge （権利などを）縮小する、奪う。

[16] immunity 権利、特権。

[17] null and void （法律上）無効な。

It was we, the people; not we, the white male citizens; nor yet we, the male citizens; but we, the whole people, who formed the Union.[9] And we formed it, not to give the blessings of liberty, but to secure them; not to the half of ourselves and the half of our posterity, but to the whole people — women as well as men. And it is a downright[10] mockery to talk to women of their enjoyment[11] of the blessings of liberty while they are denied the use of the only means of securing them provided by this democratic-republican government — the ballot.[12] (…)

The only question left to be settled now is: Are women persons? And I hardly believe any of our opponents will have the hardihood[13] to say they are not. Being persons, then, women are citizens; and no state has a right to make any law, or to enforce[14] any old law, that shall abridge[15] their privileges or immunities.[16] Hence, every discrimination against women in the constitutions and laws of the several states is today null and void,[17] precisely as is every one against Negroes. (…)

"Are Women Persons?"

合国家を形成したのは我々国民です。「我々、白人男性」ではありません。まして「我々男性市民」でもありません。「我々国民全体」です。そして私たちが国家を形成したのは、自由の恵みを与えるのではなく、確保するためであり、半分の国民と半分の子孫たちに確保するためではなく、国民全員に――男性のみならず女性にも――確保するためです。ですから、女性たちに自由の恵みの享受を語りながら、それを確保する唯一の手段の行使を認めないというのは、とんでもない愚弄です。この民主主義政府によって与えられた唯一の手段とは、投票なのです。(……)

いま答えを出さなければならない唯一の問いはこれです。女性たちは人間なのか？ そして私は、私たちに反対する者たちでさえ、女性が人間でないと言い切る厚かましさがあるとは信じられません。女性たちが人間であるとすれば、同時に合衆国市民になります。とすれば、どの州も、新しく法律を作ったり、古い法律を施行したりして、女性たちの権利や特権を奪うことはできないはずです。したがって、いくつかの州法に見られる女性たちへの差別は、今日すべて無効です。黒人に対する差別がすべて無効であるのと、まさに同じなのです。(……)

スーザン・B・アンソニーは、エリザベス・ケイディ・スタントン（写真）とともに、女性の権利を求めて戦った。（写真は、スタントンと娘のHarriot。1856年頃撮影）

アンソニーをあしらった1999年発行のコイン。

COMMENTARY

「あなた方が作られる新しい法律の中に女性たちのことを忘れないで」これは1776年、アメリカ合衆国建国のために大陸会議に出席していたジョン・アダムズ (John Adams, 1735–1826, 後の第2代大統領) に対して、妻アビゲイルが送った有名な手紙の一節である。アビゲイルは続ける。

「もし女性たちに特別な注意が払われないなら、私たちは謀反を起こします。女性たちの声が反映されない法に縛られるつもりはありません」

しかし、アビゲイルの願いは通じなかった。1787年に起草されたアメリカ合衆国憲法は女性の参政権のみならず、既婚女性の財産権さえ認めなかったのである。新国家アメリカで女性に与えられた役割はもっぱら「母」であり、「家庭の守り手」というもの。産業革命の進行に伴い、男性が賃金労働者として外で働くようになると、女性たちはますます家事・育児に縛られるようになった。

とはいえ、女性たちはその「家庭の守り手」という立場から団結し、発言するようになる。家庭を崩壊させる飲酒、奴隷の家族を無理やり引き離して売買する奴隷制度などに、女性たちの立場から反対運動を始めるようになったのだ。こうした運動から女性たちの団体が生まれ、意識も高まり、政治的な発言力を得ようという機運も高まってきたのである。

1848年7月、ニューヨーク州の田舎町セネカフォールズで、初めて女性の権利を求める大会が開かれた。その中心人物はエリザベス・ケイディ・スタントン (Elizabeth Cady Stanton, 1815–1902)。彼女はアメリカの独立宣言を土台に「所感の宣言」を起草し、この大会で採択された。それは all men are created equal を all men and women are created equal と言い換え、イギリスの専制支配を男性の支配に置き換えたものである。当時としては過激で、激しい非難も浴びたものの、これをきっかけに女性の権利獲得の闘争は盛り上がっていく。

その闘争をスタントンとともに支えたのが、ここで紹介するスーザン・B・アンソニー (Susan B. Anthony, 1820–1906) である。

アンソニーはマサチューセッツ州のクエーカー教徒の家に生まれた。クエーカー (Quaker) とは、フレンド派とも呼ばれる、平和主義的なプロテスタントの一派である。アンソニーの父は大変進歩的で、禁酒運動や奴隷制廃止運動の支持者であった。

"Are Women Persons?"

解　説

　また、クエーカー教徒は伝統的に男女平等の考え方をすることもあり、アンソニーは男の兄弟たちと同様の教育を受けたと言われている。学校を卒業後、彼女は当時の中産階級の女性に開かれていた唯一の職業と言える教師となったが、給料が男性教師と比べて格段に低いこと(4分の1)、男性教師のような発言力をもてないことなどに幻滅し、教師を辞職。実家の農場の手伝いをしながら、禁酒運動や奴隷制廃止運動に携わるようになった。

　1851年、アンソニーにとって運命とも言える出会いがあった。女性参政権運動のパイオニア、スタントンと知り合ったのである。アンソニーは5歳年上のスタントンから強い影響を受け、彼女の右腕として、女性参政権運動と奴隷制廃止運動に取り組むようになった。南北戦争終結後、黒人が政治的な権利を得たのに対して女性が除外されると、アンソニーらはそれに強く反発、以後は女性参政権運動に専念していく。1869年、スタントンらとともに全米女性参政権協会 (National Woman Suffrage Association) を結成、その後も選挙権のみならず、女性の経済的自立のために尽力し続けた。

　1872年、全米女性参政権協会は女性に投票を促し、アンソニーもロチェスターで投票を強行して逮捕された。ここで扱うのは、アンソニーがその時に自分を弁護して行なった演説である。

　最初にアンソニーは、自分が起訴されたのは投票権がないのに投票したという罪であると言う。It shall be my work の It が指すのは、もちろん続く that 節。投票することで自分は市民としての権利を行使したにすぎない——ということを証明するのが今夜の私の仕事となる。というのも、投票する権利は合衆国憲法で保障されたものであり、「どの州にも否定することはできない」(beyond the power of any state to deny)。つまり、女性に投票権を認める州と認めない州があったのだが、投票権は合衆国憲法によって保障されているはずだとして、アンソニーはそれを論証していくのである。

　まずアンソニーは合衆国憲法の序文を読み上げる。それには、We, the people of the United States, in order to form a more perfect union ... do ordain and establish this Constitution for the United States of America. とある。「我々合衆

国国民は、より完璧な連合国家 (union) を形成するために、この憲法を制定し、確立する」ということだ。つまりこの連合国家を形成するのは「我々」全員であり、白人男性に限定されていないということ。それを訴えるのが次の部分である。

It was we, the people; not we, the white male citizens; nor yet we, the male citizens; but we, the whole people, who formed the Union. And we formed it, not to give the blessings of liberty, but to secure them; not to the half of ourselves and the half of our posterity, but to the whole people — women as well as men.

　最初の文は強調構文で、It は who formed the Union を指す。連合を形成したのは we, the people であり、we, the white male citizens ではなかった。そして我々が連合国家を形成したのは自由の恵みを半分の国民に確保 (secure) するためではなく、国民全員に――男性のみならず女性にも――確保するためだということである。
　And it is a downright mockery の文は、to 不定詞の部分が「とんでもない愚弄」(a downright mockery) であるという文章。ここの enjoyment は 3 章で解説した「享受する」の意味の enjoy の名詞形。女性たちに自由の恵みの享受を語りながら、それを確保するための唯一の手段――すなわち投票権 (ballot)――を認めないというのは、とんでもない愚弄である、と言っている。
　さらに省略部分でアンソニーは、女性参政権を認めない州は、この国の最高の法に違反している、と続ける。そういう政府は「統治される者たちの同意によって正当な権力を得ている」(deriving their just powers from the consent of the governed) とは言えない。この部分は独立宣言からの引用なので、独立宣言にも反しているのである。こんな政府は民主主義政府ではなく、おぞましい貴族制だとアンソニーは続ける。
　こうして、アンソニーは「女性たちは人間なのか?」と問いかける。それが以下の部分。

The only question left to be settled now is: Are women persons? And I hardly believe any of our opponents will have the hardihood to say they are not. Being persons, then, women are citizens; and no state has a right to make any law, or to enforce any old law, that

shall abridge their privileges or immunities.

　女性参政権運動に反対する者たちでさえ、女性が人間ではないと言う「厚かましさ」(hardihood) をもつ者はひとりもいないだろう。女性たちが人間であるとすれば、女性たちは合衆国市民であり、どんな州も市民の権利を奪う法律は作れないはずだ。注もつけた immunity は「免疫」という意味でよく使う語だが、ここでは privilege と同じ意味で使われている(ちなみにこの語の形容詞形は immune で、これは AIDS = acquired immune deficiency syndrome の I である)。

　こう言って、アンソニーは女性を差別する法律はいっさい無効であると訴える。

Hence, every discrimination against women in the constitutions and laws of the several states is today null and void, precisely as is every one against Negroes.

　as is every one の as は関係代名詞で、先行詞は every discrimination. 黒人に対する差別がすべて無効になったのと同じように、女性たちに対する差別もいっさい無効なのである。

　続く省略部分でアンソニーは、自分たちがもはや議会に請願することはしないと言っている。それよりも女性たちに投票を呼びかけ、選挙管理委員にはその投票を受け取るように求めていくと言う。そして、この方法で運動を続け、「完璧な勝利」(complete triumph) を勝ち得るまで戦いを続けることを誓って、演説を閉じる。

　その後もアンソニーはスタントンとともに活動を続け、スタントンの引退後は 1892 年から 1900 年まで全米女性参政権協会の会長を務めた。しかし、アメリカの女性たちの参政権が憲法によって保障されたのは、アンソニーの死後、ようやく 1920 年の憲法修正第 19 条 (the Nineteenth Amendment) によってである。この修正箇条はアンソニーの努力を称えて、「アンソニー修正」(the Anthony Amendment) とも呼ばれている。

コラム 2

Chief Joseph　チーフ・ジョゼフ
"I Will Fight No More Forever"
「私はもうこれ以上永遠に戦いません」(1877)

　第3章でも解説したように、先住民たちによる白人への抵抗は、19世紀末までにほぼすべて鎮圧された。その結果、先住民たちは暮らしていた土地を奪われ、伝統的な生活様式も奪われて、居留地と呼ばれる狭い土地に強制的に押し込まれた。このコラムでは、抵抗しながらも屈せざるをえなかった先住民の悲痛な叫びを紹介したい。チーフ・ジョゼフ (Chief Joseph, 1840?–1904) は、アメリカ北西部に暮らしていたネズパース族 (the Nez Perces) の酋長。彼らの部族は、オレゴン州にある彼らの土地を明け渡すように、という連邦政府の要求に抵抗し、アメリカ軍に対して必死に戦った。しかし、1877年、厳寒のカナダ国境付近でチーフ・ジョゼフはついに捕らえられ、アメリカ軍に対して次の演説をして、もはや抵抗する気力のないことを表明したのである。

　I am tired of fighting. (…) It is cold, and we have no blankets; the little children are freezing to death. My people, some of them, have run away to the hills, and have no blankets, no food. No one knows where they are — perhaps freezing to death. I want to have time to look for my children, and see how many of them I can find. Maybe I shall find them among the dead. Hear me, my chiefs! I am tired; my heart is sick and sad. From where the sun now stands I will fight no more forever.

　私は戦うことに疲れました。(……) ここは寒いし、私たちには毛布がありません。子供たちは凍え死んでいます。私の部族の中には山へ逃げた者たちもいますが、みな毛布もないし、食べ物もありません。彼らがどこにいるのか、誰も知りません——おそらくは凍えて、死にかけているのでしょう。私は自分の子供たちを探し出す時間が欲しいのです。そして、どれだけ見つけられるか知りたい。おそらく彼らは死者たちの中にいるでしょう。酋長たちよ、私の言うことを聞いてください！　私は疲れました。私の心は悲しみに沈んでいます。今、この時点から、私はもうこれ以上永遠に戦いません。

第 2 部
世界の大国へ
(1930 年代まで)

Theodore Roosevelt
Florence Kelley
W. E. B. Du Bois
Woodrow Wilson
Emma Goldman
Franklin D. Roosevelt

繁栄と転落

　南北戦争において、北部産業主義は勝利を収めた。その後数十年続く共和党政権は、北部に有利な保護関税政策を続け、商工業が飛躍的に発展、19世紀末までにアメリカは世界一の工業国となった。1890年にはフロンティアが消失し、大陸内での膨張が限界点に達すると、アメリカは市場を求めて海外にも進出、帝国主義レースに参入した。そして1920年代、未曾有の繁栄を迎えるとともに、1929年にはこれまた未曾有の大恐慌に陥った。第2部は20世紀初頭から1930年代まで、アメリカが世界の大国となり、海外の戦争にも介入するようになる時代、そして繁栄から不況のどん底へと落ちるまでを概観する。

　20世紀の幕開けである1901年、この年に副大統領から大統領に昇格したのは、まさに「アメリカの世紀」を象徴するような大統領、セオドア・ローズヴェルトだった。彼は大統領になる直前の演説で、アメリカは他国に対して「穏やかに語りながらも棍棒を携える」と言い、海外の紛争に対して武力行使も辞さない考えを示した。この「棍棒外交」という考えは、彼が大統領昇格後、ラテンアメリカへの介入、パナマ運河の建設などで実践されることになった(第7章)。

　この時代、企業の独占が進み、大資本家が莫大な富を築き上げる一方、労働者たちは徹底的に搾取された。彼らの多くは海外からの移民であり、都市のスラム街の悲惨な環境下で暮らしていた。狭く不潔なアパートに住み、子供たちまで徹夜で働かされ、教育など到底受けられなかった。社会改革運動家のフローレンス・ケリーは1905年の演説で、女性たちが参政権を得ることで児童労働禁止の法律を通過させ、「子供たちを苦役から解放」しようと述べた。彼女がここで求めたのは、女性参政権運動家と労働運動家との団結であった(第8章)。

黒人たちも悲惨な状況に置かれた。南北戦争後、南部の黒人たちは奴隷からは解放されたものの、多くは小作人になるしかなく、最下層の生活を強いられた。しかも激しい差別を受け、選挙権の行使などできるはずもなく、交通機関や公共の場、教育などで白人と隔離された。黒人活動家W・E・B・デュボイスは、1906年、そのナイアガラ運動を立ち上げた際の宣言文で、「我々はこの国の憲法がきちんと執行されることを望む」と述べ、この戦いは真のアメリカ人すべてのためのものだと訴えた(第9章)。

　1914年、第一次世界大戦が勃発すると、アメリカは最初、中立の立場を取った。しかし、やがて反ドイツ感情が高まり、ついに1917年、ドイツに対して宣戦布告した。この時の大統領ウッドロー・ウィルソンは、「世界は民主主義のために安全でなければならない」と述べて、これは世界に平和と民主主義をおよぼすための戦いであるとした(第10章)。自由や民主主義という大義の下で、アメリカがヨーロッパやアジアでの戦争に介入する時代の始まりであった。

　このアメリカ参戦に対し、無政府主義者のエマ・ゴールドマンは、「まずアメリカの中での民主主義が安全であるようにせよ」と批判した(第11章)。ゴールドマンから見れば、労働者の権利が抑圧され、言論が弾圧されている状態のアメリカは、とても民主主義とは言えなかったのである。しかし、アメリカは戦争に突き進み、第一次世界大戦はこのアメリカの参戦により、連合国側の勝利に終わった。

　こうして戦後、アメリカは繁栄の1920年代を迎えた。戦争で疲弊したヨーロッパと比べ、アメリカの産業は飛躍的に伸び、株価は天井知らずに上がっていった。しかし、大衆の購買力がそれについていけず、1929年に株価は大暴落、世界的な大恐慌を迎えた。1933年に大統領に就任したフランクリン・D・ローズヴェルトは「我々が恐れるべき唯一のものは、恐怖それ自体である」と言い、恐れずに新しい政策に乗り出すことを訴えた(第12章)。それがニューディール政策である。

　ローズヴェルトの指導力によって、アメリカの景気は徐々に回復していった。しかし、この時期、ドイツとイタリアでファシスト政権が誕生し、ヨーロッパは戦争へと向かっていく。それはやがてアメリカにも波及していくのである。

7

Theodore Roosevelt

"Speak Softly and Carry a Big Stick" (1901)

DISC ONE 8

[1] **with all one's heart and soul** 心底から。

[2] **hardy** 屈強な、頑健な、大胆な。

[3] **hail** 歓呼して迎える。

[4] **Providence** 神意、被造物に対する神または自然の配慮と保護。

[5] **allot** 割り当てる。

[6] **household** 言うまでもなく「家庭、家族」の意味だが、ここでローズヴェルトはアメリカ国内を「家庭」に喩えている。

[7] **amount to...** ……に達する、結局……になる。not amount to much「結局大したことにならない」といった否定的な使い方をすることが多い。

[8] **see to** ……に気をつける、世話をする。

[9] **without** (adv.)[古・文語] 外側〔外部、外〕に〔で、から〕。

It is because we believe with all our heart and soul[1] in the greatness of this country, because we feel the thrill of hardy[2] life in our veins, and are confident that to us is given the privilege of playing a leading part in the century that has just opened, that we hail[3] with eager delight the opportunity to do whatever task Providence[4] may allot[5] us. We admit with all sincerity that our first duty is within our own household;[6] that we must not merely talk, but act, in favor of cleanliness and decency and righteousness, in all political, social, and civic matters. No prosperity and no glory can save a nation that is rotten at heart. (…) Yet while this is our first duty, it is not our whole duty. Exactly as each man, while doing first his duty to his wife and the children within his home, must yet, if he hopes to amount to much,[7] strive mightily in the world outside his home, so our nation, while first of all seeing to[8] its own domestic well-being, must not shrink from playing its part among the great nations without.[9] (…)

A good many of you are probably acquainted with the old proverb: "Speak soft-

7

セオドア・ローズヴェルト

「穏やかに語り、棍棒を携える」 *(1901)*

我々が心の底からこの国の偉大さを信じているからこそ、我々の血液に脈々と流れる頑健な生命の戦慄を感じるからこそ、そして自分たちには今始まったばかりの世紀において指導的な役割を演じる権利が与えられていると確信するからこそ、我々は神から割り当てられた仕事はどんなものであれ、それをする機会を大きな喜びとともに受け入れます。我々はこの上なく誠実に、我々の最初の義務は国内問題である、と認識します。我々は話すだけでなく、行動しなくてはいけません。あらゆる政治的、社会的、そして市民の問題に関して、清潔さと上品さと公平さを手に入れるために。どのような繁栄も栄光も、本質において腐敗している国を救えません。(……)しかし、これが我々の第一の義務であるにしても、義務のすべてではありません。男が家庭の妻と子供に対して義務を果たしながらも、もしひとかどの男になろうとすれば、家庭の外の世界でしっかりと頑張らなければならないのとまったく同じように、我々の国も、まず国内の幸福を第一に考えながら、外の偉大なる国々の中での役割を果たすことから逃げ出してはなりません。(……)

Theodore Roosevelt
セオドア・ローズヴェルト
(1858–1919)
アメリカ第26代大統領(1901–09)。共和党。1906年にノーベル平和賞受賞。

多くの方々は次の古い諺をご存知でしょう。「穏やかに語り、棍棒を携える――そうすれば先に進める」。もし人

7 Theodore Roosevelt

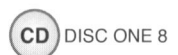

ly and carry a big stick — you will go far."[10] If a man continually blusters,[11] if he lacks civility, a big stick will not save him from trouble; and neither will speaking softly avail,[12] if back of the softness there does not lie strength, power. In private life there are few beings more obnoxious[13] than the man who is always loudly boasting; and if the boaster is not prepared to back up his words his position becomes absolutely contemptible. So it is[14] with the nation. It is both foolish and undignified to indulge in undue[15] self-glorification, and, above all, in loose-tongued[16] denunciation of other peoples. Whenever on any point we come in contact with a foreign power, I hope that we shall always strive to speak courteously and respectfully of that foreign power. Let us make it evident that we intend to do justice. Then let us make it equally evident that we will not tolerate injustice being done to us in return. Let us further make it evident that we use no words which we are not prepared to back up with deeds, and that while our speech is always moderate, we are ready and willing to make it good.[17] Such an attitude will be the surest possible guaranty[18] of that self-respecting peace, the attainment of which is and must ever be the prime aim of a self-governing[19] people.

---

[10] **Speak softly and carry a big stick — you will go far** 別のところでローズヴェルトはこの諺を西アフリカのものと言っているのだが、出典は明らかではない。英語で使われるようになったのはローズヴェルトが使ってからである。

[11] **bluster** 怒鳴り散らす。

[12] **avail** 役に立つ。

[13] **obnoxious** 不快な、いやな。

[14] **So it is** この So は前文の内容を指して、「(国に関しても)またそうである」。

[15] **undue** 不相応な、過度な。

[16] **loose-tongued** 口の軽い。

[17] **make good** (計画を)達成する、(目的を)遂げる。

[18] **guaranty** 保証、請け合い。

[19] **self-governing** 自治の。

が怒鳴り散らすばかりで、礼儀を失すれば、棍棒があってもトラブルからは救われないでしょう。また、穏やかに語っていても、その穏やかさの背後に強さが、力が備わっていなければ、うまくいかないでしょう。私生活においては、大声で自慢話ばかりする者ほど不快な輩はいません。そして自慢話をする者がその言葉を裏づけられなければ、その地位はどこまでも落ちぶれてしまうでしょう。これは国に関しても同じです。不相応な自己賛美に耽ること、そして何よりもほかの民族を軽率に非難することは、愚かしく、見苦しいことです。どのような場合でも、外国勢力と接触することがあれば、我々はその外国勢力に対して、礼儀正しく、敬意をもって話すようにしなければならない。そう私は望んでいます。我々が正しい行ないをしようとしているということを、はっきり示そうではありませんか。同じようにはっきりさせておきたいのは、我々がその返礼として不正を受けることは我慢できない、ということです。さらに次のこともはっきりさせておきましょう。我々は行動で裏づけることができない言葉を使うつもりはなく、話し方は常に穏やかであっても、それを成し遂げようという心構えと意志がある、ということです。こうした態度こそ、自尊心ある平和を最も確実に保証するもので、その平和の達成こそ、独立した民族がいちばん先に目指すのであり、そうでなければなりません。

セオドア・ローズヴェルトは、アルフレッド・T・マハン（写真）の『歴史に及ぼした海軍力の影響』(*The Influence of Sea Power upon History, 1660–1783*, 1890) に刺激を受けた。

セオドア・ローズヴェルトの肖像画（John Singer Sargent, *Theodore Roosevelt*, 1903）。

7 Theodore Roosevelt

COMMENTARY

南北戦争終結から19世紀末までのあいだに、アメリカは工業国として、そして二つの大洋にまたがる大陸国家として、大きく発展した。1869年に最初の大陸横断鉄道が敷かれると、その後次々に鉄道網が張りめぐらされ、各地の工業地帯のつながりも強化された。そして鉄鋼業を中心とする重工業が成長し、鉄鋼のカーネギー、コークスのフリック、石油のロックフェラーなどの大実業家が登場した。こうして19世紀が終わる頃には、アメリカは世界一の工業国になっていたのである。

1890年、フロンティアの消滅が発表されたことはひとつの象徴的な出来事であった。もちろんアメリカの土地すべてが開拓されたわけではないが、西部への拡張が限界点に達したのである。おりしも植民地を求めるヨーロッパ列強の競争が激化していた時代、アメリカも工業の発展に伴って、海外市場を獲得しようという要求が実業界から強くなる。世界の列強のひとつにふさわしい国際的な地位と役割を得るために、積極的な対外政策を求める気運も高まってきた。

1898年に始まった米西戦争はまさにそうした声にあと押しされた戦争であった。キューバにおけるスペインの圧制に対する抵抗運動が激化すると、アメリカはそれを助ける形でスペインと戦闘状態に入り、キューバを独立させるとともに、スペイン領のプエルトリコとフィリピンを領有することになった。海外の紛争への不介入を主義としてきたアメリカが、ついに帝国主義レースに参入したのである。

こうして、のちに「アメリカの世紀」と呼ばれることになる20世紀が始まった。アメリカが世界の超大国となり、世界平和の守り手という意識を強めていく世紀。その世紀の始まりに、まさに時代を象徴するような人物が大統領に就任した。セオドア・ローズヴェルト (Theodore Roosevelt, 1858–1919) である。

セオドア・ローズヴェルトはニューヨークの古い名門の出身。ハーヴァード大学卒業後に政界に入り、共和党のニューヨーク州選出下院議員、ニューヨーク市公安委員長、海軍次官などを経て、ニューヨーク州知事となった。米西戦争の時にラフ・ライダーズという義勇軍を組織して従軍し、勇敢に戦ったことはよく知られている。こうして広く国民の人気を得た彼は、1901年、マッキンリー大統領 (William McKinley, 1843–1901) の副大統領となり、同年マッキンリーが暗殺されると、史上

解 説

最年少(就任時42歳)で大統領となった。

　ここに取り上げるのは、1901年9月2日、ミネソタ州の博覧会における演説である。この4日後にマッキンリー大統領が暗殺され、ローズヴェルトは9月14日に大統領に就任する。こんなにすぐ大統領になるとは本人も予想外であったろうが、有名な「穏やかに語り、棍棒を携える」の部分をはじめとして、その後のローズヴェルト外交の基本方針を見事に言い表わした演説となっている。

　抜粋したのは演説の中間部だが、ここでローズヴェルトは、アメリカの偉大さを称えている。血液に「頑健な生命の戦慄」(the thrill of hardy life) を感じているというのは、生命が力強く脈打っている感じだろう。この始まったばかりの20世紀において、我々アメリカ人は「指導的な役割を演じる権利」(the privilege of playing a leading part) が与えられているという自信がある。アメリカは世界の強国であり、だからそれに見合った責任を負わなければならない。しかも、それは神から与えられた仕事なのだ。これはアメリカが今後戦争をする時に繰り返される信念である。

　We admit with all sincerity 以下、ローズヴェルトはアメリカ国内を家庭に、国家自体を男性になぞらえる。今なら性差別と言われそうだが、これはまだ女性に選挙権もない時代の話。成人男子が家長として家族を養うのと同じように、アメリカもまず国内の問題に取り組み、cleanliness, decency, righteousness などの増進に努めなければならない、とローズヴェルトは考えている。しかし、「男がかなりのところまで達することを望むなら」(if he hopes to amount to much)、つまり国も確固たる地位を得たいのなら——外でもしっかりと頑張らなければならない。したがって国内の幸福を第一に考えながら、「外の偉大なる国々の中での役割を果たすこと」からたじろいではならないのだ。

　こうしてローズヴェルトは、諸国に対してどういう態度で接するべきかという話に移る。それが "Speak softly and carry a big stick — you will go far." という言葉だ。

A good many of you are probably acquainted with the old proverb: "Speak softly and carry a big stick — you will go far." If a man

7 Theodore Roosevelt

continually blusters, if he lacks civility, a big stick will not save him from trouble; and neither will speaking softly avail, if back of the softness there does not lie strength, power.

　重要なのは、Speak softly と carry a big stick が両方同時に必要であるということ。neither will speaking softly avail 以下の文は、if strength does not lie back of the softness, speaking softly will not avail ということで、穏やかに話すことの背後には必ず strength が必要とされる、と言っている。このように武力を使うことも辞さないという考えが「棍棒外交」(big stick diplomacy) と呼ばれ、ローズヴェルトの対外政策を表わす言葉として使われるようになった。
　ローズヴェルトはこの対外政策を再び家庭にたとえて説明する。声高に自慢するばかりの男は不快なものだ。しかもその言葉を裏づけるだけの力がなければ、どこまでも地位は落ちぶれてしまう。国に関しても同じことで、むやみな自己賛美や他民族の非難は愚かしく、見苦しい。そう言って、ローズヴェルトは以下の部分に続ける。

Whenever on any point we come in contact with a foreign power, I hope that we shall always strive to speak courteously and respectfully of that foreign power.

　この部分はこれまで言ってきたことの繰り返し。我々が心がけるべきは、他国に対して常に「礼儀正しく、敬意をもって話す」(speak courteously and respectfully) ことである。さらに Let us という形で、我々が心がけるべきことを列挙する。

Let us make it evident that we intend to do justice. Then let us make it equally evident that we will not tolerate injustice being done to us in return. Let us further make it evident that we use no words which we are not prepared to back up with deeds, and that while our speech is always moderate, we are ready and willing to make it good.

　まず、我々が正義を行なおうとしていること、そしてその返礼として不正を受け入れることには我慢ならないということ、これらをはっきりと内外に示さなければならない。さらに「行為で裏づけることのできない言葉は使うつもりはない」(we use no words which we are not prepared to back up with deeds) ということや、話し方は常に穏やかであっても「それを成し遂げようという心構えと意志があるということ」(we are ready and willing to make it good) などを、はっきりと示さなければならない、と言っているのである。

　続く self-respecting peace とは、服従に甘んじた平和ではなく、独立自治を守った平和ということ。それは self-governing とも通じる。ある国の独立自治に基づいた平和が脅かされそうな時、アメリカは国際警察としての力を行使することもあるということを表明したものである。

　ローズヴェルトがこのような演説をした背景には、ラテンアメリカ諸国が政情不安定で、ヨーロッパ列強がその地域に食指を動かしていたということがある。それに対しローズヴェルトは、南北アメリカ大陸におけるヨーロッパ勢力を排除し、合衆国の発言力と影響力を拡大したいと考えていた。そのためには武力で脅すことさえ必要であるとはっきり示したのである。その考えに沿って、彼の政権は1903年のドミニカ共和国の危機において軍事介入、独立を支援したキューバも保護国化するなど、植民地化を伴わない勢力拡大をカリブ海に促進していった。

　こうした考えの基盤となっていたのは、海軍戦略家アルフレッド・T・マハン (Alfred T. Mahan, 1840–1914) の『歴史に及ぼした海軍力の影響』(*The Influence of Sea Power upon History, 1660–1783*, 1890) という本である。これは世界を制覇してきた国々が海軍力で勝っていたことを指摘、アメリカは軍事的にも政治的にもカリブ海と太平洋の両方に進出しなければならないと説いている。ローズヴェルトは大統領となると、さっそくマハンの考えを実行に移そうとし、海軍の強化に取り組んだ。さらにパナマ運河の建設を推進、当時パナマを領有していたコロンビア政府との交渉が長引くと、パナマの独立革命を暗黙に支援し、運河建設の権利を得た。パナマ運河は1904年に着工、1914年に完成。それによってアメリカはカリブ海地域における政治的・軍事的優位を確立したのである。

　こうした強引なやり方で批判もされたが、ローズヴェルトは同時にその類い稀な行動力で愛された大統領だった。1904年の大統領選挙では民主党候補に対して圧勝、1909年まで二期大統領を務めた。国内問題では、独占企業に対する規制を強化し、労働争議を調停するなど、社会改革も促進。一方で日露戦争やモロッコ紛争の収拾に向けて積極的に活動し、その貢献によってノーベル平和賞を受賞した。世界の舞台で重要な外交上の役割を演じようとし、場合によっては武力の行使も辞さないとしたローズヴェルトは、まさに現代型アメリカ大統領の先がけとなったのである。

8

Florence Kelley

"Freeing the Children from Toil" (1905)

CD DISC ONE 9

To-night[1] while we sleep, several thousand little girls will be working in textile mills,[2] all the night through, in the deafening noise of the spindles[3] and looms[4] spinning and weaving[5] cotton and woolen,[6] silks and ribbons for us to buy. (…) If the mothers and the teachers in Georgia could vote, would the Georgian Legislature[7] have refused at every session for the last three years to stop the work in the mills of children under twelve years of age?

Would the New Jersey Legislature have passed that shameful repeal[8] bill enabling girls fourteen years to work all night, if the mothers in New Jersey were enfranchised?[9] **Until the mothers in the great industrial States are enfranchised, we shall none of us be able to free our consciences from participation in this great evil. No one in this room to-night can feel free from such participation.** The children make our shoes in the shoe factories; they knit our stockings, our knitted underwear in the knitting factories. They spin and weave our cotton underwear in the cotton mills. (…) **Under the sweating**

[1] **To-night** 今夜。tonight はこのようにつづられることもある。

[2] **textile mill** 織物工場。

[3] **spindle** （紡績機の）錘、紡錘スピンドル。

[4] **loom** 織機、機(はた)。

[5] **spinning and weaving** spin は「紡ぐ」、weave は「織る、織って作る」。

[6] **woolen** 毛織物。

[7] **legislature** 州議会

[8] **repeal** 廃止、取り消し、撤回。

[9] **enfranchise** 参政権(選挙権)を与える。

8

フローレンス・ケリー

「子供たちを苦役から解放する」(1905)

　今夜、私たちが眠っているあいだにも、何千人もの少女たちが、織物工場で働かされることでしょう。あの娘たちは、一晩中、鼓膜が破れてしまいそうな錘や機の騒がしい機械音の中で、綿や毛織物、絹やリボンを紡いだり織ったりし、私たちが買う製品を作るのです。（……）ジョージア州議会はここ3年間、開会するたびに、12歳以下の子供が工場で働くことを禁止する法案を拒絶し続けてきました。もしジョージアの母親たちや教師たちが投票できたなら、こんなことがあり得たでしょうか？

　もしニュージャージーの母親たちに参政権があれば、ニュージャージー州議会はあの恥知らずな法案廃止を通過させていたでしょうか？　その法案廃止によって、14歳の少女たちが一晩中働かされることになってしまったのです。この大工業国である合衆国の母親たちが参政権を得るまで、私たちは誰ひとりとして、こうした悪に荷担しているという意識から良心を解放することができません。この部屋の誰ひとりとして、こうした荷担から免れていると感じることはできないのです。子供たちは靴工場で私たちの靴を作っています。編み物工場で私たちの靴下や下着を編んでいます。綿工場で私たちの綿の下着を紡ぎ、織っています。（……）労働者搾取制度の下で、小さな子供たちまで私たちの買う造花や襟巻きを作っています。子供たちは衣服の束を工場からアパートに運ん

Florence Kelley
フローレンス・ケリー
(1859–1932)
アメリカの女性社会事業家。National Consumers' League の事務総長 (1899–1932)。婦人と子供を守るための労働立法運動に尽力した。

8 Florence Kelley

[10] **sweating system** 労働者搾取制度。

[11] **neckwear** ネクタイ、襟巻き、カラーなど首につける服飾品の総称。

[12] **tenement** （特に大都市の）人口密集貧困地帯の）安アパート、共同住宅。

[13] **beast of burden** 荷物運搬用の動物（牛・馬など）。子供たちをこのようにたとえている。なお、The Rolling Stones の名曲に、"Beast of Burden" (1978) がある。

[14] **that** = so that「……するように」。この場合は「私たちのために働けるように」。

[15] **petition** 請願、陳情。

[16] **line** 進路、方針。

[17] **enlist** ［人の協力・援助を］（主義・事業などのために）得る、取りつける (in...)。［人に］（……してくれるよう）協力を求める (to do)。

[18] **on behalf of** = in behalf of（……のために、……に利するように）。

[19] **in proportion** ……に比例して。Energy use increases in proportion as temperature rises.（気温の上昇につれてエネルギーの消費量はふえる）［『ランダムハウス英和大辞典』の例文より］。

CD DISC ONE 9

system,[10] tiny children make artificial flowers and neckwear[11] for us to buy. They carry bundles of garments from the factories to the tenements,[12] little beasts of burden,[13] robbed of school life that[14] they may work for us.

We do not wish this. We prefer to have our work done by men and women. But we are almost powerless. Not wholly powerless, however, are citizens who enjoy the right of petition.[15] For myself, I shall use this power in every possible way until the right to the ballot is granted, and then I shall continue to use both.

What can we do to free our consciences? There is one line[16] of action by which we can do much. We can enlist[17] the workingmen on behalf of[18] our enfranchisement just in proportion[19] as we strive with them to free the children. No labor organization in this country ever fails to respond to an appeal for help in the freeing of the children.

For the sake of the children, for the Republic in which these children will vote after we are dead, and for the sake of our cause, we should enlist the workingmen voters, with us, in this task of freeing the children from toil.

"Freeing the Children from Toil"

でいます。小さな馬車馬たち。あの子たちは、学校に行くことも許されず、私たちのために働かされているのです。

フローレンス・ケリーは、ジェイン・アダムズ（写真）が1889年にシカゴとの貧民地区に創設したハルハウスで働き始め、社会改革運動に取り組むようになった。

　私たちはこんなことを望みません。私たちの仕事は、大人の男女がやるべきなのです。しかし、私たちにはほとんど力がありません。とはいっても、請願できる権利を持つ市民は、完全に無力ではありません。私自身は、投票権が与えられるまで、この請願できる力を可能な限りさまざまな形で使っていきたい、と思います。そして投票権を得たら、この請願できる力と投票できる力の両方を使い続けるつもりです。

　良心を解放するために何ができるでしょう？　私たちはひとつの方針にそって行動を起こすことができます。私たちの選挙権獲得のために労働者たちの支持を得つつ、彼らとともに子供たちの解放を求めることができます。子供たちの解放への支援を求められて反応しない労働組織は、この国にはひとつも存在しません。

　子供たちのために、そして私たちの死後にあの子たちが投票する共和国のために、さらには私たちの大義のために、私たちは投票権のある労働者たちの支持を得て、子供たちを苦役から解放するために、ともに戦わなければなりません。

COMMENTARY

　南北戦争後から20世紀初頭までの時代は、アメリカが世界の強国としての地位を確立するとともに、さまざまな歪みが噴出した時代でもあった。産業革命が進み、重工業は爆発的な発展を遂げたが、大企業体制が確立し、石油、鉄道、砂糖そのほか多くの分野で独占が成立した。これに対し、独占を禁止するシャーマン反トラスト法が1890年に成立したが、何をもって独占と見なすかが曖昧で、あまり効果は上がらなかった。労働者を保護する法律も整備されておらず、資本家たちは飽くなき利益への追及から労働者を酷使した。そして労働者たちは悲惨な労働環境の下、低賃金での重労働を強いられたのである。

　この時代は都市人口が急増した時代でもあった。急速に工業化するアメリカは労働者を必要としていたため、雇用を求めて多くの移民がアメリカに押し寄せ、そのほとんどが大都市に住み着いた。その結果、都市にはスラム街が形成され、貧しい移民たちは不潔な安アパートの一室に何家族も同居するなど、劣悪な環境下で暮らさなければならなかった。彼らの子供たちも生活費を稼ぐために外で働かなければならず、学校にも行けずに、夜遅くまで働かされる例も多かった。

　こうした状況を、多くの資本家や政治家は、当時流行の思想ソーシャル・ダーウィニズムによって正当化していた。ソーシャル・ダーウィニズムとは、ダーウィンの進化論を人間社会にも当てはめたもので、人間社会も適者生存の論理が働くことによって進化していくという考え方である。資本家たちは優秀な人間であるからこそ生き残るのであり、そうでない者たちは淘汰されていく。とすれば、むやみに弱者を救済しようとすることは、人間の発展を妨げることになるのである。

　それに対し、弱者たちが強いられるあまりにひどい生活環境を改善しようとする社会改革活動家たちも現われた。代表的な人物がジェイン・アダムズ (Jane Addams, 1860–1935) である。アダムズは1889年、シカゴの貧民地区にセツルメント、ハルハウス (Hull House) を創設し、貧しい移民たちに食事を提供するとともに、子供たちの保育・教育に取り組んだ。同時に貧民地区の衛生状態の改善や、過酷な工場労働の改善・禁止、児童労働の禁止などの改革を市当局に求めていった。

　ここで紹介するフローレンス・ケリー (Florence Kelley, 1859–1932) も、ハルハウスで働いていた女性のひとりである。父はクエーカー教徒で、ペンシルヴェニア州

解説

選出の下院議員、女性参政権や工場労働者の労働環境改善に同情的な人物であった。ケリーは、コーネル大学を卒業後、チューリヒ大学に留学して法律を学ぶとともに、マルクスやエンゲルスの著作に影響を受けた。留学中に社会主義者のロシア人医学生と出会い、結婚して3人の子供をもうけるが、アメリカに帰国後、1891年に離婚。翌年、ハルハウスで働き始め、社会改革運動に取り組むようになった。

ケリーがまず目指したことは、女工や児童労働者を保護する法案の制定である。彼女はハルハウス周辺に住む労働者の労働環境や住環境を調査し、報告書を作成、その悲惨な実態がさまざまな方面に衝撃を与え、労働者保護の諸法案がイリノイ州議会で可決された。1893年、ケリーはイリノイ州の工場査察官に任命され、こうした法案が確実に施行されているか監視することになった。

1899年、ケリーは全米消費者連盟の事務局長に就任し、労働者を搾取する会社の製品の不買運動を進めた。消費者連盟としての最低賃金や労働条件を設定し、それを満たしている会社の製品には「ホワイトラベル」をつけて、消費者にそちらを買うように促したのである。1902年には全米児童労働委員会を創設、写真によって児童労働の実態を暴く活動を始めた。また、ケリーは女性の労働時間規制にも尽力し、未来の母親である若い女性たちを過重労働から守ることを主張し、これを受けて、1906年には19州で女性労働時間規制法が成立された。

ここで扱う演説は、1905年、ケリーが女性参政権協会の会議で行なったものである。児童労働が禁止されないのは、女性に選挙権が与えられず、議会が男性の意見しか反映しないためであるとして、ケリーは女性が選挙権を得ることによって法改正の道が開けると語っている。

ケリーはまず、今夜も何千の少女たちが織物工場で働くという事実に注意を向けさせる。彼女らは機械のすさまじい騒音の中、大人たちが買う製品を作っているのだ。If the mothers and the teachers in Georgia 以下の文、ジョージア州議会はこうした児童労働を禁止する法律の成立をずっと拒み続けているのだが、もし母親たちや学校教師たちが投票できるなら、そんなことはなかっただろう、と述べている。

ケリーは同じことをニュージャージー州についても言う。ニュージャージーは児

童労働を規制する法律を廃止し、その結果、14歳の少女も一晩中働かされることになった。そして太字部、母親たちに参政権が与えられるまで、自分たちはこうした「悪」(evil) に荷担しているという意識から逃れられない、とケリーは言っている。

Until the mothers in the great industrial States are enfranchised, we shall none of us be able to free our consciences from participation in this great evil. No one in this room to-night can feel free from such participation.

we shall none of us be able の部分、「私たちは誰ひとりとして……ではない」と否定の意味を強調している。今の状態では、子供たちに重労働を課す悪に、結果として私たち大人たちは手を貸している (participation) ことになってしまい、私たちは誰ひとりとして悪に協力しているという良心の呵責から逃れられない。そう言って、ケリーは大人たちの良心に訴えかけている。

続く部分でも、ケリーは子供たちが靴工場で大人たちの靴を作り、編み物工場で大人たちの靴下や下着を編み……と、子供たちがこき使われるさまを思い描かせる。そして次の太字部、子供たちが「労働者搾取制度」(sweating system) の下で大人たちの買う造花や襟巻きを作っていると言った上で、子供たちのことを beast of burden と呼ぶ。

Under the sweating system, tiny children make artificial flowers and neckwear for us to buy. They carry bundles of garments from the factories to the tenements, little beasts of burden, robbed of school life that they may work for us.

子供たちは、荷物運搬用の動物のように、工場からアパートに荷物を運ばされている。あの子たちは、「学校生活を奪われ」(robbed of school life)、大人たちのために働かされているのだ。

次の段落、ケリーは児童労働を望まないと言いながら、自分たちは選挙権をもたないから無力であると言う。しかし、完全に無力なわけではない。Not wholly powerless の文は倒置で、主語は citizens. なぜ完全に無力ではないかというと、「陳情、請願」(petition) という手段が使えるからだ。ケリーは選挙権を得るまで、この陳情や請願という手段を使い続けると言う。

"Freeing the Children from Toil"

では、我々が良心の呵責を免れるためには何をしたらいいのか？ ケリーは次の段落でそれを問いかける。

What can we do to free our consciences? There is one line of action by which we can do much. We can enlist the workingmen on behalf of our enfranchisement just in proportion as we strive with them to free the children. No labor organization in this country ever fails to respond to an appeal for help in the freeing of the children.

我々がかなりのことを成し遂げられる方法がひとつある、とケリーは言う。それは労働者と共闘することだ。労働者たちに女性の参政権獲得のために戦ってもらいながら、児童労働禁止も推進してもらう。No labor organization 以下は、「この国の労働組織で respond しないものは決してない」ということ。児童を解放することに関しては、どんな労働組織も必ず賛成してくれる。だから、女性参政権についても支援してもらいつつ、児童の労働禁止のために戦ってもらうのだ。

最後の段落、for を三回続けて、ケリーは自分たちの運動が何の(誰の)ためなのかを強調する。

For the sake of the children, for the Republic in which these children will vote after we are dead, and for the sake of our cause, we should enlist the workingmen voters, with us, in this task of freeing the children from toil.

言うまでもなく、これはまず子供たちのための運動である。続けて、我々の死後、子供たちが投票することになる共和国(=アメリカ合衆国)のためのものでもある。そしてまた、これは我々の大義のためのものでもある。こうしたもののために、我々は労働者という投票者たちの協力を求めなければならない。そして一緒に、in this task 以下の仕事をやっていこう、と言っているのである。

こうしたケリーたちの努力が実り、1920年に女性参政権が認められると、ほとんどの州で児童労働を規制する法律が成立した。しかし、連邦法として労働者の最低賃金や所定労働時間、16歳未満の児童労働の原則禁止などを定めた公正労働基準法が制定されるには、1938年まで待たなければならなかったのである。

「子供たちを苦役から解放する」 79

9

W. E. B. Du Bois

"We Want the Constitution of the Country Enforced" (1906)

DISC ONE 10

[1] wage （戦争・闘争などを）遂行する、行う。

[2] lest ……しないように (so that... [should] not...)。

[3] unequivocal 曖昧でない、明白な、明確な。equivocal（曖昧な）の否定語。

[4] with the right to vote goes everything もちろん倒置で、everything goes with the right to vote. ということ。go with... で「……に伴う」

[5] honor 貞節。

[6] chastity 純潔、貞操。the honor of your wives とともに、黒人女性が白人によって性的に利用されない権利を指している。

[7] accommodation （ホテルなどの）宿泊施設、（病院などの）収容施設。

We claim for ourselves every single right that belongs to a freeborn American, political, civil and social; and until we get these rights we will never cease to protest and assail the ears of America. **The battle we wage**[1] **is not for ourselves alone but for all true Americans. It is a fight for ideals, lest**[2] **this, our common fatherland, false to its founding, become in truth the land of the thief and the home of the slave.** (…)

In detail, our demands are clear and unequivocal.[3] First, we would vote; with the right to vote goes everything:[4] freedom, manhood, the honor[5] of your wives, the chastity[6] of your daughters, the right to work, and the chance to rise, and let no man listen to those who deny this. (…)

Second. We want discrimination in public accommodation[7] to cease. Separation in railway and street cars, based simply on race and color, is un-American, undemocratic, and silly. We protest against all such discrimination.

Third. We claim the right of freemen to walk, talk, and be with them that wish to be with us. No man has a right to choose another

9
W・E・B・デュボイス
「我々はこの国の憲法がきちんと執行されることを望む」(1906)

我々は、自由民のアメリカ人に属するすべての権利が自分たちのものである、と主張します——政治的な、公民的な、社会的な、すべての権利。こうした権利を得るまで、我々は決して抗議をやめませんし、アメリカの耳を攻めたてるのをやめません。我々の戦いは、我々のためだけではなく、真のアメリカ人すべてのためのものです。それは理想のための戦いであり、我々が共有するこの祖国が、その建国の理念を裏切って、まさに盗人の国となり、奴隷の家になってしまわないようにする戦いです。(……)

詳しく言うと、我々の要求は明白で、曖昧なところは何ひとつありません。第一に、我々は投票します。投票する権利にすべては付随するからです——自由、男らしさ、あなた方の妻の貞節、娘たちの純潔、働く権利、出世の機会、そして、これを否定する者の言うことに耳を傾けさせないことなど。(……)

第二。我々は、公共の宿泊施設における差別撤廃を求めます。鉄道や市街電車における、単なる人種や肌の色に基づいた分離は、非アメリカ的であり、非民主的であり、愚かなことです。我々は、そうした差別すべてに抗議します。

第三。我々は、自由民として歩き、話し、我々と一緒にいたい人たちと一緒にいられる権利を要求します。この者にはこの友人がふさわしい、と第三者が勝手に押し

W(illiam) E(dward) B(urghardt) Du Bois
W・E・B・デュ・ボイス
(1868–1963)
米国の教育者・著述家・黒人運動指導者。NAACP を創立。

9　W. E. B. Du Bois

DISC ONE 10

man's friends, and to attempt to do so is an impudent interference with the most fundamental human privilege.

Fourth.　We want the laws enforced against rich as well as poor; against capitalist as well as laborer; against white as well as black. (…) **We want the Constitution of the country enforced.　We want Congress to take charge of Congressional elections.　We want the Fourteenth Amendment[8] carried out to the letter[9] and every state disfranchised[10] in Congress which attempts to disfranchise its rightful voters.　We want the Fifteenth Amendment[11] enforced and no state allowed to base its franchise simply on color.** (…)

Fifth.　**We want our children educated. The school system in the country districts of the South is a disgrace, and in few towns and cities are the Negro schools what they ought to be.　We want the national government to step in[12] and wipe out illiteracy[13] in the South.　Either the United States will destroy ignorance or ignorance will destroy the United States.** (…)

Courage, brothers!　The battle for humanity is not lost or losing.　All across the skies sit signs of promise. (…) We must not falter,[14] we may not shrink.　Above are the everlasting stars.

---

[8] **Fourteenth Amendment** 憲法修正第14条（市民権の平等な保障および法による市民の平等な保護などに関する条項。1868年成立）。

[9] **to the letter** 文字通りに、正確に、完璧に。

[10] **disfranchise** (*vt.*)（人から）公民権・選挙権を奪う。franchise（選挙権・参政権）より。なお、この部分は、丁寧に書けば we want every state to be disfranchised in Congress ということ。

[11] **Fifteenth Amendment** 憲法修正第15条（人種・皮膚の色・奴隷であったかどうかなどにより投票権を制限することを禁ずる条項；1870年成立）。

[12] **step in** 介入する、乗り出す。

[13] **illiteracy** イリテラシー、非識字、読み書きできないこと。literacy で「識字」。

[14] **falter** たじろぐ、ひるむ。

つけるような権利は、誰も有しません。そんなことをするのは、人間として最も基本的な権利に厚かましく口出しすることにほかなりません。

　第四。我々は、貧しい人たちだけでなく、富裕者に対しても法が執行されることを求めます。労働者だけでなく資本家にも、そして黒人だけでなく白人にも。（……）我々は、この国の憲法がきちんと執行されることを望みます。国会が国会選挙を監視するように求めます。憲法修正第14条が文字通りに実施され、投票者の正当な投票権を奪う州は、国会の議席を剥奪されることを望みます。憲法修正第15条が執行され、どの州においても、肌の色によって選挙権の有無が決まることのないように求めます。（……）

　第五。我々は、子供たちが教育を受けることを求めます。南部の田園地区の学校組織はひどいものですし、都市や町でも黒人学校が望ましい状態で運営されているところはほとんどありません。連邦政府が介入し、南部における非識字を一掃するように求めます。合衆国が無知を滅ぼさなければ、無知が合衆国を滅ぼすでしょう。（……）

　勇気をもちましょう、兄弟たち！　人道のための戦いは敗れていないし、敗れかけてもいません。空には希望の徴(しるし)が広がっています。（……）我々はたじろいではならないし、萎縮してもいけません。頭上に輝く星は、いつまでもその光を失うことはありません。

ブッカー・T・ワシントン(写真)は、黒人指導者としては、W・E・B・デュボイスとは対照的な考え方を示したと言われる。ワシントンは、1881年にアラバマ州東部の都市タスキーギーに、黒人学校 Tuskegee Institute を設立、初代校長を務めた。

9　W. E. B. Du Bois

COMMENTARY

　南北戦争終結後、北部は占領という形で南部の治安維持を行ない、奴隷制を強制的に廃止させた。しかし、一方で南部再建のために大半の人々に恩赦を与え、地主たちの土地の所有権を保障したために、かつての奴隷たちが土地をもてることはほとんどなかった。黒人たちは旧奴隷主の地主から土地と家屋を借り受け、さらに農機具から家畜、飼料、種子までもすべて借りて耕作し、その収穫の半分を地代として物納することになったのである。このシェアクロッピング制度は、黒人たちにとって新たな奴隷制となった。

　南北戦争によって、奴隷制に依存していた南部の経済は破綻し、南部は全米で最も取り残された地域となった。南部の地主たちは確実な換金作物である綿花の栽培を進め、南部の農業は綿花生産に一元化していく。こうした後進的南部農業の中で最底辺に置かれた貧しい小作農が黒人だったのである。黒人たちはある意味で解放以前よりも貧しい暮らしを強いられ、さらに激しい差別にも晒されることになった。この頃からクー・クラックス・クラン (Ku Klux Klan) という白人結社が誕生し、黒人に対する暴力も横行し始めたのである。

　1877 年、北部の占領政策が終わり、連邦による南部の再建が打ち切られた。これをきっかけに南部の白人たちは黒人たちの政治的・社会的な権利を徹底的に奪っていくことになる。黒人たちは選挙権を行使することなど到底できず、学校も交通機関もホテルもレストランも、すべて白人用と黒人用に分けられた。黒人の子供たちはろくに教育を受けられず、識字率は極端に低かった。このように黒人を社会生活上可能なあらゆる領域で身体的に分離し、差別する制度をジムクロウ制度という。

　これに対し、19 世紀末から 20 世紀にかけて、改善を求める黒人指導者たちが現われた。その代表的な存在がブッカー・T・ワシントン (Booker T. Washington, 1856–1915) と、ここで紹介する W・E・B・デュボイス (W. E. Du Bois, 1868–1963) である。この時代の黒人指導者として並び称されるふたりだが、考え方は対照的だった。ワシントンは権利の要求よりも白人との融和を優先し、白人の援助を通して黒人の職業教育の充実と経済的な自立を目指した。一方、デュボイスはワシントンを強烈に批判、平等な権利の獲得を最優先したのである。

　デュボイスはマサチューセッツの出身で、フィスク大学とベルリン大学で学び、

解 説

　ハーヴァード大学からは黒人として初の博士号を受けるなど、博学な人物だった。特に社会学的黒人研究の先駆者で、その立場から1903年に『黒人の魂』(*The Souls of Black Folk*)を出版、アメリカ社会で黒人であることのジレンマを考察した。そしてこの本の中でデュボイスは、ワシントンのやり方を、黒人の劣等性を認めることになる、と批判したのである。1905年にはワシントンに反発するグループを率いてカナダのナイアガラ・フォールズで会議を開き、人種差別の撤廃をうたった宣言を採択した。これはナイアガラ運動と呼ばれ、後の全国有色人種向上協会(NAACP)の先駆けとなった。

　翌年、デュボイスらナイアガラ運動のメンバーは、ヴァージニア州ハーパーズフェリーで、白人の奴隷解放運動家ジョン・ブラウン (John Brown, 1800–59) を記念する集会を開いた。ハーパーズフェリーは、ジョン・ブラウンが1859年、奴隷解放を求めて軍事行動を開始した時、最初に攻撃した場所である。この集会でデュボイスは5つの権利を要求する決議文を起草して読み上げたが、それがここに取り上げた文章である。

　省略した冒頭で、デュボイスはまず、黒人を憎悪する人々の活動が活発になってきたことを憂慮する。黒人の投票権は剝奪され、公共施設での差別もひどくなっているが、それに対してナイアガラ運動は抗議すると宣言。それからデュボイスは、自由民であるアメリカ人が所有しているはずのすべての権利を要求する。それは政治的な権利でもあるし、市民としての権利でもあるし、社会的な権利でもある(それらがあとで列挙される)。そして、こうした権利を得るまで我々は抗議をやめない、と言う。「アメリカの耳を攻めたてる」(assail the ears of America) のをやめないというのは、抗議の声を叫び続けるということである。それに続くのが太字部分。

The battle we wage is not for ourselves alone but for all true Americans. It is a fight for ideals, lest this, our common fatherland, false to its founding, become in truth the land of the thief and the home of the slave.

我々の戦いは真のアメリカ人すべてのためのものだというのは、アメリカの自由と平等という理念を真に実現するための戦いであるということ。だから、それは「理想のための戦い」となる。lest 以下は少しむずかしいが、注にも解説したように、so that... (should) not... を当てはめてみるとよい。この理念が実現しなければ、我々の共有する祖国はその建国の理念に対して不実ということになり、本当に盗人と奴隷が住む国となってしまう。そうならないように……という lest なのである。

In detail 以下、デュボイスは自分たちの要求を詳しく説明する。最初は選挙するということ。それは投票する権利にすべてが付随するからで、その「すべて」がコロン以下に列挙される。それは自由であり、男が男らしく振舞える、女性が貞操を守れる……といったことである。ほかにも仕事をする権利、出世の機会などを挙げ、最後にこうした権利を否定する者の言うことに耳を傾けさせないこと、つまりは否定する者の意見がまかり通らないことを要求している。

第二にデュボイスが挙げるのは、公共施設での差別をやめることである。鉄道などで黒人席と白人席とを分けることは、アメリカの精神、民主主義の精神に反する。デュボイスはこうした差別に断固抗議すると言っている。

第三は、自由民として望む人と歩き、語り、一緒にいられる権利である。当たり前のことと思われるかもしれないが、白人と黒人とを厳格に分けるということは、こうした自由もなかったということである。たとえば南部では、黒人男性が白人の女性と親しくなることはもちろん、気やすく話しかけることさえできなかった。このように、他人の友人関係まで制限するのは、「人間として最も基本的な権利に厚かましく介入すること」(an impudent interference with the most fundamental human privilege) だと言っている。

第四に挙げるのは、法律がきちんと執行されることである。つまり、アメリカの法律は強者優遇であり、弱者ばかりを裁いている、というのがデュボイスの論点だ。だから貧乏人にだけでなく富裕者にも、労働者だけでなく資本家にも、黒人だけでなく白人にも、法の裁きが及ぶことを望んでいる。そして太字の部分で、憲法や憲法修正箇条がきちんと執行されるように求めている。

We want the Constitution of the country enforced. We want Congress to take charge of Congressional elections. We want the Fourteenth Amendment carried out to the letter and every state disfranchised in Congress which attempts to disfranchise its rightful voters. We want the Fifteenth Amendment enforced and no

"We Want the Constitution of the Country Enforced"

state allowed to base its franchise simply on color.

　憲法が執行されれば、この国の最も基本的な法律として、その理念である自由と平等がきちんと実現されることになる。国会が選挙を管理するというのは、多くの黒人たちの選挙権が剥奪されている状況を踏まえている。そのこと自体が憲法違反なのだから、選挙が正しく行なわれるよう、国会が自ら監視しなければいけない。every state disfranchised in Congress の部分は、which 以下のようなことをする州(正当な選挙民の権利を奪うような州)自体を、国会において disfranchise してほしい、ということ。「選挙権を単に肌の色に基づかせる」ことは、どんな州においても許されないのである。
　五番目にデュボイスは、黒人の児童が平等な教育を受ける権利を主張する。

We want our children educated. The school system in the country districts of the South is a disgrace, and in few towns and cities are the Negro schools what they ought to be. We want the national government to step in and wipe out illiteracy in the South. Either the United States will destroy ignorance or ignorance will destroy the United States.

　南部の学校システムは、田園地帯においては disgrace (恥辱) だというのは、ほとんど学校の体を成していないということ。都市や町には黒人学校があるが、それもあるべきものではない(つまり、白人の学校に比べて施設、教育内容など、すべてではるかに劣っている)。だから連邦政府が介入 (step in) し、非識字を一掃 (wipe out) してほしいと言っている。国民の無知は国を滅ぼすことにもなりかねないからである。
　このように権利の要求を列挙した後で、デュボイスは黒人たちに勇気を出すように呼びかけている。そして空に輝く星を希望の徴(しるし)であると励まして、演説を締めくくる。
　白人と妥協して地位向上を図ったワシントンと、妥協を拒んだために敵も作ったデュボイス。2人の生き方の違いはそのまま、当時の黒人運動の困難を表わしてもいる。南部における黒人差別はその後もずっと変わることなく、ようやく大きな前進を見せるのは、デュボイスが95年の長い生涯を閉じた1963年、キング牧師が"I Have a Dream"の演説をした頃のことなのである(第19章参照)。

10
Woodrow Wilson

"The World Must Be Made Safe for Democracy" (1917)

CD DISC ONE 11

[1] **deem** ……を(……と)考える、思う、みなす。

[2] **constitutional** 憲法(constitution)に認められた[準拠した]。

[3] **declare** (SVO to be C) (人・物・事を)……であると断言する。declare sb to be a villain (人を悪人であると断言する)。

[4] **course** 方針、行動、振る舞い。

[5] **with no veil of false pretense** 偽りの見せかけ(仮面)というベールなしに。veil は「おおって見えなくするもの」。

[6] **tested** 試練を経た。

[7] **end** 目的、目標。

[8] **dominion** 支配、統制。

[9] **indemnity** 賠償。

With a profound sense of the solemn and even tragical character of the step I am taking, and of the grave responsibilities which it involves, but in unhesitating obedience to what I deem[1] my constitutional[2] duty, I advise that the Congress declare[3] the recent course[4] of the Imperial German government to be in fact nothing less than war against the government and people of the United States. (…)

We are glad, now that we see the facts with no veil of false pretense[5] about them, to fight thus for the ultimate peace of the world and for the liberation of its peoples, the German peoples included: for the rights of nations great and small and the privilege of men everywhere to choose their way of life and of obedience. The world must be made safe for democracy. Its peace must be planted upon the tested[6] foundations of political liberty. We have no selfish ends[7] to serve. We desire no conquest, no dominion.[8] We seek no indemnities[9] for ourselves, no material compensation for the sacrifices we shall freely make. We

10
ウッドロー・ウィルソン

「世界は民主主義にとって安全でなければならない」 *(1917)*

　私がこれから踏み出そうとする一歩は、厳粛で悲劇的なものでありますし、それに伴う重大な責任も深く理解しておりますが、しかし私の憲法上の義務と考えられることに躊躇なく従い、国会に次の宣言をするように求めます。ドイツ帝国政府の最近の振る舞いから判断すれば、彼らは事実上、アメリカ合衆国政府と人民に対して宣戦布告したと理解せざるをえない、と。（……）

(Thomas) Woodrow Wilson
ウッドロー・ウィルソン (1856–1924)
アメリカ第28代大統領 (1913–21)。民主党。国際連盟創設を主導。1919年に、ノーベル平和賞受賞。

　いま私たちは喜びを感じています。ドイツ帝国にかけられた偽りのベールを引きはがして、事実を見つめ、そして世界の究極の平和と、ドイツ国民も含む諸国民の解放のために、いざ戦うことができるのです。大国であれ、小国であれ、それぞれの国家の権利のために、そして世界中の人たちが自分の生き方や、誰に従うかということを、ほかでもなく自らの意志で決定できるようにするために、戦うのです。世界は民主主義にとって安全でなければなりません。その平和は、これまでも試練に耐えてきた政治的自由という基盤の上に植えつけられなければならないのです。私たちには利己的な目的はありません。占領も支配も望んでいません。私たちは、自分たちのための賠償金も、私たちが惜しげなく払う犠牲に対する物質的な報酬も、一切求めません。私たちは人類の権利を代弁する者のひとりにすぎないのです。（……）

are but one of the champions of the rights of mankind. (…)

It is a distressing and oppressive duty, gentlemen of the Congress, which I have performed in thus addressing you. There are, it may be, many months of fiery trial[10] and sacrifice ahead of us. **It is a fearful thing to lead this great peaceful people into war, into the most terrible and disastrous of all wars, civilization itself seeming to be in the balance.**[11] **But the right is more precious than peace, and we shall fight for the things which we have always carried nearest our hearts**[12] **— for democracy,** for the right of those who submit to authority to have a voice in their own governments, for the rights and liberties of small nations, for a universal dominion of right by such a concert[13] of free[14] peoples as[15] shall bring peace and safety to all nations and make the world itself at last free. **To such a task we can dedicate**[16] **our lives and our fortunes,**[17] **everything that we are and everything that we have, with the pride of those who know that the day has come when America is privileged to spend her**[18] **blood and her might for the principles that gave her birth and happiness and the peace which she has treasured.**[19] God helping her, she can do no other.

---

[10] **fiery trial** 火をくぐり抜けるような試練。

[11] **in the balance** どちらとも決まらないで、不安定な状態で。

[12] **nearest our hearts** 最も親愛な、大事な。

[13] **concert** 一致、調和、協力。

[14] **free** 自由主義の。

[15] **as** ここは関係代名詞。such a concert を先行詞とし、shall bring... するような協力（関係）ということになる。以下の『ランダムハウス英和大辞典』の用例も参照のこと。Choose such friends as will benefit you.（君のためになるような友達を選びなさい）。

[16] **dedicate** 捧げる。

[17] **fortune** 大身代、ひと財産。

[18] **her** アメリカ合衆国を指す。続く she has treasured の she も同じ。

[19] **treasure** 秘蔵する、たくわえる、大事にする。

"The World Must Be Made Safe for Democracy"

　国会の紳士の皆さん、このように皆さんに話しかけることで、私が果たしてきた義務は、耐えがたいほど重苦しいものです。今後何ヵ月にも渡り、私たちの前には、激しい試練と犠牲が待ち受けているでしょう。この偉大なる平和的な国民を戦争に導いてしまうのは、恐ろしいことです。これは戦争の中でも最も激しく、最も悲惨なもので、文明自体を危険に晒している戦争です。しかし、権利というものは平和以上に貴重であり、私たちはずっと大事にしてきたもののために戦います——それは民主主義です。そして、権威に服従する人々が自分たちの政府に対して発言できる権利のために、小さな国々の権利と自由のために、正義が全世界に及ぶようにするために、私たちは戦います。これは、平和と安全をあらゆる国にもたらし、世界それ自体が最終的に自由になるように、自由主義の国民たちが協力することによって、成し遂げられます。このような任務に、私たちは生命と財産、さらには私たちの存在のすべてと持ち物すべてを捧げることができます。今こそアメリカは、戦う権利を行使する時が来たのだと知り、その誇りをもって、この国を産んだ原理原則を守るために、そしてこれまでも大事にしてきた幸福と平和を守るために、血を流し、全力を尽くす覚悟です。神の助けを！　アメリカにはこれ以外の選択肢はありません。

　ウィルソン大統領は、1914年に企業規制政策の一つとして「クレイトン反トラスト法」(the Clayton Antitrust Act) を制定した。これは1890年のシャーマン「反トラスト法」(Sherman Antitrust Act) で禁止されている独占的行為の規制を強化するもので、会社役員の兼任や他社の支配を目的とする株式保有などが規制対象となった。下の漫画は当時の状況を伝えている。

COMMENTARY

　アメリカがカリブ海と太平洋地域に勢力を拡大する間、ヨーロッパでは貿易、植民地、軍備などをめぐる競争が激化していた。特に各地域の植民地をめぐる英独の対立、バルカン半島をめぐるロシアとオーストリアの対立、独仏国境をめぐる独仏の対立が激しくなり、一触即発の状況は、ついに1914年、第一次世界大戦に発展した。6月に起きたオーストリア皇太子のサラエボでの暗殺事件をきっかけに、ドイツとオーストリアの同盟国にトルコが加わり、イギリス、フランス、ロシアの連合国にイタリアと日本が加わる形で、戦争が勃発したのである。

　これに対しアメリカは、当時の大統領ウッドロー・ウィルソン (Woodrow Wilson, 1856–1924) がいち早く中立を宣言、ヨーロッパの紛争に介入しないという独立以来の態度を堅持した。1916年の大統領選挙でも、ウィルソンは第一次大戦に参戦しないことを公約に当選している。しかし、アメリカは真に中立を守っているとは言えなかった。国民にも親英感情が強く、ドイツの軍国主義を嫌っていた上、何と言っても連合国への武器輸出がその経済を潤していたのである。ドイツはイギリスの海上封鎖に対抗して潜水艦戦を開始、1915年5月、イギリスの客船ルシタニア号を撃沈した。この事件で多数のアメリカ人が犠牲になったため、アメリカ国内の反ドイツ感情はますます悪化、さらに1917年、ドイツが無制限潜水艦戦を始め、アメリカの商船が撃沈されるにおよんで、ウィルソンもついにドイツへの宣戦布告に踏み切った。

　ウィルソンはヴァージニア州の長老派の牧師の子として生まれ、プリンストン大学とヴァージニア大学で学んだ。政治家を志して弁護士となったが、やがて学究生活に戻り、政治学で博士号を取得。1890年、母校プリンストン大学の教授となり、1902年には学長に就任して、さまざまな大学改革を実現して名声を博した。さらに1911年からはニュージャージー州知事となり、ここでも改革の業績を上げて全国的に注目され、1912年に民主党から大統領選に出馬、共和党の分裂にも乗じて当選した。

　大統領としてのウィルソンは、強い指導力を発揮し、関税引き下げ、銀行制度の改革、大企業による独占の規制、労働者と農民の保護などに取り組んだ。対外的には理想と道義を掲げ、アメリカの自由主義・民主主義を世界に広げようとして、

解 説

宣教師外交 (missionary diplomacy) と呼ばれた。しかし、ハイチ、ドミニカ、ニカラグアに海兵隊を派遣し、ニカラグアに保護国化条約を強制、メキシコ革命に際しても軍事介入するなど、力による理想の押しつけも目立った。

ここで取り上げた演説にも、ウィルソンの理想主義がよく現われている。1917年4月2日、第一次世界大戦への参戦を決意したウィルソンは、議会に対してその承認を求めた。アメリカは民主主義を守るために戦わなければならず、戦後はアメリカが主導して自由主義・民主主義を広め、世界平和を達成しなければならない。ウィルソンは情熱的に訴えかけ、議会は圧倒的多数でドイツに宣戦を布告した。これは、特に「世界は民主主義にとって安全でなければならない」という科白で有名な演説である。

省略した最初の部分で、まずウィルソンはドイツが無差別に潜水艦攻撃をしていることを非難する。アメリカの船も沈められ、アメリカ人の生命も奪われた。これは全人類に対する挑戦である、とウィルソンは言う。それに対し、我々は感情的に復讐を叫んではならず、人権を守るために行動しなければならない。こうして引用部分に至る。

ウィルソンはかなり大げさな言葉で、自分の義務と責任について述べる。自分が踏み出そうとしているステップは、「厳粛」(solemn) で「悲劇的」(tragical) であり、それには「深刻な」(grave) 責任を伴う。それに対する「深遠な (profound) 感覚・理解」をもって、しかし憲法上の義務であると考えることに躊躇なく従って、自分は国会に the recent course 以下のことを宣言するように求める。その内容は、ドイツ帝国政府の最近の振る舞いは、アメリカ合衆国政府と人民に対する戦争行為以外の何物でもない、ということ。そして省略部分で、あらゆる手段を用いて国を守るだけでなく、この戦争を終わらせなければならないと言っている。

では、太字部分を見よう。

We are glad, now that we see the facts with no veil of false pretense about them, to fight thus for the ultimate peace of the world and for the liberation of its peoples, the German peoples included:

for the rights of nations great and small and the privilege of men everywhere to choose their way of life and of obedience. The world must be made safe for democracy.

　最初の文は、節が挿入されているが、基本的に We are glad to fight ということ。我々は for 以下で列挙するもののために喜んで戦う。その理由が now that の挿入節で、我々は「偽りの仮面」(false pretense) のベールなしに事実を見たから、つまりドイツ帝国主義の悪を目の当たりにしたからである。何のために戦うかというと、まず世界の究極の平和と民族の解放(これには、支配者の勝手な意志により戦争をさせられているドイツ国民も含まれる)や、「諸国家の権利」(the rights of nations)、世界中の人々が選ぶ権利などのため。何を選ぶのかというと、自分の生命と服従のあり方、つまり誰に(何に)従うかという自由である。そして有名な The world must be made safe for democracy. の文となる。

　続く部分、平和が「試練に耐えてきた基盤」(tested foundations) の上に植えられなければならないというのは、戦争という試練を通り抜けてということ。続いてウィルソンは、アメリカには利己的な目的がないことを強調する。占領も賠償も求めない。我々が「惜しげなく払うことになる犠牲」(the sacrifices we shall freely make) に対する物質的な報酬も求めない。自分たちは人類の権利を代弁する者のひとりにすぎない。ここにもウィルソンらしい理想主義がうかがえる。

　次の段落、最初の文は強調構文で、もとは I have performed a distressing and oppressive duty ということ。このように演説することが「苦悩を与え」(distressing)、「重苦しい」(oppressive) 義務だというのは、すさまじい試練と犠牲を伴うからである。次の太字部分も事態の重大さを繰り返し述べている。

It is a fearful thing to lead this great peaceful people into war, into the most terrible and disastrous of all wars, civilization itself seeming to be in the balance. But the right is more precious than peace, and we shall fight for the things which we have always carried nearest our hearts — for democracy, ...

　この平和な国民を戦争に導くのは恐ろしいことである。これは戦争の中でも最も「恐ろしく」(terrible)、「損害の大きい」(disastrous) ものであり、文明自体が不安定な状態に置かれているのである。しかし、ウィルソンは平和よりも権利が貴重であ

"The World Must Be Made Safe for Democracy"

ると言う。我々は心のいちばん近くで大事にしてきたもの、つまり民主主義のために戦うのだ。これに続いて、ウィルソンは for を繰り返し、我々が何のために戦うのかを列挙する。それは「権威に服従する人々」(those who submit to authority) が自分たちの政府に対して「発言できる権利」(the right to have a voice) のためであり、小さな国々の権利と自由のためであり、「正義が全世界に及ぶこと」(a universal dominion of right) のためである。この「正義が全世界に及ぶこと」は、自由主義の諸民族が as 以下のことをするように協力することから成し遂げられる。つまり、平和と安全をあらゆる国にもたらし、世界それ自体が最終的に自由になるように協力するのである。

このような「任務」(task) のために我々は何をするのか、というのが最後の太字部分。

To such a task we can dedicate our lives and our fortunes, everything that we are and everything that we have, with the pride of those who know that the day has come when America is privileged to spend her blood and her might for the principles that gave her birth and happiness and the peace which she has treasured.

我々は生命と財産だけでなく、「私たちの存在のすべてと私たちの持ち物すべて」(everything that we are and everything that we have) を捧げる。そして我々には those who 以下のような人のもつ誇りがある。どういう誇りかというと、アメリカが to 以下のことをする権利をもつ日が来たということを知っている者の誇り。つまり、アメリカはその建国の原理、幸福、平和のために血と力を費やしてよいという権利である。かいつまんで言えば、アメリカはその主義を広めるために、武力を行使し、血を流す権利があるということになる。最後にウィルソンは、自分たちに神の助けがあること、ほかに選択肢がないことを強調して、演説を閉じる。

アメリカがその建国の理念を広めることは神から与えられた使命であるという信念。それによって、ウィルソンはアメリカを戦争に導き、200万人以上の兵士をヨーロッパに送り込んだ。その兵力と物資によって、連合国側の勝利は決定的になる。疲弊したドイツは和平を訴え、1918年11月、休戦条約が締結された。この休戦条約はウィルソンの考えに則っており、彼は戦後の和平交渉の主導権を握ろうとする。しかし、彼の理想主義はさまざまな抵抗にぶつかることになる……。この点については、次章で解説することにしたい。

11

Emma Goldman

"First Make Democracy Safe in America" (1917)

DISC ONE 12

[1] **jury** 陪審。

[2] **for one** 個人としては。

[3] **discord** 不和、軋轢。

[4] **inarticulation** はっきりと口にしないこと。inarticulate (a.「はっきり意見のいえない、口にはしない」) より。

[5] **native** この場合はアメリカ生まれの人々を指す

[6] **manifest** 表わす。manifest oneself で「現われる」。

Gentlemen of the jury,[1] we respect your patriotism. We would not, if we could, have you change its meaning for yourself. But may there not be different kinds of patriotism as there are different kinds of liberty? **I for one**[2] **cannot believe that love of one's country must consist in blindness to its social faults, in deafness to its social discords,**[3] **in inarticulation**[4] **of its social wrongs.** Neither can I believe that the mere accident of birth in a certain country or the mere scrap of a citizen's paper constitutes the love of country.

I know many people — I am one of them — who were not born here, nor have they applied for citizenship, and who yet love America with deeper passion and greater intensity than many natives[5] whose patriotism manifests[6] itself by pulling, kicking, and insulting those who do not rise when the national anthem is played. Our patriotism is that of the man who loves a woman with open eyes. He is enchanted by her beauty, yet he sees her faults. So we, too, who know America, love her beauty, her richness, her great

11

エマ・ゴールドマン

「まず民主主義が国内で安全であるようにせよ」

(1917)

陪審員の皆さん、私たちはあなた方の愛国心に敬意を表します。できることならば、あなた方にとっての愛国心の意味を変えさせたいとは思いません。しかし、自由に異なる種類のものがあるように、愛国心にも異なる種類のものがあっていいのではないでしょうか？ 私個人としては、次のような考えは、とても信じられません。すなわち、国を愛する以上、国の社会的な欠点に目をつぶり、社会的な軋轢に耳を傾けず、また社会的な不正をはっきりと口にしてはいけない、という考えです。私はまた、ある国にたまたま生まれたとか、市民であることを証明する紙切れがあるというだけで、国を愛することになるとは、とても信じられません。

私は知っています。私もそのひとりですが、多くの人々が、アメリカで生まれたわけではなく、市民権の申請もしていないのに、多くのアメリカ生まれの人たちよりも、強くアメリカを愛しています。多くのアメリカ生まれの人たちは、国歌が演奏される時に起立しない人がいると、その人たちを引きずったり、蹴飛ばしたり、侮辱したりするわけですが、こういう人たちよりも、アメリカ生まれではない人たちのほうが、強くアメリカを愛しているのです。私たちの愛国心は、目を見開いて女性を愛する男性の愛と同じです。男性は女性の美に魅惑されていますが、彼女の欠点も見ています。私たちもアメリカを知り、アメリカの美を、豊かさを、偉大な可能性を愛しています。

Emma Goldman
エマ・ゴールドマン
(1869–1940)
ロシア生まれのアメリカの無政府主義者。Alexander Berkman と *Mother Earth* 誌を創刊し編集 (1906–17) した。暴動を煽動したり、産児制限を唱えたりしたために何度か投獄され、1919 年にソ連へ追放された。しかし、ソ連には長くとどまらず、スウェーデン・ドイツ・英国などで講演を続けて、スペイン内乱が起こると反ファシズム運動に参加した。自伝 *Living My Life* (1931) がある。

11 Emma Goldman

possibilities; we love her mountains, her canyons, her forests, her Niagara, and her deserts — above all do we love the people that have produced her wealth, her artists who have created beauty, her great apostles[7] who dream and work for liberty — but with the same passionate emotion we hate her superficiality, her cant,[8] her corruption. (…)

We say that if America has entered the war to make the world safe for democracy, she must first make democracy safe in America. How else is the world to take America seriously, when democracy at home is daily being outraged, free speech suppressed, peaceable assemblies broken up by overbearing[9] and brutal gangsters in uniform;[10] when free press is curtailed[11] and every independent opinion gagged.[12] Verily,[13] poor[14] as we are in democracy, how can we give of[15] it to the world? We further say that a democracy conceived in the military servitude[16] of the masses, in their economic enslavement, and nurtured in their tears and blood, is not democracy at all. It is despotism[17] — the cumulative[18] result of a chain of abuses which, according to that dangerous document, the Declaration of Independence, the people have the right to overthrow.[19] (…)

[7] **apostle** （改革運動などの）指導者、推進者、首唱者。（もとはキリストの十二使徒のこと）。

[8] **cant** もったいぶった偽善的な言葉。

[9] **overbearing** 横柄な、高圧的な。

[10] **gangsters in uniform** 「制服を着た無法者」とは警察官のこと。

[11] **curtail** 〈人の〉（権利・活動などを）縮小［削減］する。

[12] **gag** 猿ぐつわをはめる、……の言論の自由を抑圧する、発言を禁じる。

[13] **verily** まことに、確かに、まさしく。

[14] **poor** 不得意な、不十分な、貧弱な。

[15] **give of** ……を（惜します）分け与える。

[16] **servitude** 隷属、苦役。

[17] **despotism** 独裁制。

[18] **cumulative** 累積的な。

[19] **overthrow** 打ち倒す、ひっくり返す。

"First Make Democracy Safe in America"

アメリカの山々を愛し、峡谷を愛し、森を愛し、ナイアガラを愛し、砂漠を愛しています。何よりも、私たちはアメリカの富を作り出した国民を、美を作り出した芸術家たちを、自由を夢見て努力した偉大な指導者たちを愛しています。しかし、同じような激しい感情で、私たちはアメリカの浅薄さ、偽善的な言葉、腐敗を憎んでいます。（……）

私たちはこう主張します。もし世界が民主主義にとって安全なものにするためにアメリカが参戦するというのなら、まずアメリカは民主主義が国内で安全であるようにしなければならない、と。それをしなくて、どうして世界はアメリカの言うことを真剣に受け止められるでしょうか？　国内の民主主義が日々踏みにじられ、言論の自由が抑圧され、平和な会合が高圧的で残忍な制服を着た無法者たちによって解散させられ、出版の自由が制限され、あらゆる独立した意見が封じ込められているのに？　まことに自分たちの民主主義がこんなに不十分なのに、それをどうやって世界に分け与えられると言うのでしょう？　さらに言えば、大衆の軍事的苦役や経済的隷属から生み出された民主主義、大衆の涙と血で育まれた民主主義は、民主主義とは言えません。それは独裁制です。すなわち、国民を虐待し続けた結果であり、あの危険な文書、独立宣言に従えば、国民が権利としてそれを打ち倒してもよいものなのです。（……）

ゴールドマンは若きアナキスト、アレクサンダー・バークマン（写真）と出会って、彼の活動に飛び込み、自身もアナキズム運動の論客として、政府という制度の否定、個人の自由を説くようになった。

11　Emma Goldman

COMMENTARY

　第一次世界大戦が勃発すると、アメリカは中立を宣言したものの、一方で国防強化に努めた。ドイツの潜水艦攻撃もあり、有事に備えなければならないという気運が高まったのである。1916年には国家防衛法が成立、正規陸軍は倍増され、さらに軍艦建造法も制定されて海軍力も増強されることになった。

　こうした動きには反対もあった。社会福祉活動家のジェイン・アダムズは女性平和党を組織して運動を展開、労働運動の指導者ユージン・デブス (Eugene Debs, 1855–1926) も反対の声を上げた。しかし、アメリカの参戦に伴い、ウィルソン大統領は反戦運動を反国家的な行為と見なし、弾圧に走る。防諜法(1917年)と治安法(1918年)を成立させ、反戦運動をしたり、徴兵を妨害したりした人々を逮捕するようになった。デブスもそのひとりで、10年間の禁固刑を言い渡され、恩赦を受けるまで3年間服役した。

　ここで紹介するエマ・ゴールドマン (Emma Goldman, 1869–1940) も、反戦活動によって投獄された者のひとりである。ゴールドマンは、ユダヤ人として、帝政ロシア下のリトアニアに生まれた。17歳でアメリカに移住し、ニューヨーク州ロチェスターの織物工場でしばらく働いた。この時厳しい労働条件で働いた経験から、労働運動に関心を寄せるようになる。

　1889年、ニューヨークに出たゴールドマンは、若きアナキスト、アレクサンダー・バークマン (Alexander Berkman, 1870–1936) と出会って恋に落ち、彼の活動に飛び込む。そしてアナキズム運動の代表的な論客として、政府という制度の否定、個人の自由を説くようになった。バークマンは1892年に大実業家ヘンリー・クレイ・フリック (Henry Clay Frick, 1849–1919) の暗殺を計画、失敗に終わり14年間服役するが、そのあいだもゴールドマンは講演や雑誌の出版を通してアナキストとしての活動を続け、その過激な言動のために何度か投獄されている。

　ゴールドマンはフェミニズムの歴史においても重要な人物である。アメリカにおいて初めて公共の場で産児制限を説き、そのために投獄されているが、この運動の中心人物となるマーガレット・サンガー (Margaret Sanger, 1883–1966) にも多大な影響を与えた。結婚を否定し、自由恋愛を奨励するゴールドマンは、因習的な女性観をもつ人々を震撼させ、「アメリカで最も危険な女」と恐れられるようになった。

解 説

　1917年、第一次世界大戦にアメリカが参戦すると、ゴールドマンは「非徴兵連盟」の結成に加わり、徴兵登録妨害の罪で逮捕された。その裁判の際、ゴールドマンはここで取り上げた演説をし、アメリカという国を愛するからこそ、戦争に反対する、という立場を主張している。

　ゴールドマンはまず陪審員に、あなた方の愛国心を尊重する、と言う。We would not (...) have you change its meaning とは、あなた方にとっての愛国心の意味を変えさせたくはない、ということ。しかし、自由にもいろいろな種類があるように、愛国主義にもいろいろな種類があるのではないか。そう問いかけて、太字部となる。

I for one cannot believe that love of one's country must consist in blindness to its social faults, in deafness to its social discords, in inarticulation of its social wrongs. Neither can I believe that the mere accident of birth in a certain country or the mere scrap of a citizen's paper constitutes the love of country.

　自分としては、that 以下のことを信じられない、と言っている。その that 節の内容は、国を愛することが blindness, deafness, inarticulation などから「成り立たなければいけない」(must consist in ...)、ということ。つまり、国を愛するからには、国の悪いところに目も耳も口も閉ざさなければならないというのは間違いである、と断言しているのだ。また、たまたまどこの国で生まれたとか、法律上の国籍がどこかで、国への愛が決まるわけでもない、とも言っている。

　次の段落の最初の文は、アメリカに生まれたわけではなく、アメリカの国籍を取得しようとしていない者でも、アメリカを愛している人がたくさんいて、自分もそのひとりだということ。そのアメリカを愛する心は、many natives よりも深い情熱と激しさをもっている。whose patriotism 以下は、そういうアメリカ生まれの人たちがどういう時に愛国心を発揮するか。彼らの愛国心は、国歌が演奏されている時に起立しない人々を引きずったり、蹴飛ばしたり、侮辱したりする時に見ることができる。しかし、これは本当の愛国心ではないということを、ゴールドマンは訴えているのである。

続く Our patriotism の文で、ゴールドマンは自分たちの愛国心がどういうものかを説明する。それは、しっかり目を見開いて、つまりは相手の欠点も知った上で、女性を愛する男性の愛のようなものだ、と言う。her beauty, her richness など、ゴールドマンはアメリカの美点を列挙し、我々はこういうものを愛していると述べる。そして何よりも、この国を築き上げてきた人民を愛していると言う。しかし、同じような強い感情で、我々はアメリカの「浅薄さ」(superficiality) や「偽善的な言葉」(cant)、「腐敗」(corruption) などを憎んでいるのである。

次の段落、ゴールドマンは具体的な反戦の主張をする。

We say that if America has entered the war to make the world safe for democracy, she must first make democracy safe in America. How else is the world to take America seriously, when democracy at home is daily being outraged, free speech suppressed, peaceable assemblies broken up by overbearing and brutal gangsters in uniform; when free press is curtailed and every independent opinion gagged. Verily, poor as we are in democracy, how can we give of it to the world?

ウィルソン大統領(第 10 章参照)が主張するように、世界を民主主義にとって安全なものにするために参戦するのなら、まずアメリカ国内で民主主義が安全であるようにしなければならない。これがゴールドマンの主張である。というのも、when democracy at home 以下にあるように、言論の自由が抑圧され、平和な会合が警官によって解散させられるなど、自分たちの民主主義が日々踏みにじられているからだ。それなのに、どうやって民主主義を世界に分け与えられるだろう、とゴールドマンは問いかけている。

さらに続けてゴールドマンは、これは本当の民主主義ではない、と言う。

We further say that a democracy conceived in the military servitude of the masses, in their economic enslavement, and nurtured in their tears and blood, is not democracy at all. It is despotism — the cumulative result of a chain of abuses which, according to that dangerous document, the Declaration of Independence, the people have the right to overthrow.

a democracy conceived in 以下が、アメリカの民主主義の実態である。大衆の「軍事的苦役」(the military servitude)や「経済的隷属」(economic enslavement)から生み出され、彼らの涙と血で育まれた民主主義。それは民主主義どころか独裁制であり、アメリカの独立宣言によれば、人民が権利として打ち倒してよいものである。この部分は独立宣言の文章——「権力の乱用の長い連続」(a long train of abuses)があったような時、人民は「そのような政府を転覆する権利がある」(it is their right ... to throw off such Government)——を踏まえている(第2章参照)。独立宣言が「危険な文書」なのは政府の転覆を正当化しているためだが、ゴールドマンはアメリカ建国の理念となった思想を「危険」と呼ぶことで、逆に現在のアメリカがいかにその理念からかけ離れてしまったかを露わにしている。

演説の後半部分は省略したが、その部分でゴールドマンは、徴兵制は憲法違反であり、その反対意見を表明できないのはおかしい、と言う。いくらきれいごとを言っても、この戦争は占領を目的としており、徴兵制はアメリカ人民に軍事的・産業的な軛(くびき)をかけることだ。我々の戦いは人類の解放のためのもので、これは我々が投獄されても永遠に続くのである。ゴールドマンはこう訴えて演説を閉じる。

このように自己を弁護したものの、ゴールドマンは有罪を宣告され、2年間服役した。さらに1919年、全米的な赤狩りの嵐の中、ゴールドマンは再び捕らえられ、ロシアに強制送還される。彼女はここで革命後のロシアを目撃、異端者が抑圧されていることを知って幻滅し、2年後にはロシアを去った。晩年はフランスで執筆を続ける傍ら、スペイン内乱における共和国側の支援活動にも関わっている。

これまで述べてきたように、ウィルソンはゴールドマンのような反対意見を徹底的に沈黙させ、アメリカを戦争に導いた。そして休戦条約に先立って平和のための14箇条を発表、それに則って和平交渉を進めることを主張した。これは軍備縮小、民族自決などを訴え、さらに戦争を阻止するための「諸国家の総連合」、つまり国際連盟の組織を主張している。

しかし、ヨーロッパ列強は懲罰的な講和の要求と帝国主義的野心から脱却できなかった。ウィルソンの主張は大きく後退させられ、ドイツは支払能力をはるかに超える賠償金を背負わされ、13パーセントの領土とすべての植民地を明け渡すことになる。これが後にナチスの台頭を許すひとつの要因となった。また、国際連盟についても、ウィルソンはアメリカ国内での反対に遭い、条約の批准を拒絶されてしまう。国際連盟はその提案国であり、世界最強となったアメリカ抜きで結成されるという、不自然なスタートを切ったのである。

12
Franklin D. Roosevelt
"The Only Thing We Have to Fear Is Fear Itself" *(1933)*

CD DISC ONE 13

This is preeminently[1] the time to speak the truth, the whole truth, frankly and boldly. Nor need we shrink from honestly facing conditions in our country today. This great nation will endure as it has endured, will revive and will prosper.

So first of all let me assert my firm belief that the only thing we have to fear is fear itself — nameless,[2] unreasoning,[3] unjustified[4] terror which paralyzes needed efforts to convert retreat into advance.

In every dark hour of our national life a leadership of frankness and vigor has met with that understanding and support of the people themselves which[5] is essential to victory. I am convinced that you will again give that support to leadership in these critical days.

In such a spirit on my part and on yours we face our common difficulties. (…)

Our greatest primary task is to put people to work. This is no unsolvable problem if we face it wisely and courageously.

It can be accomplished in part by direct recruiting[6] by the government itself, treating

---

[1] **preeminently** 特にすぐれて、著しく。preeminent (*a.* 抜群の、顕著な)。

[2] **nameless** 言い表せない、名状しがたい。

[3] **unreasoning** 理に合わない、思慮分別のない。cf. reasoning (理性的な)。

[4] **unjustified** 正しい[正当]とされていない。cf. justify (正当だと理由づける)。

[5] **which** この関係代名詞の先行詞は understanding と support. 主語がふたつの名詞句から成っていても、話し手がそれらをひとつの概念として捉えている場合、動詞が単数呼応となることがある。

[6] **recruit** 採用する、雇う。

12 フランクリン・D・ローズヴェルト
「私たちが恐れるべき唯一のものは、恐怖それ自体」(1933)

今は特に真実を語るべき時です。すべての真実を率直に、大胆に。また、我々はたじろがずに、今日の国内の状況に正直に向き合わなければなりません。この偉大な国はこれまで持ちこたえてきたように今後も持ちこたえるでしょうし、生き返り、繁栄するでしょう。

ですから、最初にまず私の固い信念を主張させてください。私たちが恐れるべき唯一のものは、恐怖それ自体です——名状しがたい、理不尽で不当な恐怖。それが退却を前進へと変えるために必要な努力を麻痺させています。

わが国の歴史において、暗い時代には必ず率直さと活力を兼ね備えた指導者が現われ、彼らは国民の理解と支援を得ることができました。それは勝利には欠かせないものです。私はこの危機の時代に、皆さんが再び指導者を支援してくださると確信しています。

Franklin D(elano) Roosevelt
フランクリン・D・ローズヴェルト (1882–1945)
アメリカの政治家。第32代大統領 (1933–45)。民主党。New Deal 政策を実施した。略 FDR.

私も、そして皆さんも、この精神で、共通の困難に立ち向かっていこうではありませんか。(……)

私たちの最大の課題は、人々に仕事をもたらすことです。これは賢明に、そして勇気をもって当たれば、決して解決不可能な問題ではありません。

それは部分的には、政府が直接人々を雇用することで成し遂げられます。戦争という緊急事態に対するのと同

[7] **old order** 旧体制。

[8] **speculation** 投機、おもわく売買。

[9] **provision** 用意、準備、蓄え。

[10] **sound** 健全な、堅実な、安全な。

[11] **need** 困った事態、危急の際、非常時。

[12] **register** はっきり示す、表明する。

[13] **mandate** 要求、指令、命令。

[14] **dedication** 献身 (dedicate) する行為であり儀式。この場合、この大統領就任式を指す。

[15] **humbly** 謙虚に、へりくだって。

the task as we would treat the emergency of a war, but at the same time, through this employment, accomplishing greatly needed projects to stimulate and reorganize the use of our natural resources. (…)

Finally, in our progress toward a resumption of work we require two safeguards against a return of the evils of the old order;[7] there must be a strict supervision of all banking and credits and investments; there must be an end to speculation[8] with other people's money, and there must be provision[9] for an adequate but sound[10] currency. (…)

We do not distrust the future of essential democracy. The people of the United States have not failed. In their need[11] they have registered[12] a mandate[13] that they want direct, vigorous action.

They have asked for discipline and direction under leadership. They have made me the present instrument of their wishes. In the spirit of the gift I take it.

In this dedication[14] of a nation we humbly[15] ask the blessing of God. May He protect each and every one of us! May He guide me in the days to come!

じ気持ちで、この仕事に取り組むのです。しかし、同時に、この雇用を通して、我々の自然資源の使用を刺激し、再組織化するために大いに必要とされるプロジェクトを成し遂げていきましょう。(……)

最後に、雇用の回復に向けて邁進するに際し、我々は旧体制の諸悪が復活することがないよう、二つの防波堤を必要とします。第一に、すべての銀行業や貸し付け、投資などに関して、厳格な監視がなされなければならない、ということ。そして他人の金を使って投機することを止めさせ、堅実な通貨を十分に準備しなければならない、ということです。(……)

我々は真の民主主義の未来を疑ってはいません。合衆国国民はしくじったことなどないのです。非常時に国民は、自分たちは直接的かつ精力的な行動を求めている、という意思を表明してきました。

国民は指導者の下での規律と指導を求めました。私を、その希望の当面の道具としたのです。これを贈り物であると考え、私は喜んで受け入れます。

国としての献身を誓うこの儀式において、私は謙虚に神の祝福を求めます。神が我々ひとりひとりをお守りくださいますように！　そしてこれからの日々、私をお導きくださいますように！

海軍次官時代のフランクリン・D・ローズヴェルト(1913年撮影)。

エリナー・ローズヴェルトと(1903年頃)。エリナー・ローズヴェルトについては、164ページのコラム記事を参照。

COMMENTARY

　第一次世界大戦はアメリカに繁栄の時代をもたらした。参戦前からの軍需景気によって鉄鋼業をはじめとする重工業は大きく成長し、1920年の国民総生産は1914年と比較すると2.37倍も増加したという。戦争で疲弊したヨーロッパとは対照的に、アメリカは最大の債権国となり、世界経済の王座についたのである。

　1920年代は大衆消費社会の出現した時代でもあった。大量生産の技術が飛躍的に伸び、自動車、電気洗濯機、電気掃除機、ラジオなどが一般消費者向けの商品となった。それに伴い、販売や広告、サービスなどの第三次産業も発展、宣伝や分割払いによって大衆を消費に走らせた。ラジオや映画といったマスメディアが発達し、それが広告と結びついて、イメージによって人々の欲望を刺激し始めたのもこの時代からである。それまでのピューリタン的な禁欲主義は影を潜め、若者たち、特に女性たちが奔放に行動するようになった。こうした新しい女性たちはフラッパー (flapper) と呼ばれた。

　こうして1920年代、アメリカは未曾有の繁栄を謳歌した。株価は上昇し続け、それを当てにした株への投機が流行、さらに株価の上昇を煽った。しかし、それはバブルのようなものだった。実際には農業の不振が続き、半・不熟練労働者の賃金も抑えられたままで、全国の家庭の6割は貧困層にいた。大衆の購買力が伸びないため、企業の利益はそれほど上がらず、株価の上昇には実質が伴っていなかったのだ。ついに1929年10月29日、株価は大暴落し、アメリカ経済は奈落の底に落ちた。物価が下がり、生産が落ち、失業者は増加するという悪循環に陥ったのである。

　この時の大統領は、恐慌直前の選挙で当選した共和党のハーバート・フーヴァー (Herbert Hoover, 1874–1964) だった。フーヴァーは経済の自律的回復を目指し、ダム建設をはじめとする公共事業は開始したものの、連邦政府による直接救済は拒否。アメリカ経済は一向に回復の兆しを見せず、失業率は最悪時で25パーセントを超えた。このフーヴァーに対抗し、1932年の大統領選挙で民主党の候補となったのが、フランクリン・D・ローズヴェルト (Franklin Delano Roosevelt, 1882–1945) である。

　ローズヴェルトは、セオドア・ローズヴェルトの遠縁に当たるニューヨークの名

解 説

門の出身。1910年に上院議員に当選して政界入りし、1928年にニューヨーク州知事となって、失業救済や農民の救済に積極的に取り組んでいた。その実績を買われて1932年の大統領選挙で民主党候補者になり、「アメリカ国民のための新規まき直し」を訴え、圧勝したのである。その後も大統領選に3回連続で当選し、歴代大統領の中で最も長い期間在職した人物となった。

ここで取り上げたのは、ローズヴェルトが最初に当選した時の就任演説である。1933年は銀行の倒産が相次ぎ、取り付け騒ぎが起こるなど、不況のどん底期だった。ローズヴェルトはこの演説で何より国民の不安を和らげ、国民の支持を求めようとしている。

ローズヴェルトはまず今こそ真実をはっきり述べる時だと前置きし、現在の状況に正直に向き合うことからたじろいではならない、と言う。つまり、恐慌下のアメリカの現実から目を背けてはいけないということである。彼はこの国がこれまでと同じように持ちこたえるだろうと言い、さらに太字部で彼の信念を訴える。

So first of all let me assert my firm belief that the only thing we have to fear is fear itself—nameless, unreasoning, unjustified terror which paralyzes needed efforts to convert retreat into advance.

この「私たちが恐れるべき唯一のものは、恐怖それ自体」(the only thing we have to fear is fear itself) というのが、この演説で最も有名な部分である。現在の不況に関して恐怖を抱いているかもしれないが、それは「名前もなく、理にも合わず、正当化もされない恐怖」(nameless, unreasoning, unjustified terror) であり、それが退却を前進へと変えるのに必要な努力を麻痺させている、と言う。根拠のない恐怖に囚われているより、前へ出ることを勧めているのだ。

続いてローズヴェルトは国民の支持を求める。

In every dark hour of our national life a leadership of frankness and vigor has met with that understanding and support of the peo-

ple themselves which is essential to victory. I am convinced that you will again give that support to leadership in these critical days.

In such a spirit on my part and on yours we face our common difficulties.

　アメリカ史において困難な時代には、必ず「率直さと活力」(frankness and vigor) をもった指導者が現われ、国民の理解と支持を得てきた。それが勝利には絶対に欠かせないものなのである。そしてローズヴェルトは、自分のリーダーシップに対しても、国民が支持してくれることを確信していると言う。次の段落の In such a spirit というのは、そのような互いの理解と支持を前提とした精神で、ということである。

　省略部分で、ローズヴェルトは、国民と自分とが共に立ち向かうべき困難について語る。これはみな物質的なものばかりだ。国民の収入が下がり、税収も下がり、そして何より多数の失業者がいる。しかし、自然の大災害が起きたわけではなく、過去の危機に比べれば大したことはない。それに続けて、Our greatest primary task 以下、まずやらなければいけないことは、「人々を仕事に就けること」(to put people to work) だと言う。これは賢く、勇気をもって当たれば、解決不能な問題ではない。

　次の段落は具体的な政策である。まず「政府が直接人々を雇うこと」(direct recruiting by the government)。戦争という緊急事態と同じようにこの仕事に取り組むというのは、政府が直接介入し、人々に働いてもらうということだ。それと同時に、こうした雇用を通じて、「我々の自然資源の使用を刺激し、再組織化するため」(to stimulate and reorganize the use of our natural resources) に必要なプロジェクトを成し遂げていく。要するに自然資源を活用し、そこから富が生み出されるような公共事業を進めていくのである。

　「最後に」と言って、ローズヴェルトは旧体制の諸悪が復活しないための防波堤を挙げる。まず銀行業や投資をしっかりと監視すること、そして他人の金を使った投機を止めさせることである。これらは、20年代の投機ブームの際、儲かることを見込んで借金で株を買うことが流行ったことを指す。こうした不健全な投機を止めさせ、「十分だが、健全な通貨」(adequate but sound currency) を供給していかなければならない。そして省略部分で、ローズヴェルトはこうした目的のための諸政策を議会で通過させていくことを約束している。

　最後の部分は、再び彼の信念の強調である。

We do not distrust the future of essential democracy. The people of the United States have not failed. In their need they have registered a mandate that they want direct, vigorous action.

　真の民主主義の未来は明るく、アメリカ国民はこれまで失敗したことなどない。困難な時には、国民は直接的で精力的な行動を求めてきたというのは、今がまさにその非常時であり、政府が直接手を出して、景気回復策を進めていかなければならない、ということである。ここも、自律的な経済回復を期待したフーヴァーの失敗への反省に基づいているのだろう。
　さらにローズヴェルトは、困難な時に国民が求めてきたものを挙げる。

They have asked for discipline and direction under leadership. They have made me the present instrument of their wishes. In the spirit of the gift I take it.

　それは「指導者の下での規律と指導」(discipline and direction under leadership)。そして、国民はこの場面で、ローズヴェルトをその希望を叶えるための道具としたのだ。これを贈り物と考える精神で、彼は喜んで受け入れる、と言っている。
　締めくくりに、ローズヴェルトは神の祝福を求めている。神が国民を守ってくれること、自分を導いてくれることを祈って、演説を閉じる。
　こうして大統領に就任した後、ローズヴェルトは最初の100日間で10を超える法律を制定、ニューディールと呼ばれる一連の経済・社会政策を実行した。大規模な公共事業で失業者救済をはかるとともに、農業に関しては価格引き上げのための生産調整という考えを導入、工業に関しては産業別に協定を結ばせ、価格と賃金の安定を図って、経済復興を目指した。また、失業者対策を通じて植林や森林保護、土壌保全事業など、環境保護にも努めた。社会保障制度の確立、労働保護立法の制定、福祉政策の重視など、社会改革の点でも重要な成果を収めた。
　とはいえ、一度どん底に落ちたアメリカ経済はそう簡単には回復しなかった。ニューディール政策により経済は上向き始め、1937年の夏には国民所得が恐慌前に近づいたが、救済・復興のための予算を大幅に削ると、再び不況に陥った。結局、アメリカ経済が本当に復活したと言えるのは、1939年、第二次世界大戦の勃発に伴い、アメリカの軍拡が開始されてからだったのである。

地図1　アメリカ合衆国の領土拡張（1776〜1853年）

1846 オレゴン領有
カナダ
1803 ルイジアナ購入
1783 イギリスより割譲
1775 北米13植民地
1848 メキシコより割譲
1845 テキサス併合
メキシコ
1853 ガズデン購入
1819 フロリダ併合
━━━ 国境線

地図2　南北戦争勃発時の合衆国

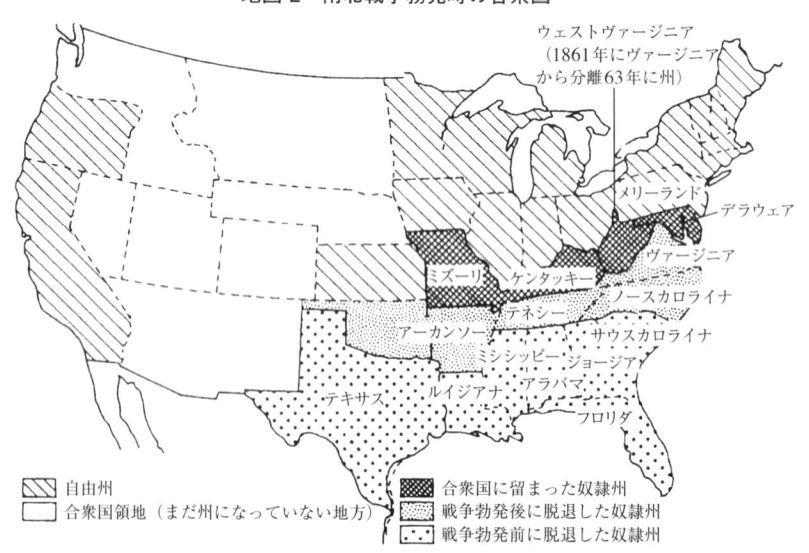

ウェストヴァージニア（1861年にヴァージニアから分離63年に州）
メリーランド
デラウェア
ミズーリ　ケンタッキー
ヴァージニア
ノースカロライナ
アーカンソー　テネシー
サウスカロライナ
ミシシッピー　ジョージア
テキサス　ルイジアナ　アラバマ
フロリダ

自由州
合衆国領地（まだ州になっていない地方）
合衆国に留まった奴隷州
戦争勃発後に脱退した奴隷州
戦争勃発前に脱退した奴隷州

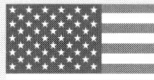

第 3 部

第二次世界大戦から冷戦へ

Franklin D. Roosevelt
Harry S Truman
Albert Einstein
William Faulkner
Rachel Carson
John F. Kennedy
Eleanor Roosevelt

冷戦と恐怖

　1939年にヨーロッパで第二次世界大戦が勃発すると、アメリカは当初、直接の関与を避けながらも、武器輸出という形で英仏を支援した。そして1941年、日本に対する宣戦布告に伴って、ヨーロッパの戦争にも参加、その大戦での主導権を握っていく。1945年、アメリカの圧倒的な軍事力を前に、イタリア、ドイツ、日本は相次いで降伏、アメリカ主導で戦後処理も進められることになった。アメリカは軍需景気によって再び経済が潤い、世界の超大国となって、黄金時代と言われる1950年代を迎えた。しかし、この時代は、ソ連との戦闘なき戦争、すなわち冷戦の始まりでもあった……。第3部は第二次世界大戦の勃発から終結、そしてソ連と共産主義との対立、冷戦に伴うさまざまな問題を概観する。

　太平洋戦争の勃発は、フランクリン・D・ローズヴェルト大統領の三期目の出来事であった。真珠湾攻撃を受けて、ローズヴェルトはこの日を「汚名のうちに生きる日」と呼び、「この計画的な侵略に打ち勝つのにどんなに長くかかろうとも、アメリカ国民は絶対的な勝利を得るまで戦い抜く」と述べて、日本に宣戦布告した（第13章）。この戦争はアメリカの原爆投下により決着するのだが、「コラム3」（123ページ）でハリー・S・トルーマン大統領の原爆投下を告げる演説も紹介する。

　戦後、アメリカは自由主義陣営の盟主としてソ連と対立するようになった。そしてソ連の勢力がこれ以上拡張しないように、共産主義勢力を封じ込め、自由主義国を支援することを大義とした。これが「トルーマン・ドクトリン」である。トルーマンはその主義を主張した有名な演説の中で、共産主義体制を「恐怖と抑圧に基づいた」体制であるとして、「我々がリーダーシップを取ることに逡巡すれば、世界平和を危険に晒すことになる」と述べて、ソ連との対決姿勢を明らかにした（第14章）。

核兵器開発で一歩後れを取ったソ連も、着々と原爆開発を進め、1949年に原子爆弾の実験に成功した。このソ連との核兵器開発競争によって、世界中の人々は人類滅亡の恐怖感を抱いた。核兵器開発をアメリカ政府に進言したひとり、物理学者のアルベルト・アインシュタインは、戦後、平和運動に関わり、核軍縮のために働いた。国連における演説で、彼は「これから数年において我々がすること、あるいはできなかったことが、我々の文明の運命を決めるであろう」と言い、米ソ両陣営の人道的な科学者たちがたがいに協力することを呼びかけた(第15章)。

　このように、一方で滅亡の恐怖に震え、一方で物質的な繁栄を享受する時代、人間の魂の問題は忘れられがちになる。この時代を代表する小説家のウィリアム・フォークナーは、この風潮に警鐘を鳴らし、愛や名誉、同情や犠牲といった、普遍的な真理をこそ描こうとした。1950年のノーベル賞受賞演説で、フォークナーは、「私は人類の終焉を受け入れることを拒否する」と述べ、人間は魂を持つからこそ不滅であり、詩人や小説家の仕事はその魂を描くことである、と訴えた(第16章)。

　科学の発展は、公害という新たな問題も引き起こした。名著『沈黙の春』により、いち早く農薬の害を訴えた海洋生物学者レイチェル・カーソンは、1954年の演説で、世界は破滅に向かって突き進んでいると指摘し、自然を破壊することは「人間の精神的成長を遅らせてしまう」と述べた(第17章)。人間の起源は地球にあり、ゆえに人間には自然宇宙に対して心底から反応するものがある。したがって、宇宙の驚異と現実に目を向けることにより、自然破壊への嗜好は減るはずである、とカーソンは訴えた。

　1950年代から60年代、アメリカは経済的に繁栄するものの、内部にさまざまな矛盾を抱えていた。人種対立が燻り続け、経済の繁栄にも翳りが見え始めた。国際的にはソ連との対立が深まり、宇宙競争でソ連に先を越され、国民の自信も揺らざ始めていた。こうした内外の状況に対して、ジョン・F・ケネディは新しいアプローチを訴え、それをニューフロンティア政策と名づけた。彼は1961年の大統領就任演説で、「国が自分のために何をしてくれるかではなく、自分が国のために何をできるかを問え」と呼びかけて、国民に協力を求めた(第18章)。しかし、それは混迷の60年代の始まりにほかならなかったのである。

13

Franklin D. Roosevelt

"A Date Which Will Live in Infamy" (1941)

DISC ONE 14

① **infamy** 汚名。発音は /ínfəmi/.

② **solicitation** 懇願、要求。

③ **I regret to tell you...** 残念ながら……であることを申し上げる。

④ **torpedo** ……を魚雷［水雷］で攻撃［撃破］する。

⑤ **the high seas** 公海、外洋、海事裁判所管轄水域。

Yesterday, December 7, 1941 — a date which will live in infamy[1] — the United States of America was suddenly and deliberately attacked by naval and air forces of the empire of Japan.

The United States was at peace with that nation, and, at the solicitation[2] of Japan, was still in conversation with its government and its Emperor looking toward the maintenance of peace in the Pacific. (…)

It will be recorded that the distance of Hawaii from Japan makes it obvious that the attack was deliberately planned many days or even weeks ago. During the intervening time the Japanese Government has deliberately sought to deceive the United States by false statements and expressions of hope for continued peace.

The attack yesterday on the Hawaiian Islands has caused severe damage to American naval and military forces. I regret to tell you[3] that very many American lives have been lost. In addition, American ships have been reported torpedoed[4] on the high seas[5]

13

フランクリン・D・ローズヴェルト
「汚名のうちに生きる日」 *(1941)*

　昨日、1941年12月7日——汚名のうちに生きる日——アメリカ合衆国は、大日本帝国の海軍と空軍により、何の前触れもなく、計画的な攻撃を受けました。

　合衆国は日本と平和を保ってきました。そして日本側の要請により、太平洋の平和の維持に目を向けて、その政府および天皇と対話を続けてきました。（……）

　次のことは記録されておくべきでしょう。日本からハワイへの距離を考えれば、何日も、あるいは何週間も前から、この攻撃が周到に計画されていたことは明らかです。そのあいだ、日本政府は、平和の継続を希望する偽りの声明や言い回しによって、意図的に合衆国を騙そうとしてきました。

　昨日のハワイ諸島への攻撃は、アメリカ海軍と陸軍に甚大な被害を与えました。遺憾ながら、たくさんのアメリカ人の生命が失われたことをお伝えしなければなりません。それに加えて、アメリカの船がサンフランシスコとホノルル間の公海上で魚雷攻撃を受けたことも報告されています。（……）

Franklin D(elano) Roosevelt
フランクリン・D・
ローズヴェルト
(1882–1945)
アメリカの政治家。第32代大統領 (1933–45)。民主党。New Deal 政策を実施した。略 FDR.

13　Franklin D. Roosevelt

CD DISC ONE 14

|⑥ **surprise offensive**　不意討ちの、思いがけない攻撃。
|⑦ **speak for themselves**　(事が)おのずから証する、自明のことである。
|⑧ **Commander in Chief**　最高司令官。(アメリカ合衆国海軍と陸軍の最高司令官は大統領である)
|⑨ **measure**　(目的達成の手段としての)行動、処置、方策、対策、手段。
|⑩ **onslaught**　猛襲。
|⑪ **premeditated**　前もって考えた、計画的な。(meditate =「企てる、もくろむ」)
|⑫ **uttermost**　最大限度。
|⑬ **treachery** = 裏切り、背信。発音は /trétʃəri/.
|⑭ **unbounding**　限りない (= unbounded)。

between San Francisco and Honolulu. (…)

Japan has therefore undertaken a surprise offensive⑥ extending throughout the Pacific area. The facts of yesterday and today speak for themselves.⑦ The people of the United States have already formed their opinions and well understand the implications to the very life and safety of our nation.

As Commander in Chief⑧ of the Army and Navy I have directed that all measures⑨ be taken for our defense.

Always will our whole nation remember the character of the onslaught⑩ against us.

No matter how long it may take us to overcome this premeditated⑪ invasion, the American people, in their righteous might, will win through to absolute victory.

I believe that I interpret the will of the Congress and of the people when I assert that we will not only defend ourselves to the uttermost,⑫ but will make it very certain that this form of treachery⑬ shall never again endanger us. (…)

With confidence in our armed forces, with the unbounding⑭ determination of our people, we will gain the inevitable triumph. So help us God. (…)

"A Date Which Will Live in Infamy"

　したがって、日本は太平洋全域に及ぶ奇襲攻撃を仕掛けました。昨日と今日の出来事を考えれば、それは明らかです。合衆国国民は、すでに意見を固めましたし、わが国の生命と安全それ自体に対する意味合いをよく理解しています。

　アメリカ合衆国陸海軍の最高司令官として、私はわが国の防衛のためにあらゆる手を打つように指示しました。

　国民全体が、我々に対する攻撃がどのようなものであったか、これからも決して忘れないはずです。
　この計画的侵略行為に打ち勝つのにどれだけ長い時間がかかろうとも、アメリカ国民は、その正義の力をもって、絶対的な勝利を勝ち取るまで戦い続けます。

　次のように主張することで、私は国会と国民の意志を正しく解釈したものと信じます。我々は、自分たちを最大限防衛するだけでなく、このような形の背信行為によって我々の安全が二度と脅かされることがないようにしなければなりません。（……）

　我々の軍隊への信頼をもって、そして国民の絶対的決意をもって、我々は当然得られるべき勝利を手にするでしょう。神よ、我らをお助けください。（……）

日本への宣戦布告書にサインをするフランクリン・D・ローズヴェルト大統領。

13　Franklin D. Roosevelt

COMMENTARY

　1933年、不景気に苦しむドイツで、ヒトラーの率いるナチスが政権を掌握した。ナチス・ドイツはただちに国際連盟から脱退し、第一次世界大戦の賠償金支払停止を宣言、再軍備を進めた。そして1938年、オーストリアに侵攻、さらにチェコスロヴァキアを併合し、翌年にはポーランドに侵略した。これに対し英仏がドイツに宣戦布告し、第二次世界大戦が始まった。

　アメリカのローズヴェルト政権は直接の関与を避けながらも、武器を輸出するという形で英仏を支援した。さらに1940年、ローズヴェルトはラジオの炉辺談話で「アメリカは民主主義のための兵器廠にならなければならない」と訴え、翌年、武器貸与法を通過させて、イギリスに無償で武器・軍需品を貸与するようになった。その年の8月にはイギリス首相チャーチルと大西洋上で会談し、戦争の共通の目標を確認し合うとともに、戦後処理について討議、その結果を「大西洋憲章」として発表した。これによって独伊枢軸国 (the Axis) の拡張主義とファシズムに対決する姿勢を強め、戦後の世界平和に向けて主導権を握る決意を示したのである。

　一方、アジアでは1937年に盧溝橋事件が起こり、日本の中国侵略が拡大した。さらに日本は1940年に日独伊三国軍事同盟を結び、翌年フランス領インドシナに進出、アメリカはそれに対し対日石油輸出を禁止し、在米日本人の資産を凍結するなど、厳しい態度で臨んだ。しかし、日本はアメリカが要求する仏領インドシナと中国からの撤退に応じず、ついに1941年12月、ハワイ真珠湾の米軍海軍基地を攻撃、太平洋戦争が始まったのである。

　以下は日本への宣戦布告に伴い、ローズヴェルトがアメリカ国民に向けて行なった演説の一部である。日本がアメリカに対して宣戦布告書を手渡したのは真珠湾攻撃の1時間以上後であり、つまりこれは騙し討ちだった、と言われる。ローズヴェルトはそのことを強調し、アメリカ国民の反日感情を掻き立てて、戦争に導こうとしている。

　ローズヴェルトはまず、日本が昨日アメリカ合衆国に奇襲攻撃をしかけ、この日は「汚名のうちに生きる日」(a date which will live in infamy) であると言う。これは特に有名なフレーズだ。

"A Date Which Will Live in Infamy"

解　説

Yesterday, December 7, 1941 — a date which will live in infamy — the United States of America was suddenly and deliberately attacked by naval and air forces of the empire of Japan.

突然に、そして「故意に・計画的に」(deliberately) 攻撃されたと言って、ローズヴェルトはこれが日本による奇襲であることを強調する。さらに次の段落で、アメリカは、日本の要請に応えて、日本と平和を維持するよう努力してきた、と言う。

The United States was at peace with that nation, and, at the solicitation of Japan, was still in conversation with its government and its Emperor looking toward the maintenance of peace in the Pacific.

続く段落、that 以下のことを記録に留めておくべきだと言っているのだが、それは日本がこの攻撃を前から計画してきたということである。

It will be recorded that the distance of Hawaii from Japan makes it obvious that the attack was deliberately planned many days or even weeks ago. During the intervening time the Japanese Government has deliberately sought to deceive the United States by false statements and expressions of hope for continued peace.

日本とハワイの距離を考えれば、何日も、あるいは何週間も前から、周到に計画されていておかしくない。それなのに日本は、「平和の継続を希望する偽りの声明や言い回し」(false statements and expressions of hope for continued peace) によって、意図的にアメリカを騙してきたのだ、と言う。

さらに次の段落、ローズヴェルトは、昨日の攻撃がアメリカ軍に甚大な被害を与え、多くの人命が失われた、と強調する。そして太平洋の公海上でも魚雷攻撃を

「汚名のうちに生きる日」　121

受けたと発表、省略部分で、日本が攻撃したハワイ以外の地域を列挙していく（マレー半島、香港、グアム、フィリピン、ウェーク島、ミッドウェー島など）。つまり、日本は太平洋全域に奇襲を仕掛けたと言うのである。

　The people of the United States have already formed their opinions の文、アメリカ合衆国民はすでに意見を形成したというのは、日本と戦う決意を固めた、ということ。the implications とは、日本の攻撃がもつ意味合い。我々の国の生活や安全に対してどのような意味をもつかというと、それがアメリカ国民の生活と安全を脅かしているということである。

　こうしてローズヴェルトは、アメリカ陸海軍の最高司令官として、国の防衛のためにあらゆる手を打つように指示した、と言う。Always will our whole nation remember の文はもちろん倒置で、our whole nation will remember the character ... ということ。国全体が何を覚えているかというと、この攻撃の性質、つまり日本の攻撃が騙し討ちだったということだ。こうしてこの戦争を勝利まで戦い抜くのだと宣言するのだが、それが次の部分である。

No matter how long it may take us to overcome this premeditated invasion, the American people, in their righteous might, will win through to absolute victory.

　ここでもローズヴェルトは日本の攻撃を「前もって考えた侵略」(premeditated invasion) と呼び、それを克服するのにどんなに時間がかかっても、アメリカ国民は、その「正義の力」(righteous might) をもって、「絶対的な勝利」(absolute victory) まで戦い抜く、と言う。

I believe that I interpret the will of the Congress and of the people when I assert that we will not only defend ourselves to the uttermost, but will make it very certain that this form of treachery shall never again endanger us.

　I believe 以下の文は、私が that 以下のようなことを主張する時、議会の意志を（正しく）解釈していると信じるということ。つまり、that 以下の「私」の主張が議会の意志でもあるということだ。その主張とは、自分たちを最大限守り抜くだけでなく、このような「裏切り」(treachery) の危険に二度と晒されないことを確かなもの

"A Date Which Will Live in Infamy"

　にするということである。
　最後の With confidence 以下の文、ローズヴェルトは軍隊への信頼と国民の限りない決意があれば、勝利は「必然的」(inevitable) であると言い、神の助けを祈る。そして最後の省略した部分で、議会に日本への開戦宣言を求めて締めくくる。
　こうして参戦した後、ローズヴェルトはチャーチルとスターリンのあいだをとりもつ形でイギリスとソ連との強調をはかり、戦時協調体制の維持に努めた。そして大統領4期目に就任した直後の1945年2月、ヤルタ会談でチャーチルやスターリンと戦後処理を話し合い、国際連合憲章によって現在の国連の大枠を定めた。しかし、その4月に急死。戦争の終結と戦後の処理はローズヴェルトを受け継いだハリー・S・トルーマン (Harry S Truman, 1884–1972) に委ねられることになった。

コラム3

Harry S Truman　ハリー・S・トルーマン
"It Is an Atomic Bomb"
「これは原子爆弾です」(1945)

　1945年8月6日、アメリカ軍は広島に原子爆弾を投下した。原子爆弾が人間に対して使われた最初の例であり、その凄まじい威力を見せつけた事件だった。この原爆投下の16時間後、トルーマン大統領はラジオを通じてアメリカ国民に語りかけ、5年前から原爆開発が秘密裏に進められていたことを明かした上で、この原爆投下は日本政府がポツダム宣言を拒絶したためであり、戦争終結を早めるためにどうしても必要だったのだ、と理解を求めた。

　Sixteen hours ago an American airplane dropped one bomb on Hiroshima, an important Japanese army base. (…) It is an atomic bomb. It is a harnessing of the basic power of the universe. The force from which the sun draws its power has been loosed against those who brought war to the Far East. (…)
　It was to spare the Japanese people from utter destruction that the ultimatum of July 26 was issued at Potsdam. Their leaders promptly rejected that ultimatum. If they do not now accept our terms they may expect a rain of ruin from the air, the like of which has never been seen on this earth. Behind this air attack will follow sea and land forces in such numbers and power as they have not yet seen and with the fighting skill of which they are already well aware.
　16時間前、アメリカの飛行機は日本の重要な軍用基地のある広島に、ひとつの爆弾を落としました。(……) これは原子爆弾です。宇宙の基礎的なエネルギーを利用したものです。太陽エネルギーのもととなる力を、極東に戦争をもたらした人々に対して解き放ちました。(……)
　7月26日にポツダムで日本に最後通告を発したのは、同国の国民を完全な破壊から救うためでした。しかし、彼らの指導者たちは、即座に最後通告を拒絶しました。もし彼らが今我々の条件を受け入れなければ、空から破滅の雨が降ることになるでしょう。それは地上でこれまでまったく使われたことのないものです。この空襲のあとには、海軍と陸軍の攻撃も続きます。これまで彼らが見たこともない規模と攻撃力になるでしょう。我々の戦闘技術については、彼らはすでに思い知っているはずです。

14

Harry S Truman

"We Must Assist Free Peoples" (1947)

DISC ONE 15

- [1] **alternative** 二者択一の、あれかこれかの、どちらかひとつを選ぶべき。
- [2] **institution** （社会）制度（結婚制度など、ひとつの文化が形成されるための基礎的な秩序と考えられる社会関係や社会行動のパターン）。
- [3] **impose** 意見などを（人に）押しつける、強いる (on, upon...)。
- [4] **fixed** 不正に取り決められた、買収された。
- [5] **attempted subjugation** 企てられた服従・征服。つまり、「自分から服従するわけでなく、無理やり服従させられている」ということ。
- [6] **work out** 作り上げる、決定する、実施する。

At the present moment in world history nearly every nation must choose between alternative[1] ways of life. The choice is too often not a free one.

One way of life is based upon the will of the majority, and is distinguished by free institutions,[2] representative government, free elections, guarantees of individual liberty, freedom of speech and religion, and freedom from political oppression.

The second way of life is based upon the will of a minority forcibly imposed[3] upon the majority. It relies upon terror and oppression, a controlled press and radio, fixed[4] elections, and the suppression of personal freedoms.

I believe that it must be the policy of the United States to support free peoples who are resisting attempted subjugation[5] by armed minorities or by outside pressures.

I believe that we must assist free peoples to work out[6] their own destinies in their own way.

I believe that our help should be primarily through economic and financial aid which is

14

ハリー・S・トルーマン

「我々は自由な諸国民を支援しなければならない」

(1947)

世界史上の現時点において、ほとんどすべての民族が、異なる二つの生活様式のどちらかを選ばなくてはなりません。しかもしばしば、それは自由に選べるものではないのです。

生活様式のひとつは、多数の人々の意志に基づき、自由な諸制度、代議制政体、自由選挙、個人の自由の保障、言論や宗教の自由、そして政治的抑圧からの解放などを、その特徴としています。

Harry S Truman
ハリー・S・トルーマン
(1884–1972)
アメリカの政治家。第33代大統領 (1945–53)。民主党。

二番目の生活様式は、少数の人々の意志が多数の人々に無理やり押しつけられることによって成り立っています。それは、恐怖と抑圧、出版やラジオ放送の規制、不正に取り決められた選挙、そして個人の自由の制限を基本にした生活です。

私は信じます。アメリカ合衆国の政策は、自由な諸国民を支援するものでなければならない、と。自由な諸国民とは、武装した少数の人間や外部からの圧力による征服の試みに抵抗する人たちです。

私は信じます。自由な諸国民が自分たちの運命を自分たちのやり方で決定できるように、我々は支援すべきである、と。

私は信じます。我々の支援が主として経済的・財政的な援助を通じてなされるべきである、と。こうした援助は、

| ⑦ status quo 現状。
| ⑧ the Charter of the United Nations 国連憲章。国連の組織および活動の基本原則を定めた法規。基本的人権の尊重や国際社会の平和と安全の維持など、国連創設の理念を謳っている。
| ⑨ coercion 強制、威圧（政治）。
| ⑩ subterfuge 口実、ごまかし。
| ⑪ infiltration 侵入、浸透。この場合、「政治的イデオロギーを押しつけ、浸透させる」こと。
| ⑫ give effect to... ……を実行(実施)する。
| ⑬ regime 支配体制、統治形態。
| ⑭ want 困窮、貧乏。
| ⑮ look to 期待する、あてにする。I look to him for help.（私は彼の援助を期待している。）
| ⑯ falter つまずく、ぐらつく、たじろぐ。

essential to economic stability and orderly political processes.

The world is not static, and the *status quo*⑦ is not sacred. But we cannot allow changes in the *status quo* in violation of the Charter of the United Nations⑧ by such methods as coercion,⑨ or by such subterfuges⑩ as political infiltration.⑪ In helping free and independent nations to maintain their freedom, the United States will be giving effect to⑫ the principles of the Charter of the United Nations. (…)

The seeds of totalitarian regimes⑬ are nurtured by misery and want.⑭ They spread and grow in the evil soil of poverty and strife. They reach their full growth when the hope of a people for a better life has died.

We must keep that hope alive.

The free peoples of the world look to⑮ us for support in maintaining their freedoms.

If we falter⑯ in our leadership, we may endanger the peace of the world—and we shall surely endanger the welfare of this Nation.

経済的な安定と秩序ある政治プロセスに不可欠です。

　世界は静止していませんし、「現状」は神聖なものではありません。しかし、我々は「現状」の変化が、国連憲章を踏みにじることによってなされるのであれば、断じて許すことはできません。威圧的政治、あるいは政治的イデオロギーの強引な浸透などの欺瞞によって、国連憲章が踏みにじられてはならないのです。自由で独立した国々が自由を保てるように支援することで、合衆国は国連憲章の原理を推進します。（……）

　全体主義体制の種子は、悲嘆と欠乏によって育ちます。貧困と闘争の邪悪な土に広がり、成長します。それはもっと良い生活を求める国民の希望が死に絶えた時に、実りの時期を迎えます。

　我々は希望が死に絶えないようにしなければなりません。
　世界の自由な諸国民が、自由を維持するための支援を、我々に期待しているのです。

　我々がリーダーシップを取ることに逡巡すれば、世界の平和を危険に晒すことになります――そして確実にこの国の繁栄をも危険に晒すことになるのです。

> 1948年の大統領選挙で勝ち目がないと言われていたトルーマンは、"I'm going to give 'em hell."（ひと泡吹かせるぞ）と宣言して、大接戦のすえ Thomas E. Dewey を破って、逆転勝利を収めた。"Give 'em hell, Harry!"（ひと泡吹かせろ、ハリー）はトルーマンを応援する合言葉となった。（飛田茂雄編『現代英米情報辞典』より）

> また、Harry S Truman は、S がミドルネームである。この S は何かの略字ではない。したがって、Harry S Truman と S にピリオドを打たずに表記するのが正しい。

COMMENTARY

　1945年4月、ヨーロッパで歴史的な出会いがあった。フランスからドイツに向けて侵攻したアメリカ軍と、ポーランドになだれ込んだソ連軍が、エルベ川で遭遇したのである。5月にはヒトラーが自殺し、ドイツは降伏、米ソは協力してファシズムに勝利した。しかし戦争終結後、この2大国は、東欧諸国の政権、ドイツの占領政策、原子力兵器の国際管理などをめぐって対立するようになる。

　この時の指導者がソ連はスターリン、アメリカはローズヴェルトの跡を継いだハリー・S・トルーマン (Harry S Truman, 1884–1972) であった。外交交渉に長け、スターリンとも合意を目指していたローズヴェルトと比べ、トルーマンは外交経験がなく、善か悪かという単純な思考をしがちな人物だった。そのために彼はスターリンを信用せず、ソ連を敵としてしか見られなかったと言われている。彼の外交政策の基本は、ソ連の勢力をいかに封じ込めるか、というものになった。

　トルーマンは、ミズーリ州の農家に生まれ、第一次世界大戦で従軍後、民主党の政治活動に加わるようになった。1933年、ニューディール政策を支持して上院議員に当選、1944年の大統領選挙でローズヴェルトの副大統領に抜擢され、翌年4月、副大統領就任後わずか82日で大統領に昇格した。翌月にはヨーロッパの戦争が終結、7月にトルーマンはイギリスのチャーチル、ソ連のスターリンらと戦後の敗戦国処理について話し合い、合意を得るとともに、日本に向けて無条件降伏を要求するポツダム宣言を発した。しかし、日本がこれを無視したことを理由に広島と長崎に原爆を投下、太平洋戦争も終結させた。原爆投下を急いだのは、ソ連に対してその威力を見せつけたかったためと言われている（123ページのコラム3参照）。このソ連との対立により、アメリカは「冷戦」という新しい局面を迎えることになる。

　トルーマンがソ連に対して取った「封じ込め」(containment) という政策は、外交官で歴史家のジョージ・F・ケナン (George F. Kennan, 1904–2005) が提唱したものだった。ケナンはソ連が共産主義勢力を世界の隅々まで浸透させようとしていると考え、その拡張を contain（抑止）しなければならないと主張したのである。1946年3月には、イギリスの元首相チャーチルが「バルト海のステッテンからアドリア海のトリエステまで、ヨーロッパ大陸に鉄のカーテンが降ろされた」と演説、ソ連

"We Must Assist Free Peoples"

解 説

　が東欧諸国を共産主義政権で固めたことに懸念を表明した。西欧諸国まで共産圏に落ちないようにすること、それがトルーマン政権の最優先課題となったのである。
　1947年、ギリシャでイギリスが支援する王党派政権に対する共産党の反乱が起こった。また同じ頃、トルコではソ連のダーダネル海峡の共同管理権要求に抵抗し、イギリスの援助を仰いでいた。イギリス政府は、アメリカ政府にギリシャとトルコへの援助の肩代わりを求め、トルーマンはそれを承諾、ここに取り上げた演説によって、4億ドルの支出を議会に要請したのである。実際には、ギリシャの王党派は独裁政権だったのだが、アメリカはギリシャにおける共産党政権樹立を恐れ、独裁政権を援助してしまったことになる。
　ともかく、この演説で表明された考えが後に「トルーマン・ドクトリン」と呼ばれ、冷戦期におけるアメリカ外交政策の指針となった。西欧諸国は戦争で荒廃し、貧困のため共産党が力を強めている。こうした国々が共産主義国にならないようにするためには、経済的にも支援していかなければならない。それがアメリカの取るべき道であると訴え、トルーマンは財政支出を求めているのである。
　トルーマンはまず、現在の世界において、すべての国が二者択一 (alternative) の生活様式の選択を迫られていると言う。しかも、それは自由な選択ではない。

At the present moment in world history nearly every nation must choose between alternative ways of life. The choice is too often not a free one.

　こう言って、トルーマンはその生活様式をひとつずつ説明していく。ひとつ目は言うまでもなく、「多数の人々の意志」(the will of the majority) に基づいた自由主義国の生き方である。

One way of life is based upon the will of the majority, and is distinguished by free institutions, representative government, free elections, guarantees of individual liberty, freedom of speech and

religion, and freedom from political oppression.

　is distinguished by というのは、by 以下のものによって「特徴づけられている」ということ。つまり、free institutions 以下のものが自由主義国の特徴ということになる。簡単に言えばいろいろな制度、選挙、言論と宗教などが自由であり、個人の自由が保障され、政治を任せる代議員を自分たちで選べる社会である。こうした国の人々は政治的な抑圧を受けることもない。
　第二の生活様式は共産主義国のものである。

The second way of life is based upon the will of a minority forcibly imposed upon the majority. It relies upon terror and oppression, a controlled press and radio, fixed elections, and the suppression of personal freedoms.

　こちらは「少数者の意志」(the will of a minority) に基づき、その意志が多数の人々に無理やり押しつけられている。さらに It relies upon 以下で、トルーマンはその生活様式が依存している制度などを列挙する。それは人々を力ずくで抑圧し、言論や投票といった、個人の当然の権利や自由を制限するものである。
　このように二つの生活様式を挙げてから、トルーマンは、アメリカ合衆国の政策は自由な人々をサポートするものでなければならない、と言う。

I believe that it must be the policy of the United States to support free peoples who are resisting attempted subjugation by armed minorities or by outside pressures.

　ここで言う free peoples とは、共産主義の脅威に晒されている諸国民を指す。彼らは「企てられた服従」(attempted subjugation)、つまり武装した少数者や外部からの圧力による強制された服従に抵抗しているのだ。
　これに続けてトルーマンは、こうした諸国民をサポートし、彼らが自分たちの運命を自分たちなりのやり方で work out できるようにしなければならない、と言う。こうした国々が経済的に安定し、政治プロセスが秩序化されるためにも、アメリカは経済的・財政的な援助をしなければならない、ということである。
　続く段落でトルーマンが言っているのは、国連憲章に背くような形での変化は認

められない、ということである。世界は静止したものではないし、「現状」は神聖ではないが、政治的イデオロギーを無理やり押しつけたり、浸透させたりするのは国連憲章に反しており、受け入れることはできない。自由で独立した国々が自由を保てるように支援することにより、アメリカは国連憲章の原理を実行する、と主張する。

　さらにトルーマンは、全体主義体制の種子は悲嘆と貧困によって育つ、と言う。つまり人々を抑圧し、貧しい状態に置くことで全体主義は成長し、人々の希望が死に絶えた時に成熟に達する。そしてトルーマンは、人々の希望が死に絶えないようにしなければならない、と言う。

　こうして最後の太字部分となる。

The free peoples of the world look to us for support in maintaining their freedoms.

If we falter in our leadership, we may endanger the peace of the world — and we shall surely endanger the welfare of this Nation.

　世界の自由な諸国民は、自由を維持するための支援を我々に期待している。したがって、我々がリーダーシップを取ることに逡巡すれば、世界の平和を危険に晒すことになる。こう言ってトルーマンは最後に、それはアメリカの繁栄をも危険に晒すことになると警告して、演説を終える。

　アメリカがリーダーシップを取らなければ世界平和は達成できない——今ではすっかりお馴染みの言説だが、それはソ連との冷戦という文脈で強く押し出されることになった。1948年、トルーマンはこの考えに基づいて西欧諸国への経済的な支援を決定。当時の国務長官ジョージ・C・マーシャル (George C. Marshall, 1880–1959) の名を取って、この欧州復興計画はマーシャルプランと呼ばれている。さらに翌年には西欧諸国とともに北大西洋条約機構 (North Atlantic Treaty Organization = NATO) を組織、共産諸国に対する集団防衛体制を確立した。

　トルーマンのこのような支援策により、西欧諸国が復興したことは確かである。共産勢力は確かに封じ込められた。しかし、彼の封じ込め政策が無用な戦争を生んだこともまた否定できない。ベトナムではホー・チ・ミンによる独立運動が起きたが、トルーマンは彼を共産主義者と決めつけ、ベトナム再植民地化をはかるフランスの傀儡政権を支持。それによってベトナムは長い戦争に巻き込まれることになったのである。

15

Albert Einstein

"The Fate of Our Civilization" (1947)

It would be different if the problem were not one of things made by man himself, such as the atomic bomb and other means of mass destruction equally menacing[1] all peoples. It would be different, for instance, if an epidemic[2] of bubonic plague[3] were threatening the entire world. In such a case conscientious and expert persons would be brought together and they would work out an intelligent plan to combat the plague. After having reached agreement upon the right ways and means, they would submit[4] their plan to the governments. Those would hardly raise serious objections but rather agree speedily on the measures[5] to be taken. They certainly would never think of trying to handle the matter in such a way that their own nation would be spared[6] whereas the next one would be decimated.[7]

But could not our situation be compared to one of a menacing epidemic? People are unable to view this situation in its true light,[8] for their eyes are blinded[9] by passion. General fear and anxiety create hatred and aggressiveness. The adaptation to warlike[10] aims and

---

[1] menace 威嚇する、おどす、危険に晒す。

[2] epidemic （病気の）一時的蔓延（まんえん）、流行。流行［伝染］病。

[3] bubonic plague 腺ペスト。

[4] submit 提出する。

[5] measure 措置、方法、施策。

[6] spare ……の命を助ける。

[7] decimate ……の多くを殺す(滅ぼす)。

[8] in its true light ありのままに、現実の姿で。

[9] blind (vt.)……の目をくらませる。

[10] warlike 戦争の、軍事の、好戦的な。

15

アルベルト・アインシュタイン

「我々の文明の運命」(1947)

　もし問題が人間自身によって作り出されたものでなければ、話は違うと思います。人間が作った原爆や、その他の大量破壊の手段が、すべての国の人々を同じように危険に晒しているのでなければ、話は違うものになっているでしょう。たとえば腺ペストの流行が全世界を脅かしているのなら、話は違います。そのような場合、良心的な専門家たちが集められて、その疫病に対処する賢い計画が捻出されるでしょう。正しい方法と手段について合意に達すれば、その計画が政府に提出されます。そして強い反対が示されることもなく、どのような施策を取るかについて、直ちに同意が得られるはずです。まさか彼らは問題を次のような形で扱おうとは考えもしないでしょう。自分たちの国さえ救われれば、隣りの国は滅びてもよいというふうには。

Albert Einstein
アルベルト・アインシュタイン
(1879–1955)
ドイツ生まれのユダヤ系の物理学者。1941 年米国に帰化。特殊相対性理論・一般相対性理論・光量子説などを提唱。ノーベル物理学賞 (1921)。

　しかし、我々の状況を恐るべき疫病の流行と考えてみることはできないでしょうか？ 人々はこの状況をありのままに見ることができません。なぜなら、その目は、激情によってくらまされているからです。漠然とした恐怖と不安が、憎悪と攻撃的な態度を生み出しています。軍事的な目的と行動に適応してきたために、人々の精神性

15 Albert Einstein

humane 人道にかなった、人情ある。

unpatriotic 愛国心のない、売国的な。

camp (主義・宗教などの)同志、グループ、陣営。

sound (*a.*) 健全な、正常な、穏健な。

factual (*a.*) 事実の、実際の、事実に基づく。

hamper ……の自由な活動を妨げる、阻害する。

burning 重大な、火急の。

at stake 危機に瀕して。

appeasement （外交上の）宥和政策、妥協策。

activities has corrupted the mentality of man; as a result, intelligent, objective and humane thinking has hardly any effect and is even suspected and persecuted as unpatriotic.

There are, no doubt, in the opposite camps enough people of sound judgment and sense of justice who would be capable and eager to work out together a solution for the factual difficulties. But the efforts of such people are hampered by the fact that it is made impossible for them to come together for informal discussions. I am thinking of persons who are accustomed to the objective approach to a problem and who will not be confused by exaggerated nationalism or other passions. This forced separation of the people of both camps I consider one of the major obstacles to the achievement of an acceptable solution of the burning problem of international security. (...)

We scientists believe that what we and our fellow men do or fail to do within the next few years will determine the fate of our civilization. And we consider it our task untiringly to explain this truth, to help people realize all that is at stake, and to work, not for appeasement, but for understanding and ultimate agreement between peoples and nations of different views.

"The Fate of Our Civilization"

は腐敗してしまいました。その結果、賢明で客観的で人道的な思考はほとんど効力をもたなくなり、そんな思考は非愛国的であると疑われたり、迫害されたりもしています。

　疑いなく、対立陣営にも穏健な判断力や正義感をもつ人々がたくさんいて、その人たちは実際の困難に団結して解決策を見出そうとする能力も熱意ももちあわせています。しかし、こうした人々の努力が、次の事実によって、妨げられてしまっているのです。それは、彼らは非公式の議論の場に集うことができない、という事実です。私が頭に思い浮かべているのは、日頃から問題に対して客観的に接することができ、かつ過度の民族主義や他の激情によって心を乱されることのない人たちです。両陣営の人々をこのように無理やり引き離していることが、大きな障害のひとつになっている、と考えます。このために、国際的な安全保障という火急の問題に対し、満足のいく解決策を引き出せないでいるのです。（……）

　我々科学者は、次のように信じています。これからの数年間、我々と我々の仲間たちが何を達成し、何を達成できないかによって、我々の文明の運命は決まってしまうだろう、と。そして我々は、この真実を休むことなく説明し続けることこそ、我々の任務である、と考えます。それによって、迫り来る危機のすべてを人々に理解してもらい、その上で解決に向けて努力するのです。しかし、妥協するために努力するのではありません。異なる見解をもつ国々とその国の人たちがたがいに理解し合い、最終的に合意できることを目指して、努力するのです。

ア　アインシュタインは、*Time*誌の Person of the Century on the cover にも選出された。（*Time*, December 31, 1999）

15　Albert Einstein

COMMENTARY

　1939年、ローズヴェルト大統領のもとに、ふたりの物理学者の連名による手紙が届いた。そこには、核分裂のエネルギーによる強力な新型爆弾をナチス・ドイツが研究中であり、アメリカはそれに先んじてこの爆弾を開発すべきである、と記してあった。この手紙の主たる執筆者はハンガリーから亡命したユダヤ系の物理学者レオ・シラード (Leo Szilard, 1898–1964)。彼に協力して名を連ねたのが、当時世界最高の物理学者、アルベルト・アインシュタイン (Albert Einstein, 1879–1955) である。

　この手紙は当初、ローズヴェルトの関心をあまり引かなかった。当時のアメリカはまだ第二次世界大戦に参戦しておらず、核兵器の開発もそれほど現実性を帯びていなかったのである。状況が変化し始めるのは2年後、ドイツがフランスを制圧した時期のことだ。同じ頃、ユダヤ系科学者オットー・フリッシュとルドルフ・パイエルスによる核エネルギーの兵器応用のアイデアが伝えられると、ローズヴェルトも新兵器開発を推進すべく、全国の指導的科学者に呼びかけ、そこに原子爆弾製造計画も組み込まれた。そして翌年、原爆開発事業は陸軍省内に移され、ウラン分離工場の建設などが極秘に進められた。これがマンハッタン計画である。

　この計画の中心になったのは、これも世界的な物理学者であるロバート・オッペンハイマー。ほかにもエドワード・テラーなど、世界的な科学者が多数参加し、多額の資金を投入して、ついに世界で初めての原爆開発に成功した。1945年7月16日、ニューメキシコ州アラモゴートで原爆実験に成功。ポツダム会談中にその知らせを受け取ったトルーマン大統領は、にわかにソ連に対して強い態度を取るようになったという。こうして原子爆弾は8月6日に広島、8月9日に長崎に投下され、合わせて20万人を超える死者を出すことになった。

　アインシュタインが原爆開発を進言したのは、ナチスの原爆開発を恐れたためである。彼はドイツのウルム市に生まれたユダヤ人で、1909年にチューリヒ大学の教授となり、16年に一般相対性理論を発表、21年にノーベル物理学賞を受賞した。1932年、ナチス・ドイツの台頭に伴い、ユダヤ人への迫害を逃れてアメリカに亡命、それ以来プリンストン大学で教鞭を取っていた。こうした背景からナチス・ドイツのヨーロッパ支配を深く憂慮、原爆製造を進言したのだ。しかし、アインシュタイ

解 説

ン本人は核エネルギーの兵器応用には関心をもたず、マンハッタン計画には関わっていない。

戦後、アインシュタインは原爆開発を進言したことを反省し、平和運動に深く関わるようになった。1955年にはイギリスの哲学者バートランド・ラッセル (Bertrand Russell, 1872–1970) とともに、核兵器廃絶・科学技術の平和利用を訴えた宣言文 (ラッセル・アインシュタイン宣言) を発表。ここで取り上げた演説も1947年11月、国際連合の外国記者クラブの夕食会において、国連大使たちに向けて核の廃絶を訴えたものである。

冒頭の部分は残念ながら省略したが、ここでアインシュタインは現在の困難と脅威を説明している。人間の社会は「運命を共有するひとつの共同体」(one community with a common fate) に縮んでしまった。つまり、核兵器によって人類がいっぺんに滅ぶ可能性が生まれてしまった。それに対し、ほとんどの人々は半ば恐れながら、半ば無関心に、国際的な舞台で演じられている「気味の悪い悲喜劇」(the ghostly tragicomedy) を眺めている。この国際舞台で演じている人々、つまりは政治家たちが、我々の運命を握っているのだ。

それに続けてアインシュタインは、現在の問題が人間の作り出したものでなければ、つまりは自然災害などであれば、話は違う、と言う。それが引用した冒頭部分。

It would be different if the problem were not one of things made by man himself, such as the atomic bomb and other means of mass destruction equally menacing all peoples.

such as 以下が現在の脅威である。それは、原爆やその他の大量破壊兵器がすべての国民を同じように脅かしている、ということ。そうではなく、たとえば疫病が全世界を脅かしているのなら、対応策はもっとわかりやすいということである。

It would be different, for instance, if an epidemic of bubonic plague were threatening the entire world. In such a case conscien-

tious and expert persons would be brought together and they would work out an intelligent plan to combat the plague.

　In such a case 以下が、疫病に対する対応策だ。そういう場合は良心的な専門家が集まり、疫病と戦う「賢明な計画」(an intelligent plan) を考え出せばよい。それについて合意に達すれば、その計画を政府に提出し、反対されることもないだろう。それに続く They certainly would never の文は、such ... that の構文で、that 以下のような形でこの問題を扱おうとは誰も考えないだろうということ。つまり、「自分たちの国が救われれば、隣りの国は滅びてもよいというふうには」(their own nation would be spared whereas the next one would be decimated) 考えないのである。現在の問題がそれと違うのは、核兵器がそもそも人間の作った殺人兵器であり、それを相手よりも先に使えば、相手をいっぺんに滅ぼすことも可能だからなのだ。
　しかし、次の段落でアインシュタインは、現在の我々の状況も疫病の流行と同じようなものなのではないか、と問いかける。

But could not our situation be compared to one of a menacing epidemic? People are unable to view this situation in its true light, for their eyes are blinded by passion. General fear and anxiety create hatred and aggressiveness.

　人々がこの状況をありのままに見つめることができないのは、彼らの目が passion によって眩まされているためである。この激しい感情は fear, anxiety, hatred, aggressiveness などからくる。要するに自分たちが滅ぼされるのではないかという恐怖が憎悪や攻撃的な態度を生み、人間精神が腐敗してしまったのである。The adaptation to warlike aims and activities は、軍事的な目的と行動に人々が適応してきたこと。その結果、賢明で客観的で人道的な思考はほとんど効力をもたなくなり、非愛国的であると疑われることさえあるのである。
　しかし、アインシュタインは、対立し合う陣営にも——つまり共産主義陣営にも——穏健な判断力や正義感をもつ人々がたくさんいると言う。彼らは、実際の困難に団結して解決策を見出そうとする能力も情熱ももちあわせている。しかし、彼らの努力は that 以下の事実によって妨げられている。that の次の it は to 不定詞を指すので、つまり彼らが非公式的な議論の場に集うことができなくされているという事実。この「無理やり引き裂かれた状況」(forced separation) こそ、主要な障害で

"The Fate of Our Civilization"

あり、火急の問題に対する解決を阻んでいるのである。

　こうしてアインシュタインは、最後の段落で科学者としての信念を語る。それは、ここ数年のうちに人間がしたこと、あるいはできなかったことが、文明の運命を決する、ということだ。つまり、ここ数年の行動で核兵器廃絶の方向に向かわなければ、人間の文明は滅びかねない、と主張する。

We scientists believe that what we and our fellow men do or fail to do within the next few years will determine the fate of our civilization. And we consider it our task untiringly to explain this truth, to help people realize all that is at stake, and to work, not for appeasement, but for understanding and ultimate agreement between peoples and nations of different views.

　And we consider it の it は、もちろん to explain, to help, to work などの to 不定詞。それをすることが我々の「仕事・任務」(task) なのである。つまり、この真実を説明し、何が危機であるかを人々に理解してもらい、解決に向けて努力していくこと。その解決は「妥協策」(appeasement) でもたらされるものではなく、諸国民が理解し合うことによって、最終的に同意に達しなければならない。between peoples and nations of different views とあるように、自由主義国と共産主義国が理解し同意することが何より重要であり、それは可能なのだ。そうアインシュタインは訴え、演説を締めくくっている。

　とはいえ、各国の核兵器開発は止まらなかった。すでに原爆開発のための研究所を設置していたソ連は、アメリカと同じタイプの原爆製造に邁進、1949 年 8 月、ついに最初の原爆実験に成功した。これによって冷戦は新たな段階に入り、世界の人々はいよいよ核戦争の恐怖に怯えるようになる。1962 年のキューバミサイル危機では、ソ連がキューバにミサイル基地を建設していたことで米ソが対立、あわや核戦争という一触即発の状況にまで発展した。その後も米ソはさらに競い合って核兵器開発を推し進め、その結果、地球を何度も破壊できるほどの過剰な核兵器が蓄積されることになった。

　また、核爆発の利用は原子力発電など、新たなエネルギーの時代の始まりでもあった。このことは自然環境にも重大な影響を及ぼすことになるのである。

16

William Faulkner

"I Decline to Accept the End of Man" (1950)

DISC ONE 17

[1] blow up 爆破する。

[2] in conflict with itself それ自体と衝突(矛盾)して。

[3] verity 真実性、真理。

[4] ephemeral 短命な、つかの間の、はかない。

[5] doomed 運の尽きた、消える運命にある。

[6] under a curse 呪われて、たたりを受けて。

Our tragedy today is a general and universal physical fear so long sustained by now that we can even bear it. There are no longer problems of the spirit. There is only the question: when will I be blown up?[1] Because of this, the young man or woman writing today has forgotten the problems of the human heart in conflict with itself[2] which alone can make good writing because only that is worth writing about, worth the agony and the sweat.

He must learn them again. **He must teach himself that the basest of all things is to be afraid; and, teaching himself that, forget it forever, leaving no room in his workshop for anything but the old verities**[3] **and truths of the heart, the old universal truths lacking which any story is ephemeral**[4] **and doomed**[5] **— love, and honour and pity and pride and compassion and sacrifice. Until he does so, he labours under a curse.**[6] He writes not of love but of lust, of defeats in which nobody loses anything of value, of victories without hope, and, worst of all, without pity or compassion. His griefs grieve on no

16

ウィリアム・フォークナー

「人類の終焉を受け入れることを拒否する」(1950)

今日、我々の悲劇は包括的で普遍的な肉体的恐怖として存在していますが、それはあまりに長く持続されてきましたから、我々はそれに耐えられるようにすらなっています。もはや精神の問題はありません。問いはただひとつ、自分はいつ吹き飛ばされてしまうのか、だけです。そのただひとつの問題に悩まされているがために、今日執筆している若き男女は、人間の心の問題というものを忘れてしまっています。それ自体と格闘する心——良き著作を生むものは、それしかありません。なぜなら、書くに値すること、苦悩と汗に値するものは、それしかないからです。

作家は再びそれを学ばなければなりません。**自分自身にこう教え込まなければならないのです。あらゆるものの中で最も卑しいのは恐れることである**、と。そしてそう言い聞かせながら、その問題を永遠に忘れ去り、自分の作業場に心の古い真実と真理以外のものが入る余地を残さないようにしなければなりません。古くから残る普遍的な真理——それを欠いてしまえば、どんな物語も長続きせず、はかないものになってしまいます。そうした古くから残る普遍的な真理とは、**愛、名誉、哀れみ、誇り、同情、犠牲**などです。それを自分に教え込むまで、作家は呪いをかけられて仕事しているようなものです。作家が書くのは、愛ではなく欲望であり、価値あるものを失わない敗北であり、希望のない勝利であり、さらに最もひどいものは、哀れみや同情のない勝利です。作家の悲

William Faulkner
ウィリアム・フォークナー
(1897–1962)
アメリカの小説家。代表作に、『響きと怒り』(*The Sound and the Fury*, 1929)、『アブサロム、アブサロム!』(*Absalom, Absalom!*, 1936) など。1949 年にノーベル文学賞を受賞。

| [7] **universal bones** 普遍的な本質、核心。
| [8] **gland** 腺（分泌液［物］を出す細胞または器官）。
| [9] **ding-dong** ジャンジャン、ガラガラ（などの音）。
| [10] **doom** 運命、（神が下す）最後の審判。
| [11] **clang** （武器・鐘など）ガランと鳴る。
| [12] **tideless** 潮の干満のない。
| [13] **puny** ちっぽけな、取るに足らない。
| [14] **prevail** 打ち勝つ、克服する。
| [15] **prop** 支柱。
| [16] **pillar** 柱。

universal bones,[7] leaving no scars. He writes not of the heart but of the glands.[8]

Until he relearns these things, he will write as though he stood among and watched the end of man. I decline to accept the end of man. It is easy enough to say that man is immortal simply because he will endure; that when the last ding-dong[9] of doom[10] has clanged[11] and faded from the last worthless rock hanging tideless[12] in the last red and dying evening, that even then there will still be one more sound: that of his puny[13] inexhaustible voice, still talking. I refuse to accept this. **I believe that man will not merely endure: he will prevail.**[14] **He is immortal, not because he alone among creatures has an inexhaustible voice, but because he has a soul, a spirit capable of compassion and sacrifice and endurance. The poet's, the writer's duty is to write about these things. It is his privilege to help man endure by lifting his heart, by reminding him of the courage and honor and hope and pride and compassion and pity and sacrifice which have been the glory of his past. The poet's voice need not merely be the record of man; it can be one of the props,**[15] **the pillars,**[16] **to help him endure and prevail.**

"I Decline to Accept the End of Man"

嘆は、普遍的本質におよぶこともなく、何の傷も残しません。作家は心の問題を書くのではなく、生殖器のことを書いているのです。

　こうしたことをもう一度学ぶまで、作家は人類の終焉に立ち会って傍観しているかのように書くでしょう。私は人類の終焉を受け入れることを拒否します。次のように言ってしまうことは簡単です。人間は持ちこたえられるのだから不滅である、と。最後の審判の鐘の音が鳴り響き、その鐘の音が、陽が赤々と沈んでいく最後の夜に、潮の干満に関係なくいつまでもそこにあり続ける、まるで価値のない最後の岩からもついに消えてしまう時、それでもなお、もうひとつの音が鳴る。それは人間の取るに足らない、しかし尽きることのない声が、なおしゃべり続けることで生じる音である。私はこれを受け入れるのを拒否します。

　私は人間がただ単に持ちこたえるというだけでなく、**勝利すると信じます。人間は不滅ですが、それは動物たちの中で人間だけが尽きることのない声をもっているからではありません。人間に魂があるからです。同情、犠牲、忍耐といった能力を引き出す精神があるからです。詩人の、そして作家の義務は、こうした人間の能力について書くことです。作家や詩人は、人間が持ちこたえられるように手助けしてやることができます。彼らは、人間の心を高めることによって、それができるのです。人間の過去の栄光であった、勇気と名誉と希望と誇りと同情と哀れみと犠牲を思い出させることによって、それができるのです。詩人の声は単なる人間の記録にとどまる必要はありません。それは人間が持ちこたえ、勝利することを助けるような支えであり、柱のひとつなのです。**

フォークナーは、1955年（昭和30年）に来日し、長野に滞在している。そこで日本の学者・学生たちと文学の討論を行ない、その模様は *Faulkner at Nagano*（研究社、1956年、現在絶版）に収録された。

COMMENTARY

　ソ連の原爆開発は、アメリカ国内に「誰かが原爆の秘密をソ連に流したのではないか」という疑心暗鬼の状態を生み出した。1950年、ウィスコンシン州選出の共和党上院議員ジョゼフ・マッカーシー (Joseph McCarthy, 1908–57) が「国務省内に潜む共産党員のリストを握っている」と発表、魔女狩りにも匹敵する赤狩りが始まり、多くの政治家や公務員、映画関係者、教師が共産主義者という疑いで失職した。この反共ヒステリーはやがてマッカーシー自身が弾劾されて終息するが、冷戦期の風潮を象徴する事件だったと言えるだろう。

　このようにソ連との冷戦期、アメリカ国民は共産主義や核戦争の恐怖に怯えていた。核戦争の悪夢を描いた映画やテレビ番組、大衆小説などが広く出回り、核シェルターが一般に売られたほどだった。ソ連との直接戦争こそなかったものの、アメリカはその後朝鮮、ベトナムなどにおける局地戦争に介入し、緊迫した時代を迎えることになる。

　1950年代は一方で物質的な繁栄に恵まれた時代だった。次章で詳述するが、高速道路建設や郊外の住宅地建設が進み、中産階級が消費文化を楽しんだ。このように物質的な贅沢を享受しながら、一方で肉体の消滅に怯える時代、人間が精神的な問題を忘れがちであったことは否めないだろう。精神をこそ主題としている文学者たちの中には、こうした風潮に警鐘を鳴らす者もいた。この章はそういう作家のひとりであり、この時代のアメリカで最高の作家と評価された、ウィリアム・フォークナー (William Faulkner, 1897–1962) の言葉に耳を傾けてみたい。

　フォークナーは19世紀末にミシシッピ州で生まれた小説家である。ミシシッピ州とはアメリカの深南部であり、すなわち南北戦争終結まで奴隷制が存続した州であった。フォークナーが生きた時代にも黒人に対する差別は根強く残り続け、また、全米の中でも最も貧しい地域でもあった。こうした事情は、フォークナーの作品に色濃く反映されることになる。

　フォークナーの曽祖父は南北戦争の英雄で、鉄道会社を経営するとともに、『メンフィスの白いバラ』という小説で成功した作家でもあった。読書好きであったフォークナーは、幼い頃から「曽祖父のような作家になりたい」と語っていたという。また、親戚の人々から南北戦争の物語などを聞いて育ち、南部の歴史は彼の

"I Decline to Accept the End of Man"

解　説

実感をもって知るものとなった。

　フォークナーが小説家として成功したのも、故郷のミシシッピ州を題材にするようになってからである。小説第3作の『サートリス』(1929) 以降、ミシシッピ州に架空のヨクナパトーファ郡を設定、自分の住む町の周辺をモデルにした小説を書き始めた。次作の『響きと怒り』(1929) では、崩壊していく南部の旧家の人々の姿を内的独白と客観描写を交えて語り、特に言語をもたない知的障害者を内的独白者のひとりにするという実験的な手法で、高い評価を得た。

　その後もフォークナーは、ヨクナパトーファ郡を舞台に、奴隷制という南部の原罪の痕跡と人種問題をからめ、土地とその歴史に縛られながら生きる人々の情念を描いている。ほかの代表作としては『死の床に横たわりて』(1930)、『サンクチュアリ』(1931)、『八月の光』(1932)、『アブサロム、アブサロム！』(1936) などがある。こうした作品が高く評価されて1949年にノーベル文学賞を受賞、ここに取り上げたのはその授賞式での演説である。

　フォークナーはまず、今日の我々の悲劇は「肉体的な恐怖」(physical fear) であり、それはあまりに長く維持されたために、我慢できるようにさえなってしまっていると言う。逆説的な言い方だが、要するにあまりに持続的・普遍的な恐怖になってしまったため、それに無感覚にさえなっているということだろう。ともかく問題は、もはや精神の問題が取り上げられなくなっているということ。問題は「いつ吹き飛ばされてしまうか？」という、核戦争の恐怖ばかりになってしまっているのである。そのために、若い作家たちは人間の心の問題を忘れている。心がそれ自体と戦っている姿、つまり心の葛藤こそ書くに値するものであり、苦悩や汗に値するものなのに、若い作家たちはこうした問題を忘れているのだ。

　次の段落の he はすべて「作家」を指す。作家はこうしたこと（つまり心の問題こそ書くに値するということ）を学び直さなければならない。そして、自分に次のことを教え込まなければならない、というのが太字部。

He must teach himself that the basest of all things is to be afraid; and, teaching himself that, forget it forever, leaving no room in his

workshop for anything but the old verities and truths of the heart, the old universal truths lacking which any story is ephemeral and doomed — love, and honour and pity and pride and compassion and sacrifice. Until he does so, he labours under a curse.

　すべての中で最も卑しいのは恐れることだと教え込まなければならない。再びフォークナーらしい逆説的な言い方になるが、それを教え込みながらそれを永遠に忘れるというのは、フィジカルなことを恐れないようにし、そのことを忘れて、立ち向かうのは「心の古い真実と真理」(the old verities and truths of the heart) のみにするということだろう。それを the old universal truths と言い換え、lacking which 以下で「それ (the old universal truths) を欠けば」どんな物語もはかなく、短命なものになると言う。そして普遍的な真実として、love, honour などを挙げている。Until he does so の does so は上のようなことを自分に教え込むこと。それをするまで、作家は呪われた状態で仕事をしているのと同じなのである。
　同じ段落の続きは、心の問題を忘れている作家がどのようなものを書いているかという列挙。「敗北」(defeats) と「勝利」(victories) はそれぞれ限定されていて、誰も価値あるものを失わない敗北と、希望のない勝利。続く without pity or compassion も勝利を限定していて、最悪なのは「哀れみや同情のない勝利」となる。作家はこうした無価値な争いの勝利や敗北を描いているにすぎない。したがって作家は「普遍的な核心」(universal bones) について嘆くことはないし、そうした傷痕を作品に残すこともない。心のことを書くのではなく、gland（分泌液［物］を出す細胞または器官）のことを書いているというのは、結局肉体的な欲望ばかりを書いているにすぎないということ。多少飛躍だが、「生殖器のことを書く」と訳した。
　次の段落の最初は、こうしたことを学ぶまで、作家は as though のような状態で書いているという文章。

Until he relearns these things, he will write as though he stood among and watched the end of man. I decline to accept the end of man.

　作家は人類の終焉（滅亡）の、真っ只中に立って、それを見ているように書くとは、つまり人類の終焉を阻む努力は何もしていないということ。それに対し、フォークナーは、自分は人類の終焉を受け入れない、と宣言する。人間が「持ちこたえる」

(endure) から「不滅」(immortal) だと言うのは簡単だが、自分はそんなことは言いたくない。続く that when 以下も、人間が持ちこたえる場合の描写。むずかしいイメージだが、要するに世界が滅亡した時の様子だろう。最後の審判の鐘が鳴り、その音が、海の満ち引きに関係なくそこにあり続ける岩からも消えていった時、そこに人間の尽きることない声が聞こえる。それが人間が持ちこたえている姿なのだが、フォークナーはこれを受け入れないと言う。というのも、人間はそんなつまらない存在ではないからである。

　では、人間はどういう存在なのか。それは単に「持ちこたえる」だけでなく「勝利する」力をもつ生き物なのだ。それを訴えるのが次の段落。

I believe that man will not merely endure: he will prevail. He is immortal, not because he alone among creatures has an inexhaustible voice, but because he has a soul, a spirit capable of compassion and sacrifice and endurance.

　人間は単に持ちこたえるだけでなく、prevail (打ち勝つ) できると言っている。人間が不滅なのは尽きることのない声をもっているからではなく、魂をもっているから。その精神は同情、犠牲、忍耐などの能力も備えているのである。

　そして、詩人や作家はこうしたことを書かなければいけない、と言う。

The poet's, the writer's duty is to write about these things. It is his privilege to help man endure by lifting his heart, by reminding him of the courage and honor and hope and pride and compassion and pity and sacrifice which have been the glory of his past. The poet's voice need not merely be the record of man; it can be one of the props, the pillars, to help him endure and prevail.

　人間の心を高揚させることにより、人間が耐えられるように手助けするのが作家や詩人の義務。by reminding 以下は、彼らの具体的な手段となる。それは、読者に勇気などを思い出させること。彼らの声は単に人間の記録となるのではなく、人間が持ちこたえ、勝利するための支柱となり得る。フォークナーはこの強い信念を吐露して、演説を締めくくっている。

17

Rachel Carson

"We Are Part of the Whole Stream of Life" (1954)

DISC ONE 18

The pleasures, the values of contact with the natural world, are not reserved[1] for the scientists. They are available[2] to anyone who will place himself under the influence of a lonely mountain top — or the sea — or the stillness of a forest; or who will stop to think about so small a thing as the mystery of a growing seed.

I am not afraid of being thought a sentimentalist when I stand here tonight and tell you that I believe natural beauty has a necessary place in the spiritual development of any individual or any society. **I believe that whenever we destroy beauty, or whenever we substitute something man-made and artificial for a natural feature[3] of the earth, we have retarded[4] some part of man's spiritual growth.**

I believe this affinity[5] of the human spirit for the earth and its beauties is deeply and logically rooted. As human beings, we are part of the whole stream of life. We have been human beings for perhaps a million years. But life itself (…) arose many hundreds of millions of years ago.

---

[1] **not reserved** 科学者たちだけのために取っておかれたわけではないということ。

[2] **available** 利用できる、入手できる、求めに応じられる。

[3] **feature** (山・川などの)布置、地勢、地形。

[4] **retard** 進行を遅らせる、妨害する。

[5] **affinity** 親近感、共感。

17

レイチェル・カーソン
「我々は生命全体の流れの一部である」
(1954)

　自然に触れる喜び、そしてその価値は、科学者だけが享受できるものではありません。それはひとりきりで山頂——あるいは海——あるいは森の静けさの影響下に身を置いている者なら、誰でも経験できるものです。あるいは、ふと手を止めて、種子の成長はとても不思議だ、と非常に小さなものにも思いをめぐらすことができる人なら、誰でも経験できます。

　今夜ここで次のようなことを言うと、センチメンタルな人間だと思われるでしょうが、私はそれを恐れません。自然の美は、個人や社会が精神的に発展していく上で、必要不可欠な場所として存在しています。私はこう信じています。我々が美を破壊すれば、あるいは地球上の自然の地勢を何か人間の作った物に、すなわち人工的な物に取り替えてしまえば、人間の精神的成長を必ずや遅らせてしまう、と。

　人間の精神が地球とその美しさに対して抱くこうした親近感は、深く、そして論理的に根ざしています。人間である以上、我々は生命全体の流れの一部です。人類が誕生してから、おそらく100万年が経っているでしょう。しかし、生命それ自体（……）は、何億年も前に生まれています。それ以来生命は発展し、格闘し、周囲に順応し、そして無限の生命形態に進化を遂げました。しかし、そ

Rachel Carson
レイチェル・カーソン
(1907–64)
アメリカの海洋生物学者・科学評論家。*Silent Spring* (1962)によって農薬・化学薬品の危険を広く知らせた。

[6] **protoplasm** 原形質。

[7] **spark of life** 生命の火、生気、活気。

[8] **be of** …の出で。(この of は起源、原因などを表わす)

[9] **ebb and flow** ebb が「引き潮」、flow が「上げ潮」。Every flow must have its ebb. (上げ潮には引き潮がある。)という諺もある。

[10] **refrain** 繰り返し。

[11] **insulate** 防護する、隔離する。

[12] **intoxicated** 酔った、夢中になっている。

[13] **panacea** 万能薬。

DISC ONE 18

Since then it has developed, struggled, adapted itself to its surroundings, evolved an infinite number of forms. But its living protoplasm[6] is built of the same elements as air, water, and rock. To these the mysterious spark of life[7] was added. **Our origins are of**[8] **the earth. And so there is in us a deeply seated response to the natural universe, which is part of our humanity.** (...)

In contemplating "the exceeding beauty of the earth" these people have found calmness and courage. For there is symbolic as well as actual beauty in the migration of birds; in the ebb and flow[9] of the tides; in the folded bud ready for the spring. There is something infinitely healing in these repeated refrains[10] of nature — the assurance that dawn comes after night, and spring after winter.

Mankind has gone very far into an artificial world of his own creation. He has sought to insulate[11] **himself, with steel and concrete, from the realities of earth and water. Perhaps he is intoxicated**[12] **with his own power.** (...) **For this unhappy trend there is no single remedy — no panacea.**[13] **But I believe that the more clearly we can focus our attention on the wonders and realities of the universe about us, the less taste we shall have for destruction.**

の生きている原形質は、空気や水や岩と同じ要素でできています。こうしたものに、生命の神秘的な炎が灯されたのです。我々の起源は地球にあります。したがって我々の中には、自然宇宙に対して心底から反応するものがありますし、まさにそれが我々の人間性の一部なのです。（……）

「地球の卓越する美」を観察することで、こうした人々は平静さと勇気を得ます。なぜなら、鳥の渡りには実際の美しさだけでなく、象徴的な美しさもあるからです。同じことは潮の満ち引き、春に開くのを待つ蕾にも言えます。自然のこうした繰り返しで、無限に心が癒されるのです——夜が明ければ朝が来て、冬が終われば春が来ることを確かに教えてくれます。

人類は自分たちが作った人工の世界にどっぷりと浸かってしまいました。大地や海の現実から身を守るために、鉄鋼やコンクリートで自分たちを隔離しようとしてきました。おそらく人間は自身の力に酔ってしまったのでしょう。（……）この不幸な傾向には、ひとつとして治療法がありません。万能薬などないのです。しかし、私はこう信じます。我々がもっとはっきりと周囲の宇宙の驚異と現実に注意を向けられれば、破壊を好む気持ちはますます弱まるはずなのです。

Silent spring（沈黙の春）で、「有害化学薬品などの公害による自然破壊から生じた春の破滅」の意味も示す。言うまでもなく、レイチェル・カーソンの The Silent Spring (1962) からできた表現である。

COMMENTARY

　1950年代は、アメリカの「黄金時代」であったと言われる。第二次世界大戦時の戦争特需によって経済は立ち直り、戦後も国内総生産は順調に伸び続けた。ベビーブームに伴って住宅や州間高速道路などの建設が進み、郊外には広い駐車場を備えたショッピングモール、スーパーマーケット、ガソリンスタンドなどが次々に建てられた。こうした郊外コミュニティに住む中産階級が、テレビや自動車といったモノの消費を楽しむアメリカ的な価値観を作り上げることになる。

　このような急激な発展は、同時に深刻な環境破壊を進めることにもなった。工場からは汚水や煙が吐き出され、農場では農薬がふんだんに撒かれるなど、生産性を優先した結果、着実に自然環境は蝕まれた。自然環境を保護しようという意識は、経済の発展に比べれば、まだまだ後回しにされていたのである。しかし1962年、こうした風潮に一石を投じる本が出版され、アメリカ中に衝撃を与えた。レイチェル・カーソン (Rachel Carson, 1907–64) の『沈黙の春』(*A Silent Spring*) である。

　この本は「明日のための寓話」("A Fable for Tomorrow") という、人間と自然の関係の変化を寓話として語った章で始まっている。かつて自然と人間が調和していた時代のアメリカでは、春になれば新しい生命が生まれ、鳥たちが鳴き始めた。ところが、そこに何らかの「悪の呪い」(evil spell) が降り立ち、死の影が覆うようになった。春になっても鳥たちは鳴かず、奇妙な沈黙があるのみ。人間が今のような環境破壊を続ければ、こうした春を迎えるのはそう遠くはない……この本はこう予言し、続けて環境破壊の具体例を詳述、自然のバランスを保つことの大切さを説いていくのである。

　この本の著者カーソンは、ペンシルヴェニア州ピッツバーグ北部の村で生まれた。幼いころからアレゲニー川の河辺を散策するのが好きで、周囲の自然に対する鋭い感受性と観察眼を有していたと言われている。と同時に、工業化によるピッツバーグ近郊の自然環境破壊も目の当たりにし、自然保護への意識が生まれた。また、読書を愛し、観察したことを文章で表現するのがとてもうまかったという。

　カーソンはジョンズ・ホプキンス大学の大学院で海洋生物学を専攻、動物学の修士号を取得した。その後、漁業局に勤めながら、チェサピーク湾の海洋生物に関するエッセイを書き始める。そして自然界の動植物の相互作用に魅せられ、環

解 説

境問題に取り組むようになった。こうして 1951 年、海洋学に関するエッセイをまとめて『われらをめぐる海』(*The Sea Around Us*) として発表、その詩情溢れる文章が高く評価され、全米図書賞を受賞した。さらに 1962 年の『沈黙の春』で全米に衝撃を与えたが、この時すでに癌に侵されており、2 年後にこの世を去った。

ここで取り上げる演説は、1954 年春、女性ジャーナリストの会合に招かれた時のもので、「われらをめぐる現実の世界」("The Real World Around Us") と題され、彼女の遺稿集『失われた森』(*Lost Woods*) に収録されている。この時カーソンは、自分の生い立ちから、海を初めて見た時のこと、漁業局の調査船で航海した時のこと、なぜ海について書くようになったか、などについて語っている。それから後半部分で自然の美の大切さなどに話を広げているのだが、ここではその後半部分を抜粋した。

引用部分の直前で、カーソンは自然を心から愛し、自然との接触に喜びを感じていた自然科学者のことを語っている。それを踏まえ、引用部分の冒頭で、こうした喜びは科学者だけに限定されているのではない、と言う。

The pleasures, the values of contact with the natural world, are not reserved for the scientists. They are available to anyone who will place himself under the influence of a lonely mountain top — or the sea — or the stillness of a forest; or who will stop to think about so small a thing as the mystery of a growing seed.

この喜びは、who will place 以下の条件をもつ人になら誰にでも開かれている。つまり、山頂なり海なり森なりで、自然の影響下に身を委ねられる人になら、あるいはふと手を止めて、種子の成長は不思議だと思えるような人になら、誰にでも開かれているものなのだ。

次の段落、I am not afraid of being thought a sentimentalist when... とは、when 以下のことをするとセンチメンタルな人間だと思われるだろうが、それを自分は恐れないということ。つまり、自然の美が個人や社会の発展に必要な地位を占

めているといった考え方を吐露すると……ということである。カーソンは続く太字部でも自身の信念を訴え続ける。

I believe that whenever we destroy beauty, or whenever we substitute something man-made and artificial for a natural feature of the earth, we have retarded some part of man's spiritual growth.

自然を破壊すれば、あるいは人工的なもので自然のものを代替すれば、我々は人間の精神的成長の一部を必ず遅らせてしまう、と言っている。次の段落は、こうした信念の根拠。人間の精神が大地やその美に感じる親近感は、深く論理的に根ざしているためである。

I believe this affinity of the human spirit for the earth and its beauties is deeply and logically rooted. As human beings, we are part of the whole stream of life.

要するに、人間が自然に親近感を感じる論理的根拠は何かと言えば、人間が生命全体の流れの一部であるから、ということだ。カーソンは続けて人類の歴史と、それよりもはるかに古い生命の誕生について語る。人類の誕生はせいぜい100万年前だが、生命は何億年も前に誕生し、さまざまな形態の生命を進化させてきた。人間もそうした生命体のひとつであるが、その原形質は、空気や水や岩と同じ要素でできている。こうした要素に「生命の炎」(spark of life) が点火されて、生命体が生まれたのだ。カーソンは続く太字部でも、人間の起源は地球にあり、だからこそ自然界に深く共鳴するものがある、という考えを強調する。

Our origins are of the earth. And so there is in us a deeply seated response to the natural universe, which is part of our humanity.

人間には自然界に対して「心底から反応するもの」(deeply seated response) があり、それこそが人間性の一部なのである。

そのあとはしばらく省略したが、この部分でカーソンは自然破壊の現状について述べている。それはたとえば森林を伐採し、高速道路や郊外の住宅地を建設する

"We Are Part of the Whole Stream of Life"

ことだ。このように物質主義に走り、精神的に価値あるものを破壊することは、正しいことなのか？ そうカーソンは問いかけている。そして自然の美を見つめることで安らぎや勇気を得た人の例を挙げるのだが、これが In contemplating 以下の段落にある these people である。

　この段落の要点は、自然界の美しさには象徴的な意味もあるということである。もちろん見た目も美しいのだが、鳥の渡りや潮の満ち引き、花開こうとする蕾などは、自然の無限のサイクルを思い出させるからこそ、癒しとなる。夜の後に夜明けがあり、冬の後に春が来るといったことを確かに感じさせてくれるものなのである。

　次の段落は演説全体の締めくくり。まず人間は自己の作った人工世界に入り込みすぎている、と言う。

Mankind has gone very far into an artificial world of his own creation. He has sought to insulate himself, with steel and concrete, from the realities of earth and water. Perhaps he is intoxicated with his own power.

　人間はスティールやコンクリートなどで自己を防護し、大地や水の現実から引き離してきた。それは自分の力に酔っているためだろう、と言っている。そして続く部分で、この傾向には癒す薬がない、と言う。

For this unhappy trend there is no single remedy — no panacea. But I believe that the more clearly we can focus our attention on the wonders and realities of the universe about us, the less taste we shall have for destruction.

　しかし……と言ってカーソンが最後に訴えるのは、我々が周囲の現実や驚異にもっとはっきりと注意を向けること。そうすればするほど、破壊への嗜好 (taste) がなくなるというのである。

　カーソンのこうした演説や著作は、世界中の人々に環境への意識変革を促した。特に『沈黙の春』は強い衝撃を与え、ケネディ大統領は農薬委員会を設置、その結果、カーソンの調査が正しいことが証明されて、農薬の使用を制限する法律が制定された。『沈黙の春』は「歴史を変えることができた数少ない本の一冊」と称されている。

18

John F. Kennedy

"Ask What You Can Do for Your Country" (1961)

CD DISC ONE 19

The world is very different now. For man holds in his mortal hands the power to abolish[1] all forms of human poverty and all forms of human life. And yet the same revolutionary beliefs[2] for which our forebears[3] fought are still at issue[4] around the globe: the belief that the rights of man come not from the generosity of the state but from the hand of God.[5]

We dare not forget today that we are the heirs[6] of that first revolution. Let the word go forth[7] from this time and place, to friend and foe alike, that the torch has been passed to a new generation of Americans — born in this century, tempered[8] by war, disciplined[9] by a hard and bitter peace, proud of our ancient heritage — and unwilling to witness or permit the slow undoing[10] of those human rights to which this nation has always been committed,[11] and to which we are committed today at home and around the world.

Let every nation know, whether it wishes us well or ill,[12] that we shall pay any price, bear any burden, meet any hardship, support any

---

[1] **abolish** 終わらせる、破棄する。

[2] **revolutionary belief** アメリカの独立は American Revolution「アメリカ革命」と呼ばれている。これはその独立の時の信念である。

[3] **forebear** 先祖。

[4] **at issue** 係争中で、問題となって。

[5] **from the hand of God** 人間の権利は「神の手から」来るものだというのは、生得の権利であるということ。

[6] **heir** 世継ぎ、継承者。

[7] **go forth** 発せられる、広まる。

[8] **temper** 鍛える、強靭にする。

[9] **discipline** 訓練[鍛錬]する。

[10] **undoing** もとどおりにすること、取り消し。

[11] **committed** (主義・主張に)打ち込んだ、傾倒した、身をささげた。

[12] **ill** 悪く (badly)。

18

ジョン・F・ケネディ

「国のために何ができるかを問え」

現在、世界はとても変化しています。人間がその手中に、あらゆる形の人間の貧困とあらゆる形の人間の生命を消滅させる力を握ってしまったからです。我々の先祖は革命的な考えを信じて戦いましたが、今もそれと同じ信念が、この地球上で問われています。人間の権利とは国家の寛大さによってもたらされるものではなく、神の手からの授かり物であるという信念です。

John F(itzgerald) Kennedy
ジョン・F・ケネディ (1917–63)
アメリカ第35代大統領 (1961–63)。愛称 Jack Kennedy. 民主党。カトリック教徒としては初の大統領。テキサス州ダラスでパレード中に暗殺された。略 JFK. 夫人は Jacqueline Kennedy.

今日、我々は自分たちがその最初の革命の継承者であることを、忘れてはいけません。今この場から、味方にも敵にも、同じように次の言葉を伝えましょう。松明はアメリカの新しい世代に手渡されました。今世紀に生まれ、戦争で強靭になり、厳しく辛い平和に鍛えられ、我々の古くからの伝統に誇りを抱いている世代。この世代の人たちは、人間の権利がゆっくりと否定されていく光景を見守る気もないし、許す気もありません。この国は、人間の権利にずっと関わり続け、今日もなお、国内で、そして世界中で、関わり続けています。

あらゆる国に、その国が我々の繁栄を望もうと衰退を望もうとも、次のことを知らしめましょう。我々はどんな代償も払い、どんな重荷も担い、どんな困難にも立ち

John F. Kennedy

DISC ONE 19

friend, oppose any foe to assure the survival and the success of liberty. (…)

In the long history of the world, only a few generations have been granted the role of defending freedom in its hour of maximum danger. I do not shrink[13] from this responsibility — I welcome it. I do not believe that any of us would exchange places with any other people or any other generation. The energy, the faith, the devotion which we bring to this endeavor will light our country and all who serve it — and the glow from that fire can truly light the world.

And so, my fellow Americans: Ask not[14] **what your country can do for you — ask what you can do for your country.**

My fellow citizens of the world: Ask not what America will do for you, but what together we can do for the freedom of man.

Finally, whether you are citizens of America or citizens of the world, ask of us here the same high standards of strength and sacrifice which we ask of you. With a good conscience[15] **our only sure reward,**[16] **with history the final judge of our deeds, let us go forth to lead the land we love, asking His**[17] **blessing and His help, but knowing that here on earth God's work must truly be our own.**

---

[13] **shrink** 恐れる、萎縮する、ひるむ。

[14] **Ask not** 現代英語では Don't ask というのが普通だが、こういう古い言い方は荘重に聞こえるため、演説ではしばしば使われる。

[15] **good conscience** やましくない心。

[16] **our only sure reward** With a good conscience (being) our only sure reward という、being が省略された形の付帯状況を表わす分詞構文。「やましくない良心を唯一の確かな報酬として」。次の with history the final judge of our deeds も同じ。

[17] **His** 大文字になっているのは「神」を指しているため。

向かい、どんな味方も支援し、どんな敵とも戦って、自由の存続と繁栄を確かなものにする、と。(……)

世界の長い歴史において、自由が最大の危機に瀕している時に、それを守る役目を任せられた世代は、ごくわずかに存在するだけです。私はこの責任からしり込みしません。歓迎します。国民の誰ひとりとして、他の国民や他の世代の人々と立場を交換したいとは思っていない、と私は信じています。我々がこの努力に注ぎ込むエネルギー、信仰、献身は、この国に灯をともし、この国に仕える人々すべてに灯をともします——そしてその灯が生み出す光は、真に世界を照らすことができるのです。

ですからアメリカ国民の皆さん、皆さんの国が自分に何をしてくれるのかではなく、自分が国のために何ができるかを問いましょう。

そして世界の市民の皆さん、アメリカが自分に何をしてくれるのかではなく、我々が人間の自由のために何ができるかを、一緒に問いましょう。

最後に、皆さんがアメリカ市民であれ、世界市民であれ、我々が皆さんに求めるのと同じくらい高い水準の力と犠牲を、我々に求めてください。良心の安らぎだけを確かな報酬とし、歴史を我々の行動の最終的な審判として、愛する国をともに導いていこうではありませんか。神の祝福と助けを求め、しかしこの地上における神の仕事は実際は我々が担わなければならない、と理解しつつ。

ジョン・F・ケネディ大統領は、1963年11月22日（金曜日）現地時間12時30分（18時30分UTC）にテキサス州ダラスで暗殺された。

二つの公式調査が、ディーレイ・プラザのテキサス教科書倉庫従業員 Lee Harvey Oswald（リー・ハーヴェイ・オズワルド）が暗殺者だったとし、ひとつの政府調査がオズワルドが単独で行動したと結論を下し、別の調査はオズワルドには少なくともひとりの協力者がいたと結論を下した。

しかし、そのオズワルドは、大統領暗殺から2日後の1963年11月22日、告発前の郡拘置所へ移送されるあいだに、ダラスの警察署の地下で、ダラスのナイトクラブオーナーでマフィアとの繋がりが深かったジャック・ルビーによって射殺され、永遠に口を封じられた。

COMMENTARY

　1950年代のアメリカは繁栄を享受しながらも、内部にさまざまな矛盾を抱えていた。平等の権利を行使できない黒人たちの不満は募り、公民権運動が激化しつつあった。トルーマンとアイゼンハワー政権が反共の防波堤と位置づけたベトナムでは、現状が打開できず、アメリカは介入を深めていく。経済も翳りを見せ、宇宙開発競争ではソ連のスプートニク打ち上げで先を越されるなど、国民の自信も揺らぎ始めていた。このような状況で行なわれた1960年の大統領選挙において、国民は新しい若き指導者に希望を託した。ジョン・F・ケネディ(John F. Kennedy, 1917–63) である。

　ケネディはマサチューセッツ州のアイルランド系の家に生まれた。父のジョゼフはハーヴァード大学を卒業後、25歳で銀行の頭取となり、ボストン市長の娘と結婚、子供たちに政治家の夢を託した。ジョゼフの次男として生まれたケネディは、ハーヴァード大学を卒業後、海軍を志願、南太平洋で魚雷艇の艇長として活躍した。戦後は父の期待に応え、政治家になることを決意、1946年にボストン選出の下院議員となり、1952年に上院議員に当選した。

　1960年、ケネディはニューフロンティア政策を掲げて民主党の大統領となり、共和党候補のリチャード・ニクソンと選挙戦を争うことになった。アイゼンハワーの副大統領であったニクソンに対し、ケネディは若く未経験であったが、その若さと理想主義的な言動、そして何よりテレビ討論における見た目のよさで、大きく国民の支持を得たと言われている。こうしてケネディは僅差でニクソンを破り、アイルランド系カトリック教徒として最初の大統領となった。

　ケネディの打ち出したニューフロンティア政策とは、翳りを見せ始めていたアメリカ経済を回復させ、国内の防衛と宇宙開発に力を注ぐとともに、共産主義勢力阻止のために第三世界への援助を進めていく、というものだった。このように彼の第一の関心は共産主義との戦いにあり、それはここで取り上げた就任演説にもよく現われている。

　省略した冒頭部分で、ケネディはこの就任式が自由を祝うものであり、自分は建国の父たちが誓ったのと同じ厳粛な誓いをした、と言う。このように彼は自分が自由・平等といった理念の継承者であり、その理念の守ることが使命であるという決

"Ask What You Can Do for Your Country"

解説

意を強調していく。これは引用の最初の部分にも現われている。

The world is very different now. For man holds in his mortal hands the power to abolish all forms of human poverty and all forms of human life. And yet the same revolutionary beliefs for which our forebears fought are still at issue around the globe: the belief that the rights of man come not from the generosity of the state but from the hand of God.

　今の世界が異なっているのは、自由主義国と共産主義国との対立があり、双方の陣営が核兵器をもってしまったため。科学技術がうまく使われればあらゆる貧困を根絶することができるのに、悪用されれば人類の滅亡につながってしまうのだ。我々の先祖がそのために戦ったのと同じ「革命的な信念」(revolutionary beliefs)とは、語注でも解説したようにアメリカ独立の理念。それは「人間の権利は国家の寛大さから来るのではなく、神の手から来る」、つまり自由・平等は人間の生得の権利であるということ。それが地球中でまだ問われているとは、人民の自由・平等が実現されていない国があるということだ。それは発展途上国や共産主義国である。
　続く段落で、ケネディは、自分たちがこの独立革命の継承者であることを忘れてはならない、と言う。

We dare not forget today that we are the heirs of that first revolution. Let the word go forth from this time and place, to friend and foe alike, that the torch has been passed to a new generation of Americans.

　松明がアメリカの新しい世代に手渡されたことを敵にも味方にも知らしめようという言い方で、自分のような若い世代がアメリカを担っていくことを宣言している。
　born in this century 以下はその若い世代の説明。ケネディ自身、アメリカ初の

20世紀生まれの大統領だった。ケネディの世代の人たちは、第二次世界大戦によって鍛えられ、冷戦という「厳しく辛い平和」(hard and bitter peace) にさらに鍛えられたために、強靭な精神をもっている。そして「古くからの伝統」、つまりアメリカ建国の理念に誇りをもっている。したがって、自由・平等といった人間の当然の権利が否定されるのを傍観する気はない。その権利の維持にアメリカはずっと身を捧げてきたし、現在では国内においても、世界においても、その努力を続けている。つまり、外国にもアメリカ建国の理念が浸透するように努めているのだ。

　この信念が、次の段落でも繰り返される。whether it wishes us well or ill の it は every nation を受けていて、その国が我々に対して良いことを望もうが、悪いことを望もうが——つまりは自由主義国側であれ、共産主義国側であれ——双方に that 以下のことを知らしめよう、と言っている。それは自由の存続と成功のためには、我々はどんな代償も払うし、味方は支援するし、敵とは戦うし……といったこと。ケネディの「冷戦の闘士」らしい面が現われている。

　中間の省略した部分でも、ケネディは both sides を何度も繰り返し、自由主義国側と共産主義国側の両方に向かってさまざまに呼びかける。まず、自分たちは相手を恐れることなく、交渉のテーブルに着く、ということ。そして大量破壊兵器を管理下に置くことや、科学を平和的に利用して人類の発展に役立てることなどを訴えている。そして、こうしたことが実現できるかどうかは、自分以上に皆さんの手にかかっているとして、国民に協力を求めている。

　では、「世界の長い歴史において」(In the long history of the world) で始まる段落。自由が最大の危機に陥っている時に、それを守る役割を与えられた世代はほんのわずかだというのは、今がその最大の危機だということ。ケネディはこの責任から萎縮することなく歓迎すると言って、冷戦を乗り切る強い決意を見せる。そして国民の誰もが同じ気持ちであろうということで、我々の努力や献身が世界を明るくするのだと述べている。こうして特に有名な次の部分で、ケネディは国民に再度協力を求める。

And so, my fellow Americans: Ask not what your country can do for you — ask what you can do for your country.

My fellow citizens of the world: Ask not what America will do for you, but what together we can do for the freedom of man.

　ここはほとんど「常識」と言ってもよいくらい有名なので、ぜひとも覚えたい。「自

分が国に対して何ができるかを問え」というのは高飛車のようにも思えるが、それを言ってもさまになる雰囲気を備えていたとも言えるだろう。続いてケネディは、世界中の人々に対しても、自由のためにアメリカと一緒に努力しよう、と呼びかける。そして次の部分で、同じ高い水準の strength and sacrifice を互いに求め合おう、と言っている。

Finally, whether you are citizens of America or citizens of the world, ask of us here the same high standards of strength and sacrifice which we ask of you. With a good conscience our only sure reward, with history the final judge of our deeds, let us go forth to lead the land we love, asking His blessing and His help, but knowing that here on earth God's work must truly be our own.

　With a good conscience 以下の構文は語注で解説したとおり。我々の確かな報酬は「やましくない良心」(a good conscience) だけというのは、ほかには報酬を得られないかもしれないが、ということ。しかし、歴史が我々の行動を最終的に判断してくれる、つまり我々の正しさを証明してくれると信じて、この国をともに導いていこう、と言っている。そして我々の仕事は神の仕事でもあるという信念を述べ、神の祝福と助けを求めて、演説を締めくくっている。

　この信念に基づいて、ケネディは共産主義国に対して強い態度で臨み、革命後のキューバに侵攻作戦を計画して失敗、続いて 1962 年のキューバ危機ではあわや核戦争寸前までいった。また、グリーンベレーという特殊部隊を組織し、第三世界でのゲリラ戦に備えた兵力を増強、同時に平和部隊を設置して技術援助にも努めた。ベトナムには特殊部隊と軍事顧問団を派遣し、本格的介入へと進んでいった。

　これらはすべて自由を守るという大義の下に行なわれたわけだが、実を言えば、アメリカ国内でも自由・平等は実現できていなかった。この解説の冒頭でも述べたとおり、南部の黒人たちは依然として差別政策に苦しみ、公民権運動は激化していたのだ。ケネディは当初、公民権運動に理解を示したものの、南部出身の政治家に配慮して慎重な姿勢を取った。しかし 1963 年になり、無抵抗の公民権運動家たちに対する南部白人の暴力行為が世界中に報道されるに及んで、公民権法を早期に成立させることを決意、しかし南部テキサス州への遊説中に暗殺され、46 歳の生涯を閉じた。

コラム 4

Eleanor Roosevelt　エリナー・ローズヴェルト
"We, Whether We Like It or Not, Are the Leaders"
「好もうと好まざろうと、私たちはリーダーです」 (1954)

第二次世界大戦後、アメリカは国際連合の設置を主導し、世界平和維持の担い手を自認するようになった。この時に国連代表となったのは、フランクリン・D・ローズヴェルトの妻、エリナー・ローズヴェルト (Eleanor Roosevelt, 1884–1962) である。彼女はローズヴェルトの大統領在任中も夫を助け、弱者のための社会福祉政策や差別撤廃に尽力。ローズヴェルトの死後、国連代表に任命され、世界人権宣言起草において大きな役割を果たした。この演説は 1954 年、ボストン郊外のブランダイス大学における国連セミナーでのもので、彼女は学生たちに対し、わかりやすく国連の意義と役割を語っている。国連にはソ連も参加しているために能率の悪い部分はあるが、それでも同機関は共産主義国との架け橋として重要である、と強調する。引用した部分では、アメリカは世界最強の国であるからこそ世界のリーダーであり、その価値観や理念において世界を導いていかなければならない、と訴えている。

When we look upon the failures in the United Nations, we should not be disheartened, because if we take the failure and learn, eventually we will use this machinery better and better. We will also learn one important thing, and that is, no machinery works unless people make it work.

And in a democracy like ours, it is the people who have to tell their representatives what they want them to do. And it is the acceptance of individual responsibility by each one of us that actually will make the United Nations machinery work. If we don't accept that, and if we don't do the job, we may well fail — but it lies in our hands. And I think that is the main thing for us to remember today.

We are the strongest nation in the world. We, whether we like it or not, are the leaders. And we lead not only in military and economic strength, but we lead in knowing what are our values, what are the things we believe in, and in being willing to live up to them, and being willing to accept the fact that living up to them here, we help ourselves, but we also help the world.

国連の失敗を目の当たりにしても、私たちはがっかりしてはいけません。なぜなら、この失敗に学べば、結果的にこの機関をずっとうまく使えるようになるからです。私たちはまた、もうひとつ重要なことを学ぶでしょう。それは、どんな機関も、人間が動かさなければ、動かない、ということです。

そして私たちのような民主社会では、人民は自分たちの代表に何をしてもらいたいか、しっかり伝えなければなりません。私たちひとりひとりがその個人の責任を受け入れることで、国連という機関を実際に動かせるのです。それを受け入れなければ、そしてその仕事をしなければ、私たちは失敗します——これは私たちの手にかかっているのです。そして私は、これこそ、私たちが今日覚えておかなければならないことだと思います。

私たちは世界最強の国民です。好もうと好まざろうと、私たちはリーダーです。そして私たちは軍事的・経済的な力だけで世界を導くわけではありません。そうではなく、自分たちの価値観を知り、自分たちの信じるものを知ることで導きます。そして、それに従って自ら行動し、それに従って行動することは自分たちを助け、世界も助けるのだ、という事実を進んで受け入れることを通じて、世界を導くのです。

第4部
公民権運動とベトナムの泥沼

Martin Luther King
Mario Savio
Malcolm X
William Sloane Coffin Jr.
Lyndon B. Johnson
Kurt Vonnegut
Charley Chisholm

混迷と抵抗

　1960年代は、アメリカにとって混迷の時代であった。黒人の公民権運動の盛り上がりにより、1964年に公民権法が成立したが、それでも差別が撤廃されない現状に、黒人たちは苛立ち、その後も黒人暴動が頻発した。また、アメリカのベトナム介入もこの時期に泥沼化した。1964年にリンドン・B・ジョンソン大統領は北ベトナム爆撃を開始、しかし戦死者の数は増える一方で、アメリカが正義であるという自信さえ揺らいでいった。1963年のジョン・F・ケネディ暗殺に続き、1968年にはキング牧師とロバート・ケネディが相次いで暗殺され、時代はいよいよ混迷の度合いを深めていく……。第4部はこうした時代を振り返りつつ、代表的な演説を見ていきたい。

　南部の黒人たちは、1960年代になっても公然と差別され、政治的な権利を行使することなど到底できず、不当な暴力の犠牲になることも多かった。その状況に対する抗議行動が激化、黒人と白人を隔離するバスのボイコットや、店での座り込み等が広がっていった。非暴力抵抗の指導者であったキング牧師は、1963年、「私には夢がある」という演説で平等な社会の実現を訴え、人々に大きな感動を与えた。彼の夢とは、「いつの日かこの国が"すべての人々は平等に作られている"という信条を本当に実現すること」であった（第19章）。

　こうした運動は大学キャンパスにも広がった。カリフォルニア大学の学生で、黒人の公民権運動も支援したマリオ・サヴィオは、政治活動を禁じる大学当局に反発、自由言論（フリースピーチ）運動を率いた。1964年、キャンパスでの座り込みの際、彼はミシシッピ州の黒人たちも、カリフォルニア州の大学生たちも、同じ敵に対して戦っている、と語った。敵とは、多

数の人々を抑圧する少数の特権者たちである。サヴィオたちは、こうした大学の、そして国全体の官僚機構に対して、抵抗した(第20章)。

やがてベトナム戦争は激しい反戦運動を引き起こした。アメリカの多くの若者たちを犠牲にしているだけでなく、戦争自体がそもそも正当性を疑われるものであったからだ。かつてCIAで働き、後に平和活動に身を投じたウィリアム・スローン・コフィンJr.は、無駄な戦争を継続させる政府の責任を追及した。彼にとって、「この戦争は愚行なばかりか不当」であり、徴兵を拒否することこそが正義だとして、若者たちの徴兵忌避を支援した(第21章)。

1968年、ベトナム戦争はいよいよ行き詰まり、反戦運動は激化の一途をたどった。ジョンソン大統領は国民の支持が得られないことを悟り、この年の大統領選挙には出馬しないことを決意。それを表明した演説で、「名誉ある平和」を勝ち取るために、国民が団結することを求めた(第22章)。これ以後、アメリカのベトナム政策は、いかに敗北を認めずに撤退するかが焦点となる。

この時期、戦争の悲惨さや科学進歩の危険を訴えていた作家カート・ヴォネガットは、物理学者たちに対する演説で、高潔な科学者とは人間に目を向けるヒューマニスティックな科学者であると述べ、どんな形でも戦争に協力しないように、と訴えた。彼は、こういう時代、もし芸術家に価値があるとすれば、それは彼らが特別に敏感で、ほかの人たちがなかなか気づくことのできない危険をいち早く察知するからだ、と言う(第23章)。

1968年の大統領選挙では民主党が破れ、共和党のリチャード・ニクソンが当選した。ニクソンは、ベトナム戦争からの撤退を図りながら、一方で北ベトナム爆撃を強化、さらに泥沼化させてしまう。この頃、黒人女性として初めて国会議員となったシャーリー・チザムは「国内の貧困や差別と戦うのが先だ」と言ってベトナム戦争を批判した(第24章)。税収の3分の2も軍事費に充てられている事実に対し、彼女は、貧困者支援のためにこそ税収は使われるべきである、と訴えたのである。

19

Martin Luther King

"I Have a Dream" (1963)

CD DISC TWO 1

- [1] frustration 挫折、失望、障害となるもの、欲求不満。
- [2] American dream 「アメリカン・ドリーム」とは、アメリカでは皆が平等であり、社会階級が流動的であることに基づいた、成功の夢。
- [3] live out （ある種の運命などを）実際に生きる、（夢・理想などを）実現する。
- [4] creed 信条、主義。
- [5] We hold ... created equal アメリカの独立宣言の一節（第2章参照）。
- [6] Mississippi 深南部のミシシッピ州は黒人差別の最も激しい地域のひとつであった。
- [7] swelter 暑さにうだる、汗だくになる。

I say to you today, my friends, that in spite of the difficulties and frustrations[1] of the moment I still have a dream. It is a dream deeply rooted in the American dream.[2]

I have a dream that one day this nation will rise up and live out[3] the true meaning of its creed:[4] "We hold these truths to be self-evident; that all men are created equal."[5]

I have a dream that one day on the red hills of Georgia the sons of former slaves and the sons of former slave owners will be able to sit down together at a table of brotherhood. I have a dream that one day even the state of Mississippi,[6] a desert state, sweltering[7] with the heat of injustice and oppression, will be transformed into an oasis of freedom and justice. I have a dream that my four children will one day live in a nation where they will not be judged by the color of their skin but by the content of their character.

I have a dream today. (...)

19

マーティン・ルーサー・キング
「私には夢がある」(1963)

友人の皆さん、今日、私はこう言いたいのです。現在の困難や障害にもかかわらず、私には夢があります、と。これはアメリカン・ドリームに深く根ざした夢です。

私には夢があります。いつの日か、この国は立ち上がり、この国の信条が真に意味することを実現できるでしょう。その信条とは、「私たちは、人々がみな平等に作られているという真理を、自明のものだと考える」ということです。

私には夢があります。いつの日か、ジョージア州の赤土の丘で、かつての奴隷の息子たちと、かつての奴隷所有者の息子たちが、兄弟愛のテーブルに一緒に座れるようになるでしょう。私には夢があります。いつの日か、あのミシシッピ州のような、不正と抑圧の暑熱にうだる砂漠のような州でさえ、自由と正義のオアシスに変容することでしょう。私には夢があります。私の4人の子供たちが、いつの日か、肌の色ではなく、人格の中身によって判断される国に生きることになるでしょう。

今日、私には夢があります。(……)

Martin Luther King, Jr.
マーティン・ルーサー・キング
(1929–68)
米国のバプテスト派の牧師。黒人運動指導者。公民権運動を指導。1964年にノーベル平和賞を受賞。1968年4月、白人人種差別主義者の凶弾に倒れる。

19 Martin Luther King

DISC TWO 1

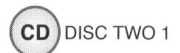

This will be the day when all of God's children will be able to sing with a new meaning, "My country, 'tis of thee,[8] sweet land of liberty, of thee I sing. Land where my fathers died, land of the pilgrim's[9] pride, from every mountainside, let freedom ring."[10] And if America is to be a great nation, this must become true. So let freedom ring from the prodigious[11] hilltops of New Hampshire. Let freedom ring from the mighty mountains of New York. Let freedom ring from the heightening Alleghenies of Pennsylvania! Let freedom ring from the snowcapped Rockies of Colorado! Let freedom ring from the curvaceous[12] peaks of California! But not only that; let freedom ring from Stone Mountain[13] of Georgia! Let freedom ring from Lookout Mountain[14] of Tennessee! Let freedom ring from every hill and every molehill[15] of Mississippi. From every mountainside, let freedom ring.

When we let freedom ring, when we let it ring from every village and every hamlet,[16] from every state and every city, we will be able to speed up that day when all of God's children, black men and white men, Jews and Gentiles,[17] Protestants and Catholics, will be able to join hands and sing in the words of the old Negro spiritual,[18] "Free at last! Free at last! Thank God Almighty, we are free at last!"

---

[8] **My country, 'tis of thee** アメリカの愛国歌 "America" の冒頭の一節。メロディは英国国歌 "God Save the Queen" と同じ。この部分は My country, it is of you that I am singing. ということ。

[9] **pilgrim** 巡礼者、最初の入植者(特にアメリカでは最初にメイフラワー号でプリマスに入植した清教徒たちを Pilgrim Fathers と呼ぶ。

[10] **let freedom ring** 「自由の鐘を鳴り響かせよう」と訳したが、「自由が鳴り響く」イメージは、独立宣言の布告の時にフィラデルフィアの Liberty Bell が鳴らされた故事から来る。

[11] **prodigious** 巨大な、桁外れの。

[12] **curvaceous** 曲線美の。

[13] **Stone Mountain** ジョージア州アトランタの東にある山で、南北戦争時の南軍勇士の彫像がある。

[14] **Lookout Mountain** テネシー州チャタヌーガに近い南北戦争の古戦場。

[15] **molehill** モグラ塚。モグラが盛り上げた土。

[16] **hamlet** 村落、集落。

[17] **Gentile** (ユダヤ人から見た)異邦人、非ユダヤ人。

[18] **Negro spiritual** 黒人霊歌。続く "Free at last!" というのが、奴隷解放を題材にした有名な黒人霊歌。

"I Have a Dream"

　その日は、神のすべての子供たちが、新たな意味を込めて、次の歌をうたえる日になるでしょう――「私の国、愛しい自由の国、あなたのことを私はうたう。私の父祖たちが死んだ土地、最初の入植者たちの誇りの地、そのすべての山腹から、自由の鐘を鳴り響かせよう」。そしてアメリカが偉大な国であろうとするのなら、これが実現しなければなりません。ですから、ニューハンプシャー州の巨大な山の上から、自由の鐘を鳴り響かせましょう。ニューヨーク州の力強い山並みから、自由の鐘を鳴り響かせましょう！　ペンシルヴェニア州に聳え立つアレゲーニー山脈から、自由の鐘を鳴り響かせましょう！　コロラド州の雪を冠したロッキー山脈から、自由の鐘を鳴り響かせましょう！　カリフォルニア州のなだらかな山の頂上から、自由の鐘を鳴り響かせましょう！　しかし、それだけではありません。ジョージア州のストーンマウンテンから、自由の鐘を鳴り響かせましょう！　テネシー州のルックアウトマウンテンから、自由の鐘を鳴り響かせましょう！　ミシシッピ州のあらゆる丘、あらゆるモグラ塚から、自由の鐘を鳴り響かせましょう。あらゆる山腹から、自由の鐘を鳴り響かせましょう。

　我々が自由の鐘を鳴り響かせる時、自由の鐘をあらゆる村や集落から、あらゆる州や市から鳴り響かせる時、我々はその日の到来を早めることができます。神のすべての子供たちが、黒人も白人も、ユダヤ人も非ユダヤ人も、プロテスタントもカトリックも、みな手を携え、古い黒人霊歌の言葉をうたえる日が、早く訪れるのです――「ついに自由だ！　ついに自由だ！　全能の神よ、ありがとうございます、我らはついに自由だ！」

　キング牧師の栄誉を称え、その誕生日（1月15日）を、「マーティン・ルーサー・キング・デー」(Martin Luther King, Jr. Day) として 1986 年に連邦の休日として制定した。実際には、1月の第3月曜日。民間人の業績を記念した初の国民の祝日であるが、この日を休日にする民間企業は半分にも満たないと言われる。（飛田茂雄編『現代英米情報辞典』より）

19　Martin Luther King

COMMENTARY

1950年代はアメリカにとって黄金時代であったと第17章の「解説」に書いたが、実際にその繁栄を享受していたのは白人の中産階級以上の人々だけだった。下層階級の人々にはその富が分配されず、多くは貧困ライン以下で生活し続けていた。特に厳しい暮らしを強いられていたのは、マイノリティの人々、中でも黒人たちであった。

　第9章のデュボイスの章で解説したジムクロウ制度、すなわち黒人を第二級市民として差別する制度は、南部では20世紀中盤になっても依然まかりとおっていた。学校、交通機関、公共のスペースなどがすべて白人専用と黒人専用とに分けられ、それを破ろうとする黒人は白人からリンチを受けることも多かった。投票権はあっても、南部の黒人は投票することもできず、政治的な力を得ることもできない。要するに白人と平等な権利も機会もまったく与えられていなかったのである。

　こうした状況に対する抗議運動が、1950年代に盛り上がり始めた。きっかけとなったのは南部のアラバマ州モントゴメリー。1955年、黒人のローザ・パークスという女性がバスに乗った時、座席を白人に譲るように運転手に要求された。しかし、仕事帰りで疲れていたパークスはそれを拒否し、警察に逮捕された。それに対し黒人たちが抗議行動を起こし、バスのボイコットを始めたのである。この運動を指導したのが当時26歳の若き牧師、マーティン・ルーサー・キング (Martin Luther King, Jr., 1929–68) であった。

　キングはジョージア州アトランタの黒人牧師の家に育ち、ボストン大学で博士号を取得した後、1955年にモントゴメリーの教会に赴任した。学生時代、彼は人種的正義を実現するための手段をさまざまに模索、たどり着いたのがマハトマ・ガンディーの非暴力不服従の思想であった。それに則って、彼はモントゴメリーのバス・ボイコット運動を指導、黒人たちはさまざまな暴力や妨害に耐えて1年以上もバスを使わなかった。バス会社は、主要な客である黒人たちを失って、倒産寸前に追い込まれたという。こうして市当局もついに屈服、バスの人種隔離は撤廃されたのである。

　こうした黒人の公民権運動は1960年代に入ってさらに盛り上がりを見せた。1960年にはノースカロライナ州の雑貨店の白人専用軽食コーナーで黒人が飲み物

解 説

を注文、拒否されると、そこに一日中座り込んだ。このような人種隔離撤廃を求める座り込みが南部全域に広がり、徐々に白人経営者からの譲歩を引き出すようになる。1961年には白人も含めた学生たちが南部各地をバスで回り、人種差別撤廃を求める「フリーダム・ライド」の運動が始まった。これは各地で白人たちの激しい抵抗に遭ったが、看過できなくなったケネディ大統領は、弟の司法長官ロバート・ケネディとともに、フリーダム・ライドの保護に乗り出し、バスや列車の乗り場の人種隔離撤廃の命令を出した。

連邦政府がこのように介入し、人種統合を求める動きは次第に加速した。ケネディは1963年6月、国民に向けて人種差別撤廃を呼びかけ、公民権法を議会に提出。これは公共施設での人種隔離を違法とし、黒人の投票権を保障する、最も包括的なものであった。しかし、南部政治家たちの抵抗も激しく、成立の見通しは立たなかった。そこで公民権運動家たちはワシントン大行進を企画、1963年8月28日、リンカーン記念堂の前に20万人以上の人々が集まり、公民権法の成立を訴えた。そのクライマックスが、キング牧師によるこの演説だったのである。

冒頭の部分は省略したが、キングはまずちょうど100年前に奴隷が解放されたことを思い出させる。奴隷解放宣言を発布したのは言うまでもなくエイブラハム・リンカーン。彼を記念する建築物に彼らは集まっているのだ。しかし、それから100年を経ても、黒人たちはまだ自由とは言えない。キングは、この「悲劇的な事実」(the tragic fact) に、我々は直面しなければいけない、と言う。その後しばらく、キングは One hundred years later を繰り返し、奴隷解放から100年を経ても変わらない現実を訴える。キングの演説はこうした反復が実に力強く、効果的である。

続けてキングは、もはや後戻りはできないこと、人間としての基本的な権利が確保できない限り満足しないことを強調する。たとえば彼は、We can never be satisfied as long as a Negro in Mississippi cannot vote and a Negro in New York believes he has nothing for which to vote. と言う。ミシシッピ州の黒人が投票できないのは言うまでもないのだが、ニューヨーク州の黒人は投票できても、自分たちを支援してくれるような候補者がいない。このような状況では満足できない、と言っているのである。

こうして有名な"I Have a Dream"の部分に入る。

I say to you today, my friends, that in spite of the difficulties and frustrations of the moment I still have a dream. It is a dream deeply rooted in the American dream.

困難や障害にもかかわらず、自分には夢があり、それはアメリカン・ドリームに根ざしている。つまり建国の理念、自由と平等が真の意味で実現されるという夢なのである。その信念は次の部分で独立宣言を引用することからも現われている。

I have a dream that one day this nation will rise up and live out the true meaning of its creed: "We hold these truths to be self-evident; that all men are created equal."

続いてキングは、夢の内容を具体的に挙げていく。それは南部の諸州で差別が撤廃され、自由と平等が実現されているイメージだ。最初はジョージア州でかつての奴隷の子孫と奴隷所有者の子孫に友情が生まれるという夢。

I have a dream that one day on the red hills of Georgia the sons of former slaves and the sons of former slave owners will be able to sit down together at a table of brotherhood.

次は人種差別の特に激しいミシシッピ州を不正と抑圧の熱にうだる砂漠のイメージで捉え、それが自由と正義のオアシスになるという夢。

I have a dream that one day even the state of Mississippi, a desert state, sweltering with the heat of injustice and oppression, will be transformed into an oasis of freedom and justice.

さらには自分の子供たちが肌の色で判断されるのではなく、人格の中身で判断されるような国になるという夢である。

I have a dream that my four children will one day live in a nation

where they will not be judged by the color of their skin but by the content of their character.
I have a dream today.

　This will be the day からの段落、キングはこのように平等が実現された時、新しい意味で "My country, 'tis of thee" で始まる愛国歌 "America" がうたえると言う。つまり本当の意味で、この国が sweet land of liberty と言えるようになるのだ。アメリカが偉大な国になるのなら、これを実現しなければいけない、と言って、キングは次に let freedom ring を繰り返す。自由の鐘の音を国中のいたるところから響かせようというのである。ニューハンプシャー、ニューヨーク、ペンシルヴェニアなどの北部諸州だけでなく、ジョージア、テネシー、ミシシッピなどの南部諸州からも自由の鐘を鳴り響かせようと訴えている。

　締めくくりの段落、このように自由の鐘を国中で打ち鳴らせば、when 以下のような日がじきに来ると言う。その日とは、あらゆる人種の人々が手を握り合い、"Free at last!" という黒人霊歌を一緒にうたえる日だ。キングは力強く「ついに自由だ！」と叫び、聴衆の大喝采の中、演壇を降りている。

　この演説には映像も残っているが、キングは目に涙を浮かべ、しかし力を込めて "I have a dream" を繰り返し、聴衆がそれに大声で相槌を打っている。そして最後の部分で、聴衆の興奮が頂点に達しているのがわかる。まさに世界史上に残る名演説と言えるだろう。この行進の直後にキングと他の運動家たちはケネディに面会し、大統領から公民権法案への支持を得ている。

　ケネディはこの3カ月後に暗殺されたものの、キングらの努力が実り、公民権法は翌年成立した。キングはこの年にノーベル平和賞を受賞、その後も黒人の権利獲得のために活動し続けた。1967年以降は、ベトナム戦争の戦費支出が黒人の貧困問題解決の障害になっていたため、反戦運動にも関わるようになる。しかし、公民権法の成立後も差別が撤廃されない現状に苛立つ黒人たちは各地で暴動を起こし、その中にはキングのやり方を手ぬるいと批判する者も出てきた。反戦運動も激化した不穏な状況下、1968年4月にキングはテネシー州メンフィスで白人人種差別主義者の凶弾に倒れて死去。非暴力を貫いて平等の権利獲得に生涯を捧げたキングは、世界中で尊敬され、その誕生日はアメリカの国民の祝日となっている。

20

Mario Savio

"It Is a Struggle against the Same Enemy" (1964)

CD DISC TWO 2

1 **at stake** 危機に晒されて。

2 **due process of law** 法の適正手続き。具体的には、法の定める手続きによらずに刑罰を適用されることはないという概念。

3 **autocratic** 専制的な。

4 **bureaucracy** 官僚主義。

5 **free-speech fight** 自由言論運動。1964年にカリフォルニア大学バークレー校で始まった学生の抗議運動。マリオ・サヴィオらをリーダーとし、大学における学生の言論の自由を主張した。1960年代から1970年初頭に起きた学生運動に大きな影響を与える。

6 **come up against** (困難・問題などに)向き合う。

7 **status quo** 現状維持体制。

Last summer I went to Mississippi to join the struggle there for civil rights. This fall I am engaged in another phase of the same struggle, this time in Berkeley. The two battlefields may seem quite different to some observers, but this is not the case. The same rights are at stake[1] in both places — the right to participate as citizens in democratic society and the right to due process of law.[2] Further, it is a struggle against the same enemy. In Mississippi an autocratic[3] and powerful minority rules, through organized violence, to suppress the vast, virtually powerless majority. In California, the privileged minority manipulates the university bureaucracy[4] to suppress the students' political expression. (...)

In our free-speech fight[5] at the University of California, we have come up against[6] what may emerge as the greatest problem of our nation — depersonalized, unresponsive bureaucracy. We have encountered the organized status quo[7] in Mississippi, but it is the same in Berkeley. (...) In September, to get the attention of this bureaucracy which had

20

マリオ・サヴィオ

「同一の敵に対する戦い」

(*1964*)

　この夏、私は公民権を求める戦いに加わるために、ミシシッピへ行きました。そしてこの秋は、同じ戦いの別の局面を戦っています。今度はバークレーにおいて、です。傍観する者にとっては、この二つの戦場はまったく違うように思えるかもしれませんが、そうではありません。同じ権利が両方の場所で危機に晒されているのです――市民として民主的な社会に参加する権利、そして法の適正な手続きを求める権利。さらに言えば、これは同一の敵に対する戦いです。ミシシッピでは、専制的で力をもつ少数の人間が支配し、組織化された暴力を用いて、事実上無力な大多数の人々を抑圧しています。カリフォルニアでは、特権をもつ少数の人間が、大学の官僚機構を操って、学生の政治的発言を抑圧しています。（……）

Mario Savio
マリオ・サヴィオ
(1942–96)
学生運動活動家。1964年、カリフォルニア大学バークリー校にて、自由言論（フリースピーチ）運動を組織した。これはそのあと全米各地で展開される学園紛争の口火となり、またベトナム戦争反対の運動へと引き継がれた。

　カリフォルニア大学での自由言論運動において、我々はこの国最大の問題になりそうなものと直面してきました。すなわち、没個性化した、鈍感な官僚主義です。我々はミシシッピの組織的な保守体制に直面してきましたが、これはバークレーにおいても同じです。（……）9月には、この官僚主義――学生の政治的発言を抑圧する専制的な命令を発し、その決定について議論することを拒否した官僚主義――の注意を引くために、我々はキャンパスで

[8] **arbitrary** 気まぐれな、勝手な、専断的な。

[9] **edict** 布告、勅令。

[10] **peer** 地位や立場を同じくする人たちのこと。

[11] **the consensus of the governed** 統治される人々の同意。これは独立宣言の the consent of the governed を踏まえている。

[12] **sterilize** 滅菌する、……に対し安全保持のための処置をする。

[13] **chrome-plated** クロムメッキされた。

[14] **well-behaved children** 躾のよい、行儀のよい子供。当時この大学の学長だった経済学者クラーク・カーは、その著書『大学の効用』の中で、大学を大企業にたとえ、社会に有用な学生を生産するのが大学の役割だ、と主張。学生たちはこうした考えにも反発した。

issued arbitrary[8] edicts[9] suppressing student political expression and refused to discuss its action, we held a sit-in on the campus (...)

We are asking for the due process of law. We are asking for our actions to be judged by committees of our peers.[10] We are asking that regulations ought to be considered as arrived at legitimately only from the consensus of the governed.[11] These phrases are all pretty old, but they are not being taken seriously in America today, nor are they being taken seriously on the Berkeley campus. (...)

The most exciting things going on in America today are movements to change America. America is becoming ever more the utopia of sterilized,[12] automated contentment. The "futures" and "careers" for which American students now prepare are for the most part intellectual and moral wastelands. This chrome-plated[13] consumers' paradise would have us grow up to be well-behaved children.[14] But an important minority of men and women coming to the front today have shown that they will die rather than be standardized, replaceable and irrelevant.

"It Is a Struggle against the Same Enemy"

座り込みをしました。（……）

　我々は法の適正な手続きを求めています。我々の行ないが、我々の同輩からなる委員によって審理されることを求めています。法規は統治される側の同意からのみ合法的に成立する、と判断されることを求めています。こうした言い回しはかなり昔からありますが、今日のアメリカでは真剣に受け取られていません。そればかりか、バークレー校のキャンパスでも真剣に受け取られていないのです。（……）

　今日、アメリカで起きている出来事の中で最も刺激的なものは、アメリカを変えようとする運動です。アメリカはますます無害化かつ自動化された満足を味わえる楽園になりつつあります。今、アメリカの学生がそのために準備している「未来」や「職業」は、大部分が知性と道徳の荒地と化しています。このクロムメッキされた消費者の楽園が、我々を行儀のよい子供たちに仕立て上げようとします。しかし、今日前線で戦う、少数の重要な男女たちは、標準化され、代替可能で的外れな人間になるくらいなら、自分たちは死ぬのを選ぶ、という姿勢を示してきました。

1960年代、1970年代は、学生運動が盛んであった。マリオ・サヴィオが中心となって起こした1964年12月のカリフォルニア大学バークリー校の自由言論（フリースピーチ）運動のほか、映画『いちご白書』（*The Strawberry Statement*, 1970）で有名なコロンビア大学闘争や、Weatherman（1970年頃に活動した闘争的革命青年組織の一員）やBlack Panther（1966年に結成された黒人解放運動の急進的結社Black Panther Partyの党員）らによって時に過激な運動が展開された。

COMMENTARY

　1960年代は大学生たちが積極的に政治的活動を行なった時代だった。彼らの多くがベトナム反戦運動の中核を担い、黒人の公民権運動を支援した。そして彼らは、学生の政治的活動を規制しようとする大学当局に対しても戦いを挑んだ。その中でもよく知られているのが、カリフォルニア大学バークレー校の自由言論(フリースピーチ)運動である。

　この運動は1964年、学生たちが政治的活動に使っていたスプロール広場での活動を大学当局が禁止したことから始まった。それに対して学生たちは、大学における言論の自由を求めて大学本部棟を占拠、州警察が動員されると、一斉授業放棄で対抗した。南部で黒人たちを抑圧するのと同じ権力が大学機構も支配していると、その官僚主義的体質を槍玉にあげたのである。こうした運動の中心人物が、当時哲学専攻の学生だったマリオ・サヴィオ (Mario Savio, 1942–96) である。

　サヴィオはシチリア系移民の子としてニューヨークに生まれた。1963年にバークレー校に入学、この年公民権運動のためにミシシッピ州に赴き、黒人たちの投票を支援した。フリースピーチ運動でも学生の先頭に立ち、1964年12月、スプロール広場座り込みの際に、この演説で大学を痛烈に批判したのである。

　サヴィオは、夏に公民権運動でミシシッピ州に行ったことから語り始め、この秋はバークレーにおいても「同じ闘争の別の局面」(another phase of the same struggle) に関わっていると言う。

Last summer I went to Mississippi to join the struggle there for civil rights.　This fall I am engaged in another phase of the same struggle, this time in Berkeley.　The two battlefields may seem quite different to some observers, but this is not the case.　The same rights are at stake in both places — the right to participate as citizens in democratic society and the right to due process of law.

　二つの戦場はまったく違うように見えるかもしれないが、実は同じ戦いだ。というのも、同じ権利が危険に晒されているからだ。それは市民として民主的な社会に

解 説

参加する権利と、「法の適正な手続き」(the due process of law) を求める権利である。さらに、これは同じ敵との戦いでもある、と彼は続ける。それは、どちらも少数者が多数派を抑圧しているからだ。抑えつけられる側とは、ミシシッピでは「事実上無力な大多数の人々」(the vast, virtually powerless majority)、カリフォルニアでは「学生の政治的発言」(the students' political expression) である。

続けてサヴィオは、カリフォルニア大学での闘争で、この国最大の問題に直面してきたと言う。それは、「没個性化した、鈍感な官僚主義」(depersonalized, unresponsive bureaucracy) だ。ミシシッピと同じ「組織的な保守体制」(the organized status quo) があり、専制的な命令を発して、学生の政治的発言を抑圧している。それに対し、次の段落でサヴィオは法の適正な手続きを求めていく。独立宣言から引用し、法規とは統治される側の合意がなければ成立しない、と言う。要するに、大学が学生の政治活動を規制することは、独立宣言の精神に反しているのである。

締めくくりの段落、サヴィオは、今日、アメリカで最も刺激的なものはアメリカを変えようとする運動だ、と言う。

The most exciting things going on in America today are movements to change America. America is becoming ever more the utopia of sterilized, automated contentment. The "futures" and "careers" for which American students now prepare are for the most part intellectual and moral wastelands.

アメリカはますます「無害化かつ自動化された満足感」(sterilized, automated contentment) の楽園になっている。これは人々を画一化する消費文化システム全般を指すのだろう。したがって、学生たちが教育を受けたところで、知的・道徳的な荒地が待っているにすぎない。これをサヴィオは、クロムメッキされた消費者の楽園と呼び、これが我々を行儀のよい子供たちに仕立て上げようとしている、と言う。サヴィオは、大学教育までもが、消費文化システムに寄与する人間の大量生産を目指している現状に、批判を加えているのである。

This chrome-plated consumers' paradise would have us grow up to be well-behaved children. But an important minority of men and women coming to the front today have shown that they will die rather than be standardized, replaceable and irrelevant.

　しかし現在、少数の重要な人々が前線に立ち、戦っている、とサヴィオは言う。彼らは「標準化され、代替可能で的外れな」(standardized, replaceable and irrelevant) 人間になるくらいなら、自分たちは死ぬことを選ぶと決意しているのだ。つまりサヴィオは、アメリカというシステムが作り出す規格品としての人間になることを拒否し、このシステムと戦おうではないか、と呼びかけている。やがてこうした戦いが全米に波及、国を揺るがしていくのである。

　若者のこうした運動は、ヒッピーやカウンターカルチャーと呼ばれるものともつながっていた。彼らはアメリカという抑圧的システムの基盤となった近代西洋合理主義的な考え自体を拒否、ロックンロールや麻薬、東洋思想などに救いを求めた。彼らの運動を象徴する出来事が、1969年のウッドストック音楽祭だろう。8月15日から17日にかけての3日間、ニューヨーク州南東部の村で、若者たちが自主的にロック・ミュージックの巨大コンサートを企画し、全米からヒッピーたちが集まって、愛と平和を願うロック音楽の祭典が開かれた。彼らは麻薬を吸い、堂々とフリーセックスを実践するなど、大人たちの価値観を根底から覆したのである。この祭典は、若者たちの力が最高にドラマティックな形で誇示されたものと言われている。

　サヴィオ自身は、卒業後は政治活動に関わらず、教師として静かな人生を送ったという。

コラム 5

Malcolm X　マルコム X
"The Ballot or the Bullet"「投票か弾丸か」(1964)

キング牧師らの運動により、1964 年に公民権法が成立したが、その後も差別が撤廃されない現状に、黒人の苛立ちは募っていった。中にはキングのやり方を手ぬるいと批判し、実力行動に訴える者も多くなり、1964 年から 68 年にかけては黒人暴動が頻発した。そんな攻撃的な黒人運動の代表的な指導者に、マルコム X (Malcolm X, 1925–65) がいる。彼はネイション・オブ・イスラム教団 (the Nation of Islam) という黒人のイスラム教のスポークスマンで、この教団は白人と黒人の分離、および黒人の優越性を主張した。次に挙げる演説の抜粋にも、マルコム X の攻撃的な姿勢がよく現われている。もっとも、彼はその後穏健になり、正統イスラム教に転向して、ネイション・オブ・イスラム教団を脱退、そのために教団内部の者によって暗殺されている。なお、彼の X という名は、奴隷所有者から勝手につけられた先祖の名を拒否し、失われた本来の姓を象徴するものである。

　When we look at other parts of this earth upon which we live, we find that black, brown, red and yellow people in Africa and Asia are getting their independence. They're not getting it by singing "We shall overcome." No, they're getting it through nationalism. (…)
　So it's time to wake up. It's got to be the ballot or the bullet. The ballot or the bullet. If you're afraid to use an expression like that, you should get on out of the country; you should get back in the cotton patch; you should get back in the alley.

　地球上で、我々が暮らしているのとは違う地域に目を向けてみると、アフリカやアジアの黒い肌、茶色い肌、黄色い肌の人々が独立を勝ち取っていることがわかる。彼らは、「勝利をわれらに（ウィ・シャル・オーヴァーカム）」をうたうことによって、それを成し遂げたわけではない。とんでもない、彼らは民族主義を通してそれを成し遂げたのだ。
　今こそ目を覚ます時だ。投票か、弾丸か、どちらかを選ばなければならない。投票か、弾丸か。もしこういう表現を使うのが恐ろしいと言うのなら、この国から出ていくべきだ。綿畑に戻るか、スラム街に戻るしかない。

21

William Sloane Coffin Jr.

"The War Is Not Only Unwise But Unjust" (1967)

DISC TWO 3

[1] high government official 政府高官。

[2] wild-eyed 目が怒りに燃えた、無謀な、過激な。

[3] clear-eyed 目の澄んだ、明敏な、現実(主義)的な。

[4] number 仲間。

[5] the ends justify the means 目的が手段を正当化する。

[6] cleansing water 清めの水。

[7] spell 意味する、(結果として)きたす。

[8] back 支持する。

This week once again high government officials[1] described protesters against the war as "naïve," "wild-eyed[2] idealists." But in our view it is not wild-eyed idealism but clear-eyed[3] revulsion that brings us here. For as one of our number[4] put it: "If what the United States is doing in Vietnam is right, what is there left to be called wrong?"

Many of us are veterans, and all of us have the highest sympathy for our boys in Vietnam. They know what a dirty, bloody war it is. But they have been told that the ends justify the means,[5] and that the cleansing water[6] of victory will wash clean their hands of all the blood and dirt. (...) But what they must strive to understand, hard as it is, is that there can be no cleansing water if military victory spells[7] moral defeat.

We have the highest sympathy also for those who back[8] the war because their sons or lovers or husbands are fighting or have died in Vietnam. But they too must understand a very basic thing — that sacrifice in

21

ウィリアム・スローン・コフィン・ジュニア
「この戦争は愚行なばかりか不当でもある」(1967)

今週、再び政府高官たちが、あの戦争に抗議する人たちを、「ナイーヴ」で「過激な理想主義者」だと評しました。しかし、我々にしてみれば、我々をここに集めたのは、過激な理想主義などではなく、現実を見据えた上での嫌悪感なのです。なぜならば、我々の仲間のひとりが言うように、「もしアメリカがベトナムでしていることが正しいとすれば、この世に過ちと呼べるものは何ひとつない」からです。

我々の多くは帰還兵で、みなベトナムにいる青年たちに対して、強い同情の念を禁じえません。彼らはそれがどんなに汚れた、血まみれの戦争かということを知っています。しかし、彼らは目的が手段を正当化すると言い聞かされ、勝利という清めの水がその手に付いた血と泥を洗い流してくれると教え込まれているのです。（……）しかし、彼らが理解しようとすべきなのは、むずかしいことではありますが、軍事的勝利が道徳の敗北を意味するなら、清めの水などあるはずがない、ということです。

我々は、息子や恋人や夫がベトナムで戦っている、あるいは戦死してしまったという理由で、戦争を支持する人々に対しても、強い同情の念を禁じえません。しかし、彼らもまた非常に基本的なことを理解しなければなりません。つまり、人の犠牲それ自体は、自動的に尊厳を与

William Sloane Coffin, Jr.
ウィリアム・スローン・コフィン・ジュニア
(1924–2006)
牧師、反戦活動家。特にアメリカのベトナム戦争介入に強く反対した。2006年4月12日没。

21　William Sloane Coffin Jr.

CD DISC TWO 3

and of itself[9] confers no sanctity.[10]　Even if half a million of our boys were to die in Vietnam that would not make the cause one whit[11] more sacred.　Yet we realize how hard that knowledge is to appropriate[12] when one's husband is numbered[13] among the sacrificed.[14]

The mother of a son lost in Vietnam once told me "My son used to write how much he and his company[15] were doing for the orphans.　But I used to answer 'If you want to help the orphans, son, you must stop killing their fathers and mothers.'"

Like this mother we do not dispute[16] the good intentions, the good works of endless good Americans in Vietnam.　But we do insist that no amount of good intentions nor good works, nor certainly government rhetoric to the contrary, can offset[17] the fact that American policy in Vietnam (...) has run amok.[18] **The war is not only unwise but unjust, and if that is true then it is not we who are demoralizing[19] our boys in Vietnam, but the government, which asks them to do immoral things.**

---

[9] **in and of itself**　in itself が「本来、本質的に」、for itself が「みずから、自分で」。

[10] **sanctity**　清浄、神聖、尊厳。

[11] **whit**　(主に a whit の形で) わずかに。

[12] **appropriate**　……を自分のものとする。

[13] **number**　(vt.) 構成員とみなす、……の中に数える。

[14] **the sacrificed**　犠牲者。実際には、ベトナム戦争中のアメリカ側の戦死者は約5万8千人。

[15] **company**　歩兵中隊。

[16] **dispute**　疑いをさしはさむ、問題とする。

[17] **offset**　差引勘定する、相殺する。

[18] **run amok**　暴れ狂う、取り乱す。

[19] **demoralize**　士気 (morale) を挫く。

えるものではない、ということです。たとえベトナムでアメリカの青年が50万人死んだとしても、この戦争の大義は少しも神聖化されません。しかし、夫が戦死者のひとりになった時に、このことを受け入れるのはむずかしいでしょう。

　ベトナムで息子を失った母親がかつてこういう話をしてくれました。「息子がよく手紙に書いてきたのは、自分とこの中隊が、孤児のためにどれだけのことをしているか、ということでした。でも、私はこう返事に書きました。『もし孤児を助けたいと思うなら、その子たちの父親や母親を殺すのをやめなさい』って」

　この母親と同じように、我々もベトナムにおける無数のアメリカ人の善意と善行を疑問視するつもりはありません。しかし、我々はこう主張せざるをえないのです。どれほど多くの善意や善行も、あるいは事実をごまかそうとする政府の言説も、アメリカの対ベトナム政策（……）は崩壊した、という事実を取り消すことはできない、と。**この戦争は愚行であるばかりか不当でもあります。もしこれが真実だとすれば、ベトナムにいる我が国の兵士の士気を挫いているのは、我々ではなく、政府です。政府こそが、彼らに非道な行為を求めているのです。**

ウィリアム・スローン・コフィン・ジュニアの著書。上から、*A Passion for the Possible: A Message to U.S. Churches* (1993)、*The Heart Is a Little to the Left: Essays on Public Morality* (1999)、*Letters to a Young Doubter* (2005)。

21　William Sloane Coffin Jr.

COMMENTARY

　ここでベトナム戦争の経緯を簡単に述べておこう。
　ベトナムは古くからフランスの植民地だったが、第二次世界大戦時に日本軍が侵攻、支配下におさめた。それに対してホー・チ・ミン率いるベトミン(ベトナム独立同盟)がゲリラ戦を挑み、日本の太平洋戦争降伏後の1945年9月、ベトナム民主共和国の独立を宣言、アメリカに支援を求めた。
　ホーはアメリカの独立戦争に心酔し、アメリカの独立宣言をほぼそのまま借用して、自国の独立宣言を作り上げたくらいだった。また、ローズヴェルト政権はホーらの抗日活動を支援していたため、ホーは当然アメリカが自分たちの独立を承認するものと期待したのである。しかし、ローズヴェルトを引き継いだトルーマンは、ホーを共産主義者と見なし、フランスがベトナムの植民地回復を目指していることもあって、ホー政権を承認しなかった。ホーがソ連からも支援を受けていたことは事実だが、彼は祖国の独立を最優先し、イデオロギーは二の次だったと言われる。この時アメリカがホー政権を承認していたら、歴史はまったく変わっていたはずだ。
　1949年、フランスは元国王のバオ・ダイを担ぎ出してベトナム国を樹立。アメリカはこのフランスの傀儡政権を承認し、ベトナムは南北に分裂した。ホー政権はその後も統一ベトナムを目指して抗仏戦争を続け、1954年、ディエンビエンフーの戦いで勝利、フランスはベトナムから撤退した。この時ジュネーヴ協定が結ばれ、統一ベトナムになるまで北緯17度で南北ベトナムを分割すること、1956年に統一選挙によって国家統一することなどが決まった。しかし、ベトナムに共産主義政権ができることを恐れたアイゼンハワー政権は、ジュネーヴ協定に調印せず、1955年にゴ・ディン・ジエムを大統領に擁立、その後も南ベトナムに大量の軍事援助を投入し続けた。南ベトナムを東アジアにおける共産主義への防波堤と位置づけたのである。
　アイゼンハワーを引き継いだケネディも、基本的なベトナム政策は変わらなかった。南ベトナム民族解放戦線(ベトコン)によるゲリラ活動が活発化すると、軍事顧問団と特殊部隊を投入、腐敗したゴ・ディン・ジエム政権が民衆の支持を得られていないと見ると、ジエム政権を転覆させる軍事クーデターを支援した。その直後にケネディも暗殺されるが、ジョンソン新大統領も反北ベトナムの態度を崩さず、

"The War Is Not Only Unwise But Unjust"

解　説

　ついに 1964 年、北ベトナム爆撃(北爆)を開始、地上軍も投入して、アメリカ軍が直接ベトナムの戦争に介入することになった。北爆開始はトンキン湾上でアメリカの駆逐艦が北ベトナムの攻撃を受けたことを口実としていたが、このトンキン湾事件自体が、世論を喚起するために事前に仕組まれたものだった。

　このようにアメリカのベトナム介入自体が正当化しがたいものであったが、最初は世論もこの戦争を支持し、目立った反戦運動は起きていなかった。アメリカ国民の多くはこれを単純に共産主義との戦いと信じていたのである。しかし、北爆が恒常的に行われるようになり、大量の兵力と戦費が費やされながら、一向に成果が上がらないとなると、国民の苛立ちは募り始める。アメリカの戦死者が増えていく一方、アメリカがベトナムにいかにひどい被害を与えているかも報道され、戦争の正当性を問う声が沸き起こってきた。こうして反戦運動が 60 年代後半から活発化するのだが、ここで取り上げるウィリアム・スローン・コフィン・ジュニア (William Sloane Coffin Jr., 1924–2006) も、その代表的な活動家のひとりである。

　コフィンはニューヨーク市の上流階級に生まれ、1942 年にイェール大学の音楽校に入学した。しかしピアノを学びながらも、ファシストと戦いたいという気持ちを抑えられず、陸軍に入隊して第二次世界大戦に従軍。さらに朝鮮戦争勃発後、共産主義勢力と戦うために CIA に入局し、イランのモサデク政権の打倒に尽力した。その後 CIA を離れ、イェール大学に戻って神学を学び、長老派の牧師となるとともに、公民権運動や平和運動を始めるようになった。かつて第二次世界大戦で戦い、CIA で働いた経験もあっただけに、大義なきアメリカのベトナム介入が許せなかったのである。

　この演説は、1967 年 10 月、ワシントンの司法省前で、良心的兵役拒否者を支援するためになされたものである。彼はまず政府高官が反戦運動家たちをナイーヴで「目が怒りに燃えた理想主義者」(wild-eyed idealists) と呼んだことを引き、しかし自分たちがここに来ているのは「目の澄んだ嫌悪」(clear-eyed revulsion) のためだと言う。つまり現実離れした理想を振りかざしているわけではなく、現実をしっかり見据えているからこそ、この戦争に嫌悪を感じている、ということだ。

21　William Sloane Coffin Jr.

This week once again high government officials described protesters against the war as "naïve," "wild-eyed idealists." But in our view it is not wild-eyed idealism but clear-eyed revulsion that brings us here. For as one of our number put it: "If what the United States is doing in Vietnam is right, what is there left to be called wrong?"

　For 以下はその理由。アメリカがベトナムでしていることが正しいとすれば、wrong と呼べるものに何が残るだろう——というのはもちろん反語で、間違っているものはほかに何もない。それくらいアメリカのベトナム介入は間違っているのである。
　続けてコフィンは、我々の多くが帰還兵であり、だからベトナムにいる兵士たちに強い同情を抱いている、と言う。

Many of us are veterans, and all of us have the highest sympathy for our boys in Vietnam. They know what a dirty, bloody war it is. But they have been told that the ends justify the means, and that the cleansing water of victory will wash clean their hands of all the blood and dirt. (...) But what they must strive to understand, hard as it is, is that there can be no cleansing water if military victory spells moral defeat.

　兵士たちはこの戦争がどんなに汚く、血なまぐさいものか知っている。しかし、彼らは「目的が手段を正当化する」(the ends justify the means) と教え込まされている。つまり、多少血なまぐさい手段をとっても、最終的な目的が正しければ(つまりこれで共産主義をやっつけられるのなら)正当化される、と思っている。しかし、辛いかもしれないが、次のことを理解しようとしなければならない。それは、軍事的な勝利が道徳的な敗北を意味するなら、それを清める水などあり得ない、ということ。もしアメリカが勝利しても、道徳的に間違っているという事実は変えようがないのだ。
　続けて彼は、身内の者が戦死したり戦場にいたりして、ゆえに戦争を支持している人たちにも強く同情する、と言う。しかし、彼らも次のことを理解しなければならない。それは、「犠牲」(sacrifice) によって「神聖さ」(sanctity) がもたらされるわけではない、ということ。つまり犠牲を払ったからといって、悪が神聖になるわ

"The War Is Not Only Unwise But Unjust"

けではない。たとえ50万人の兵士がベトナムで死のうと、それで戦争の大義が神聖になるわけではないのだ。how hard that knowledge is to appropriate とは、「その知識を自分のものとするのはどんなにむずかしいか」ということ。自分の夫が戦死したとすれば、それが悪い戦争のためだったと認めることはむずかしい。そのことも彼はちゃんとわかっていると言う。

それから彼はベトナムで戦死した兵士の母親の話をする。その兵士は自分たちが孤児たちを助けていることを誇っていた。しかし、それに対し、その母親はこう答えていたという。孤児を助けたいのなら、その父親や母親を殺すのをやめなさい、と。ベトナム戦争において、ベトナム人の犠牲者は、民間人と戦闘員を含めて80万人から170万人におよんだ、と言われている。多くの孤児はアメリカのベトナム介入によって生み出されたのだ。

コフィンは、ベトナムにいるアメリカ兵士たちの善意や善行には疑いをさしはさむ気はないと言う。しかし、どれほどの善意や善行をもってしても、アメリカの対ベトナム政策が暴走してしまったという事実は取り消せない。government rhetoric to the contrary とは、the fact に反するような政府の言い回しということ。アメリカ政府はベトナム政策の失敗を認めようとしないが、政府が何と言おうとも、それが失敗だったことは否定しようがないのである。そして最後の太字部分に入る。

The war is not only unwise but unjust, and if that is true then it is not we who are demoralizing our boys in Vietnam, but the government, which asks them to do immoral things.

戦争は unwise なだけでなく、unjust である。つまり正当化しようのない戦争だ。政府は我々反戦運動家が兵士たちの士気を挫いていると言うが、彼らの士気を挫いているのは政府だ。というのも、政府が彼らに「不道徳な行ない」(immoral things) を強いているからである。

省略した締めくくりの部分で、コフィンはこの戦争が不道徳であるとすれば、徴兵制度も不道徳だと言う。そして、徴兵を拒否することこそが正義であると訴えるのだが、彼はこの演説の直後、徴兵忌避を支援した罪で逮捕されている。アメリカにおけるベトナム反戦運動は、1968年のテト攻勢(次章の解説参照)、そしてこの年のソンミ村虐殺事件が翌年明るみに出るに及んで、さらに激化していくのである。

22

Lyndon B. Johnson

"To Seek an Honorable Peace" (1968)

CD DISC TWO 4

For thirty-seven years in the service of our nation, first as a congressman,[1] as a senator, and as vice president and now as your president, I have put the unity of the people first. I have put it ahead of[2] any divisive[3] partisanship.[4]

And in these times as in times before, it is true that a house divided against itself[5] — by the spirit of faction,[6] of party, of region, of religion, of race — is a house that cannot stand.

There is division in the American house now. There is divisiveness among us all tonight. And holding the trust that is mine, as president of all the people, I cannot disregard the peril to the progress of the American people and the hope and the prospect of peace for all peoples. (…)

Through all time to come, I think America will be a stronger nation, a more just society, and a land of greater opportunity and fulfillment because of what we have all done together in these years of unparalleled achievement. **Our reward will come in the life of freedom, peace, and hope that our children will enjoy through ages ahead.**

---

[1] **congressman** 次の senator(上院議員)と区別して「下院議員」。

[2] **put ahead of ...** ……よりも重要視する。

[3] **divisive** 不和[軋轢(あつれき)]を生じる。

[4] **partisanship** 「党派心、党人根性、閥」。partisan は「同志、徒党」。

[5] **a house divided against itself** 内部分裂した家。聖書マルコ伝第3章 "A house divided against itself cannot stand."(内輪もめしている一家は立ち行かない)より。この言葉はリンカーンがスティーヴン・ダグラスと討論した時、南北分裂の危機に直面したアメリカをこう喩えたことでよく知られるようになった(51ページのコラム1を参照)。ジョンソンもそれを意識してここで使っている。

[6] **faction** 党派、派閥。続く party と同じ。

22

リンドン・B・ジョンソン

「名誉ある平和を求めて」(1968)

　37年間——最初は下院議員として、上院議員として、副大統領として、そして今は皆さんの大統領として——国家に仕えてきましたが、そのあいだ私は常に国民の団結を第一に考えてきました。不和のもとになる党派心よりも、そのことを優先してきました。

Lyndon B(aines) Johnson
リンドン・B・ジョンソン (1908–73)
アメリカ第36代大統領 (1963–69)。民主党。略称LBJ。

　そして今の時期も、これまでと同じように、真実は次の通りです。分裂した家——党派や派閥、地域、宗教、人種などの精神によって分裂した家——は立ち行かないということです。

　今やアメリカという家は分裂しています。我々全員のあいだにも意見の対立があります。そしてこのような信念を抱いている私は、国民すべての大統領として、現在の危機を無視できません——アメリカ国民の発展と、すべての民族の平和への希望と期待に対する危機を、看過できません。(……)

　これからの日々もずっと、アメリカはさらに強い国に成長していくことでしょう。さらに公正な社会、そしてより大きな機会と充実感の得られる国に成長していくでしょう。ここ数年間、我々が力を合わせてかつてない業績を残したからこそ、それが期待できるのです。我々の報いは、子供たちがこれからの時代において自由と平和と希望に満ちた生活を手にすることによって、得られるでしょう。我々が団結して勝ち得たものを、国民間の猜

22 Lyndon B. Johnson

CD DISC TWO 4

What we won when all of our people united just must not now be lost in suspicion, distrust, selfishness, and politics[7] among any of our people.

Believing this as I do, I have concluded that I should not permit the presidency[8] to become involved in the partisan divisions that are developing in this political year.[9]

With America's sons in the fields far away, with America's future under challenge right here at home, with our hopes and the world's hopes for peace in the balance[10] every day, I do not believe that I should devote an hour or a day of my time to any personal partisan causes or to any duties other than the awesome[11] duties of this office — the presidency of your country.

Accordingly, I shall not seek, and I will not accept, the nomination of my party for another term as your president.

But let men everywhere know, however, that a strong, a confident, and a vigilant America stands ready tonight to seek an honorable peace[12] — and stands ready tonight to defend an honored cause[13] — whatever the price, whatever the burden, whatever the sacrifices that duty may require.

---

[7] **politics** ここでは「政略、駆け引き」の意味。

[8] **presidency** 大統領の地位(職)。

[9] **political year** 「政治的な年」というのは、この年が大統領選挙の年だからである。

[10] **in the balance** どちらとも決まらないで、不安定で。

[11] **awesome** 恐ろしい、すさまじい。

[12] **honorable peace** 名誉ある平和。アメリカが負けを認めない形でベトナムから撤退し、南ベトナムが維持できるようにすることを指す。

[13] **honored cause** 称えられてきた大義(アメリカの自由・平等といった大義)。

"To Seek an Honorable Peace"

疑心、不信、利己心、そして政治的駆け引きなどによって、今失うことは許されません。

このように信じるがゆえに、私は次の結論に達しました。この大統領という職務が党派の分裂に巻き込まれることを許すべきではない、と。この分裂が、この政治的な年に激化しつつあるのです。

アメリカの兵士たちが遙かかなたの戦場にいて、アメリカの未来が国内で試練に晒され、我々も世界も平和を希望していますが、両者のその願いが日々不安定な状態にある時、私は自分の時間の一時間、一日たりとも、個人的な党派の大義のために捧げるべきではない、と信じます。あなた方の国の大統領職という、大変な義務以外のいかなる義務にも、自分の時間を捧げるべきでない、と信じます。

したがって、私はあなた方の次期大統領候補として党の指名を求めることも、受けることもしません。

しかし、すべての人々に知っていただきたいのです。強く、自信に満ち溢れ、用心深いアメリカは、今夜、名誉ある平和を追求する覚悟でいます――そして栄誉に満ちた大義を守る覚悟でいます――その義務をはたすために、どれだけの代償、重荷、そして犠牲を強いられることになっても。

□ バート・ケネディ(Robert F(rancis) Kennedy, 1925–68) は、米国民主党の政治家で、ジョン・F・ケネディの弟。1968年、大統領候補指名に向けて遊説中、暗殺された。

「名誉ある平和を求めて」 **195**

COMMENTARY

　1968年1月末、アメリカに激震が走った。ベトナムの旧正月（テト）に当たる日、南ベトナム解放民族戦線（ベトコン）が南ベトナム全土で一斉に攻勢に出たのである。アメリカ軍は数日後に反乱を制圧、秩序を回復したが、蒙った被害は甚大だった。とくにサイゴンのアメリカ大使館が解放戦線側に一時占拠されたことは、ベトナム戦争の行き詰まりをアメリカ国民に深く印象づけた。これがいわゆるテト攻勢である。

　この時の大統領リンドン・B・ジョンソン (Lyndon B. Johnson, 1908–73) はつい数日前まで強気の姿勢を崩さず、「ベトナムでの勝利は近い」と語っていた。テト攻勢制圧後も「テト攻勢は失敗に終わった」とアメリカの勝利を誇ってみせた。しかし、それが強がりにすぎないことは誰の目にも明らかだった。テト攻勢の際に南ベトナム警察が路上でベトコンを処刑し、その残虐な映像が全世界に流れたことも、国民の反戦感情を煽った。こうして3月31日、もはや国民の支持を得られないと悟ったジョンソンは、ここに紹介する演説で北爆の停止と大統領選の不出馬を表明したのである。

　ジョンソンはテキサス州出身。1930年代に民主党員として政界入りし、37年下院議員に当選、48年に上院に転じた。53年に史上最年少で民主党院内総務に選ばれ、60年の大統領選挙で民主党候補指名を目指すが、ケネディに敗退、ケネディの副大統領となった。

　ケネディがジョンソンを副大統領としたのは、ある意味で自身と正反対だったからである。北部出身で若手のケネディに比べ、ジョンソンは南部出身で議会工作に長けた老練な政治家。民主党内の融和と国民へのアピールを考えての人選だった。ジョンソンの巧みな議会工作は、ケネディ暗殺後、大統領に昇格して発揮される。ケネディがもたついていた公民権法を成立させ、貧困撲滅、社会保障の拡充、学校教育に対する連邦の援助などの政策を次々に実現、64年の大統領選挙では難なく当選した。

　しかし、ジョンソンが足をすくわれたのはベトナム政策においてだった。彼は1964年のトンキン湾事件をきっかけに北ベトナム爆撃を開始、アメリカ陸軍の投入を命じ、戦争を拡大長期化させてしまった。そのため軍事予算の膨張と経済の

解説

インフレ化、反戦運動の激化を招き、内外の批判を浴びることになったのである。

　この演説でまずジョンソンは、北ベトナムが和平交渉に応じず、テト攻勢をしかけたこと、しかしこれが失敗に終わったことを宣言する。そしてアメリカがこれまでやってきたことによって、平和なアジアの到来は近いと言う。つまりアメリカ側が平和を求めているのに対し、共産主義者が侵略を繰り返しているという印象を与えようとしているのだ。こうして続く引用部分で、大統領選の不出馬を表明することになる。

　最初の段落、自分は政治家として国に仕えてきたが、その間、国民の団結を第一に考え、divisive partisanship よりも優先してきた、と言う。divisive は divide の形容詞で、「区分する」という意味から「争いの種になる」という意味になる。そのような党派心よりも国の統一を考えてきたというのは、次の段落でも繰り返される。語注でも解説したように、a house divided against itself という、リンカーンも引用したフレーズ(51ページのコラム1参照)を使い、分裂した家は立ち行かないと言う。

　アメリカという国が今分裂の危機に晒されているのだ、と訴えるのが次の段落。the trust that is mine とは、これまで述べてきたような信念を指し、それが自分自身の信念であると強調している。このような信念を抱いているからこそ、アメリカ大統領として、現在のアメリカに対する危機を看過できない、と言う。そして省略した部分で、アメリカ国民すべてに、divisiveness に対して用心するように訴える。52カ月前、というのはケネディが暗殺された時、ジョンソンが大統領職を引き継いだ。この時自分は国民に団結を求め、アメリカはこれまで通りのコースを進んできた、と言う。団結していたからこそ、アメリカはこれだけのことを成し遂げてきたのだ。

　だからこそ、アメリカはこれからもより強く、より公正な社会になるだろう……と言うのが、Through all time to come からの段落。these years of unparalleled achievement とは、近年、比類ないほどの業績を残してきたと誇ったもの。それに続く太字の部分で、こうした努力の成果は、子孫が享受する自由、平和、希望に満ちあふれた生活という形で現われると言う。

Our reward will come in the life of freedom, peace, and hope that our children will enjoy through ages ahead. What we won when all of our people united just must not now be lost in suspicion, distrust, selfishness, and politics among any of our people.

What we won 以下は、What が主語、must not be lost が動詞。我々が団結して勝ち得たものを、猜疑、不信、利己心などの中に失ってはならない、と言っている。politics among any of our people も suspicion などと同格で、政治的な駆け引きを指している。

このように信じているから、ジョンソンは次のような結論に達した、と言う。

Believing this as I do, I have concluded that I should not permit the presidency to become involved in the partisan divisions that are developing in this political year.

ジョンソンの出した結論は、「大統領という職務」(presidency) が、「党派の分裂」(partisan divisions) に巻き込まれるのを許すべきではない、ということ。この分裂が、特に大統領選のある 1968 年に、激しくなりつつあるのだ。

次の段落、With で始まる分詞構文は付帯状況(158 ページの注16を参照)で、現在のアメリカの状況を表わしている。

With America's sons in the fields far away, with America's future under challenge right here at home, with our hopes and the world's hopes for peace in the balance every day, I do not believe that I should devote an hour or a day of my time to any personal partisan causes or to any duties other than the awesome duties of this office — the presidency of your country.

アメリカの息子たち(兵士たち)が遠い戦場にいて、アメリカの未来が試練に晒され、平和への希望も(我々の希望も世界中の希望もともに)不安定な状態にある。このような時に、「個人的な党派の大義」(personal partisan causes) のために、自分の時間を費やすべきではない、とジョンソンは自己の考えを述べる。自分が専念すべきは「大統領職」(the presidency) のみなのである。

したがって……と不出馬を表明するのが次の部分。

Accordingly, I shall not seek, and I will not accept, the nomination of my party for another term as your president.

my party は、もちろん民主党。民主党の大統領候補としての指名を seek も accept もしない、と述べている。そして最後に、「世界中の人々に知ってもらいたい」(let men everywhere know) と、世界に呼びかける。

But let men everywhere know, however, that a strong, a confident, and a vigilant America stands ready tonight to seek an honorable peace — and stands ready tonight to defend an honored cause — whatever the price, whatever the burden, whatever the sacrifices that duty may require.

strong で confident で vigilant であるアメリカは、どんな代償を払い、どんな重荷を背負い、どんな犠牲を払うことになっても、「名誉ある平和」(an honorable peace) を求め、「称えられてきた大義」(an honored cause) を守る覚悟である。ジョンソンはそう信念を述べて、演説を締めくくっている。

この「名誉ある平和」という言い方が、その後のベトナム政策のキーワードになる。勝利は困難であることがわかり、しかし敗北を認めない形で撤退したいというのがアメリカの本音となるのだ。しかし、「名誉」にこだわったために、これからも大きな犠牲を出していくことになる。

ともかく、こうしてジョンソンが撤退した1968年の大統領選、民主党は反戦を掲げていたロバート・ケネディ(Robert Kennedy, 1925–68)がマイノリティや貧困層、リベラル派などに支持を広げていった。ところが6月、ケネディはロサンゼルスで射殺されてしまう。その2カ月前にはキング牧師も殺されており、怒った黒人たちが全国で暴動を起こしていた。こうした騒然とした状況下、8月に民主党大会がシカゴで開かれた。外では反戦デモが荒れ狂い、出動した警察と乱闘が繰り広げられる中、ハト派の主張する反戦綱領は退けられ、ジョンソンの副大統領であるヒューバート・ハンフリー(Hubert Humphrey, 1911–78)が指名を獲得、ジョンソンのベトナム政策の継承が確認される。その結果、11月の大統領選挙では共和党のニクソンが当選、ベトナム戦争の終結はニクソンに委ねられることになるのである。

23
Kurt Vonnegut
"A Virtuous Physicist Is a Humanistic Physicist" (1969)

DISC TWO 5

- [1] **program notes** プログラムに載っている解説。
- [2] **paranoid** 偏執症者。
- [3] **overreactor** 過剰に反応 (overreact) する人。
- [4] **this vale of tears** この涙の谷間、(悲しく辛いものとしての)この世。
- [5] **come up with** 見つけ出す、考え出す。
- [6] **keel over** 卒倒する、気絶する。
- [7] **robust** 強壮な、たくましい。

I am charmed that you should call me in your program notes[1] here a humanist. I have always thought of myself as a paranoid,[2] as an overreactor,[3] and a person who makes a questionable living with his mental diseases. Fiction writers are not customarily persons in the best of mental health.

Many of you are physics teachers. I have been a teacher, too. I have taught creative writing. I often wondered what I thought I was doing, teaching creative writing, since the demand for creative writers is very small in this vale of tears.[4] I was perplexed as to what the usefulness of any of the arts might be, with the possible exception of interior decoration. **The most positive notion I could come up with[5] was what I call the canary-in-the-coal-mine theory of the arts. This theory argues that artists are useful to society because they are so sensitive. They are supersensitive. They keel over[6] like canaries in coal mines filled with poison gas, long before more robust[7] types realize that any danger is there.**

The most useful thing I could do before this

23
カート・ヴォネガット
「高潔な物理学者はヒューマニスティックな物理学者」 *(1969)*

このプログラムで、自分が「ヒューマニスト」と呼ばれたことを、嬉しく感じています。いつも自分は偏執症者である、過剰に反応しすぎる人間である、と考えてきました。自分の精神的な病を利用していかがわしく生きている者、ととらえてきました。小説家が精神的に最も健康な者であるかと言えば、大概はそんなことはありません。

あなた方の多くは物理学の教師です。私も教師でした。クリエイティヴ・ライティングを教えていました。私はよく思ったものです。クリエイティヴ・ライティングを教えるなんて、自分はいったい何をやっているつもりなのか、と。小説家の需要など、この世知辛い世の中ではほんのわずかなのですから。芸術なんてものがいったい何の役に立つのか、と途方に暮れてしまったこともあります。おそらく室内装飾だけは別でしょうけどね。芸術に関して、私が思いつくいちばん肯定的な考え方は、私が「炭坑内のカナリア」と呼んでいる芸術理論です。この理論によると、芸術家が社会の役に立つとすれば、それは彼らがすごく敏感であるからだ、ということです。芸術家は超敏感なのです。毒ガスが充満した炭坑内に入れられたカナリアたちと同じように、芸術家たちも気絶します。すごく遅しい連中が危険に気づくよりもずっと前に、気を失ってしまいます。

私がこの集会でできる最も役に立つことも、気絶する

Kurt Vonnegut, Jr.
カート・ヴォネガット
(1922–2007)
アメリカの小説家。SF的設定を生かし、科学やテクノロジーに対して否定的な、諷刺とブラックユーモアをまぶした作品で知られる。『プレーヤー・ピアノ』(*Player Piano*, 1952)、『タイタンの妖女』(*The Sirens of Titan*, 1959)、『母なる夜』(*Mother Night*, 1961)、『猫のゆりかご』(*Cat's Cradle*, 1963)、『スローターハウス5』*Slaughterhouse-Five* (1969)、『ジェイルバード』(*Jailbird*, 1979)、『モンキーハウスへ、ようこそ』(*Welcome to the Monkey House*, 1968) など。

23　Kurt Vonnegut

[8]	incidentally	ついでながら、ちなみに。
[9]	why	（質問が簡単すぎる時など）なんだそんなこと、そりゃもちろん。
[10]	knowingly	承知の上で、故意に。
[11]	accessory	（ある犯罪の）幇助者、共犯。
[12]	by contrast	なぜここで by contrast（それに反して）と言っているかというと、省略したすぐ前の部分で、古いタイプの科学者たちが道徳的な問題に無関心であったということを述べているためである。
[13]	on the order of	……に類似して、……のような。
[14]	napalm	= napalm bomb（ナパーム弾）。ナフサ・パーム油・金属石鹸などの混合物をゼリー状にしたもの。高熱を発し、広範囲を一挙に焼き尽くす。ベトナム戦争でアメリカ軍が大量に使用した。
[15]	is bound to	……する義務がある、確かに……するはず。

meeting today is to keel over. On the other hand, artists are keeling over by the thousands every day and nobody seems to pay the least attention. (...)

A virtuous physicist is a humanistic physicist. Being a humanistic physicist, incidentally[8] **is a good way to get** *two* **Nobel Prize instead of one. What does a humanistic physicist do? Why,**[9] **he watches people, listens to them, thinks about them, wishes them and their planet well. He wouldn't knowingly**[10] **hurt people. He wouldn't knowingly help politicians or soldiers hurt people. If he comes across a technique that would obviously hurt people, he keeps it to himself. He knows that a scientist can be an accessory**[11] **to murder most foul.** That's simple enough, surely. That's surely clear. (...)

Scientists will never be so innocent again. Any young scientist, by contrast,[12] **when asked by the military to create a terror weapon on the order of**[13] **napalm,**[14] **is bound to**[15] **suspect that he may be committing modern sin. God bless him for that.**

ことでしょう。と言っても、芸術家たちは毎日何千人と気絶していますが、誰もそれに気づかないようですがね。(……)

　高潔な物理学者というのは、ヒューマニスティックな物理学者です。ちなみにヒューマニスティックな物理学者であれば、ひとつではなくてふたつノーベル賞を受賞できるかもしれません。ヒューマニスティックな物理学者は、一体何をするのでしょうか？　もちろん、そういう学者は、人々に目を向け、人々の声に耳を傾け、人々のことを考えます。そして人々と地球が幸福であることを願います。そういう学者は、むやみに人々を傷つけたりしません。政治家や兵士たちが人々を傷つけるのを助けたりしません。明らかに人々を傷つけることになる技術に出くわしたら、それを自分だけの秘密にしておきます。彼は、科学者は最も汚らわしい殺人の幇助者にもなり得る、と理解しています。これは実に単純なことです。実に明白です。(……)

　科学者は、もはやこんなに無邪気でいられません。それに対して、若い科学者たちは、ナパーム弾のような恐ろしい武器を作れ、と軍部から命じられれば、自分は近代の罪を犯しているかもしれない、と疑ってかからなければなりません。そういう科学者たちに、神の祝福がありますように。

VONNEGUT. COM --
The Official Website of Kurt Vonnegut
http://www.vonnegut.com/
カート・ヴォネガットの著作や絵画などの情報が満載。

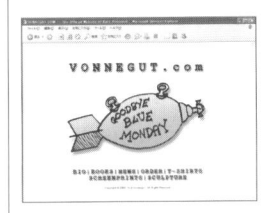

2005年にはA Man Without a Countryを刊行、現在も精力的な活動を続ける。

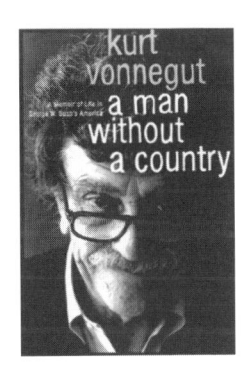

COMMENTARY

　1960年代は若者たちが体制に抵抗した時代だった。ベトナム戦争や人種差別によりアメリカの偽善が暴かれてしまったことで、アメリカがこれまで正義として打ち出してきたものがすべて疑われてしまう結果となった。多くの若者たちは、学園内外での抵抗運動に関わるとともに (第20章参照)、キリスト教から近代合理主義に至る西洋の思想を拒否し、東洋思想や麻薬で得られる別の現実に突破口を求めた。こうしたいわゆるヒッピーたちが作り出した文化は、カウンター・カルチャーと呼ばれた。

　60年代から70年代にかけて、こうした若者たちに必ずと言っていいほど読まれた文学作品がいくつかある。J・D・サリンジャーの『キャッチャー・イン・ザ・ライ』(*The Catcher in the Rye*, 1951)、ジョゼフ・ヘラーの『キャッチ＝22』(*Catch-22*, 1961)、ケン・キージーの『カッコーの巣の上で』(*One Flew Over the Cuckoo's Nest*, 1962)、そしてカート・ヴォネガットの『スローターハウス5』(*Slaughterhouse-Five*, 1969) などである。本章はこれらの作家のひとり、カート・ヴォネガット (Kurt Vonnegut, 1922–　) の演説を取り上げてみたい。

　ヴォネガットは、インディアナ州生まれ。コーネル大学で化学を学んでいたが、1943年にアメリカ陸軍に志願、歩兵としてヨーロッパに送られた。翌年、ドレスデンの捕虜収容所に収容されていた時、連合軍側が大空襲をしかけ、焼夷弾でドレスデンは壊滅。ヴォネガット自身は地下に避難して助かったが、爆撃後の焼け野原を目の当たりにし、そして多数の死体の処理を手伝った。科学の発展がもたらした兵器がとんでもない大殺戮をする。それをヴォネガットは思い知ったのである。この時の経験は彼の代表作『スローターハウス5』で扱われることになる。

　戦後、ヴォネガットはしばらくハイテク最前線の電機メーカーに勤め、ここで働く科学者たちと接した。科学の発展を単純に信じ、そのためには手段を選ばない科学者たち。こうした科学者たちのモラルの欠如に、ヴォネガットは愕然とする。彼のデビュー作の『プレイヤー・ピアノ』(*Player Piano*, 1952) と長編第3作『猫のゆりかご』(*Cat's Cradle*, 1963) は、この時の体験をもとにしている。科学の発展は人間を幸福にするどころか、かえって人間を滅ぼすことになるのではないか――この意識から彼は小説を書き始め、その後も科学に対して警鐘を鳴らし続けている。

"A Virtuous Physicist Is a Humanistic Physicist"

解 説

　こうした強い倫理観から作品を書いているにもかかわらず、ヴォネガットは決してユーモアを失わない作家でもある。彼が 1960 年代から 70 年代にかけてアメリカの大学生たちに最も読まれたのも、その風刺精神とユーモアによるものだろう。ヴォネガットはアメリカの大義やキリスト教をパロディ化し、笑いのめす。ベトナム戦争に対して反対運動を繰り広げていた学生たちは、ユーモアを失わずに反戦の態度を貫くその作品に、大いに共感できたのである。

　ヴォネガットのユーモアたっぷりの語り口は講演会でも存分に発揮され、1960 年代から 70 年代にかけて、彼は演説の名人としても愛された。ここで紹介するのはヴォネガットの代表的な演説のひとつで、1969 年にニューヨークの物理学会に招かれた時のもの。これは『ヴォネガット、大いに語る』(*Wampeters, Foma, and Granfalloons*, 1974) に収められている。この中でヴォネガットは、物理学者たちに対して、人間に目を向け、人々の幸福を願う学者となることを強く求めている。

　ヴォネガットはまず自分の兄が物理学者であるということから話を始める。兄とヴォネガットは大の仲良しだったが、兄と違って自分はヒューマニストになったと言って、引用部分に入る。charmed というのは、この講演会のプログラムに、自分はヒューマニストと書かれているが、それを喜んでいる、ということ。自分では自分のことを偏執症者とか、過剰反応者とか、要するに少し病的な人間のように考えてきた、と言い、小説家というのはたいてい精神の健康状態が最高の者ではない、と言って、聴衆を笑わせる。

　次の段落、聴衆の多くが物理学の教師であることを踏まえ、ヴォネガットは、自分もクリエイティヴ・ライティングを教えてきた、と言う。クリエイティヴ・ライティングとは小説や詩の書き方を教える大学の授業で、アメリカでは多くの作家たちが大学に雇われ、この創作法を教えている。それについて、ヴォネガットは「自分はいったい何をやっているのか、とよく思ったりした」(I often wondered what I thought I was doing) と言う。そして「創作法を教えるなんて」(teaching creative writing)、とその疑問を強調する。なぜそんな疑問を持ったかというと、小説家や詩人の需要なんてものすごく小さいからである。ヴォネガットは、そもそも芸術にどんな有用性があるのか考えて当惑した (perplexed)、とさえ言う。おそらく室内装飾だけは

例外だが、あとの芸術は実生活に役に立たないのではないか、と思っていたのである。こうして太字部分に続く。

The most positive notion I could come up with was what I call the canary-in-the-coal-mine theory of the arts. This theory argues that artists are useful to society because they are so sensitive. They are supersensitive. They keel over like canaries in coal mines filled with poison gas, long before more robust types realize that any danger is there.

　自分が思いつく最も肯定的 (positive) な考えが、「坑内カナリア芸術論」(canary-in-the-coal-mine theory of the arts) である、と言っている。この理論をヴォネガットはいろいろなところで解説しているが、同じく『ヴォネガット、大いに語る』に収録されたインタビューでも、「昔の炭坑労働者は人間が倒れる前にガスを検知する手段として小鳥を坑内に持ち込んだ」と説明した上で、「ベトナム戦争では芸術家がその役を果たした」と言っている。それでも何も変わらなかったのだが、少なくとも芸術家は「警報組織として尊重されるべきだ」と主張している。芸術家は「超敏感」(supersensitive) であり、タフな人たちよりも早く「気絶」(keel over) するから有用なのである。

　次の段落、ヴォネガットは、自分が聴衆を前にしてできることも気絶するくらいだ、とおどける。by the thousands の by は「……単位で」という意味。芸術家たちは毎日「何千人単位で」気絶しているのだが、誰もそれに気づかないのである。

　続く省略部分で、ヴォネガットは、ヒューマニストとは何か、という問いに戻る。そして、I have found that a humanist is a person who is tremendously interested in human beings. と、人間に興味を持つ者がヒューマニストなのだと言う。彼は創作を教える際にも、人間に目を向けることを薦めていると続け、さらに科学者もヒューマニストでなければいけないと訴える。それが次の太字部分である。

A virtuous physicist is a humanistic physicist. Being a humanistic physicist, incidentally is a good way to get *two* Nobel Prize instead of one. What does a humanistic physicist do? Why, he watches people, listens to them, thinks about them, wishes them and their planet well.

"A Virtuous Physicist Is a Humanistic Physicist"

　「ヒューマニスティックな物理学者なら、ノーベル賞をふたつ取れる」というのは、もちろん物理学賞と平和賞が取れるということを言っている。こういうヒューマニスティックな物理学者が何をするのかというと、彼らは人に目を向け、耳を傾け、人々とその惑星(つまり地球)の幸福を願うのである。
　さらに次の部分も重要である。wouldn't が繰り返されるが、これは「彼(＝ヒューマニスティックな物理学者)ならこういうことをしようとしない」という意味になる。

He wouldn't knowingly hurt people. He wouldn't knowingly help politicians or soldiers hurt people. If he comes across a technique that would obviously hurt people, he keeps it to himself. He knows that a scientist can be an accessory to murder most foul.

　こうしたヒューマニスティックな物理学者は、人を傷つけるとわかれば、そんなことはしない。また、政治家や兵士たちが人を傷つける手助けもしない。もし人を傷つけるような技術に出会ったら、それを自分だけのものとしておく。自分が最も汚らわしい殺人の幇助者になり得る、とこういう学者は理解しているのである。
　続く省略部分で、ヴォネガットは自作の『猫のゆりかご』について語る。この作品に登場する科学者は自分の好奇心のみで研究しており、人間に興味を持っていなかった。その結果、人類を破滅させる物質を開発してしまう。ベトナムに落とされたナパーム弾の開発をしているような科学者も、科学にしか関心のない無邪気な人々なのだ。
　それに対し、今の若い科学者たちはそんなに無邪気になれないだろう……ということで、最後の部分に入る。

Scientists will never be so innocent again. Any young scientist, by contrast, when asked by the military to create a terror weapon on the order of napalm, is bound to suspect that he may be committing modern sin. God bless him for that.

　若い科学者たちは、軍部からナパーム弾のような大量殺戮兵器を作れ、と言われたら、自分が罪を犯しているのではないか、と疑ってかからなければならない。ヴォネガットはそういう科学者に神の祝福を願って演説を閉じる。

24

Shirley Chisholm

"The Business of America Is War" (1969)

DISC TWO 6

Two more years,[1] two more years of hunger for Americans, of death for our best young men, of children here at home suffering the lifelong handicap of not having a good education when they are young. Two more years of high taxes, collected to feed the cancerous[2] growth of a Defense Department budget that now consumes two thirds of our federal income.[3] (...)

We Americans have come to feel that it is our mission to make the world free. We believe that we are the good guys, everywhere — in Vietnam, in Latin America,[4] wherever we go. We believe we are the good guys at home, too. When the Kerner Commission[5] told white America what black America had always known, that prejudice and hatred built the nation's slums, maintain them and profit by[6] them, white America would not believe it. But it is true. Unless we start to fight and defeat the enemies of poverty and racism in our own country and make our talk of equality and opportunity ring true,[7] we are exposed as hypocrites[8] in the eyes of the

---

[1] **Two more years** 省略した最初の部分でチザムは、国防長官のレアードがさらに2年、ベトナムに軍を駐留させる方針であると発言したことを取り上げている。

[2] **cancerous** 癌（cancer）のような、不治の、たちの悪い。

[3] **federal income** 連邦政府の税収入。

[4] **in Latin America** アメリカは反共主義の大義の下、ラテンアメリカの国々に政治的介入を繰り返している。

[5] **Kerner Commission** 1960年代に起きた人種暴動の原因を調査するために組織された委員会。人種暴動の原因は、アメリカ白人の差別によるところが大きい、という調査結果を提出し、アメリカにおける白人と黒人の社会的断裂を明らかにした。

[6] **profit by** ……から利益を得る。

[7] **ring true** 本当らしく聞こえる。

[8] **are exposed as hypocrites** 偽善者として（人目に）晒される。

24

シャーリー・チザム
「アメリカのビジネスは戦争である」(1969)

　さらに2年続くのです。さらに2年間、アメリカ国民は飢え、この国のすばらしい若者たちは死に、幼い頃に自国でまともな教育を受けなかったがゆえに一生のハンディキャップを負ってしまった子供たちは苦しみ続けるのです。癌のように拡大する国防総省の予算を満たすために、高い税金がさらに2年も徴収されるのです。現在、その国防費に、連邦政府の税収入の3分の2が充てられています。(……)

Shirley Chisholm
シャーリー・チザム
(1924–2005)
アメリカの政治家。民主党。黒人女性初の連邦下院議員として活躍 (1969–83)。

　私たちアメリカ人は、世界を自由にすることが自分たちの使命である、と感じるようになりました。私たちは、自分たちがどこでも正義の味方である、と信じています。ベトナムでも、ラテンアメリカでも、自分たちは、どこに行っても正義の味方である、と。自分の国にいても、もちろん正義の味方である、と信じています。しかし、カーナー委員会が、アメリカの白人たちに対して、アメリカの黒人たちが前から知っていたこと、つまり偏見と憎悪が国のスラム街を築き、維持し、それによって利益を生み出していたと語った時、アメリカの白人たちはそれを認めようとしませんでした。しかし、これは真実なのです。私たちが闘いを開始せず、この国の貧困や人種差別という敵を打破しなければ、そして平等と機会を語る言葉に真実味を帯びさせなければ、ほかの国の人たちを自由にするといくら言ったところで、私たちは世界の眼に偽善者として映ってしまうでしょう。

⑨ **number-one priority** 最優先事項。

⑩ **optional** 随意［任意］の、自由選択の。

⑪ **money bill** 財政法案。

⑫ **House** 下院議会 (the House of Representatives)。

⑬ **right side up** 正常に、正しく。

⑭ **Calvin Coolidge** カルヴィン・クーリッジ。アメリカ第 30 代大統領 (任期 1923～1929)。

world when we talk about making other people free.

I am deeply disappointed at the clear evidence that the number-one priority⑨ of the new administration is to buy more and more weapons of war, to return to the era of the cold war, to ignore the war we must fight here—the war that is not optional.⑩ (...)

For this reason, I intend to vote "No" on every money bill⑪ that comes to the floor of this House⑫ that provides any funds for the Department of Defense. Any bill whatsoever, until the time comes when our values and priorities have been turned right side up⑬ again, until the monstrous waste and the shocking profits in the defense budget have been eliminated and our country starts to use its strength, its tremendous resources, for people and peace, not for profits and war.

It was Calvin Coolidge,⑭ I believe, who made the comment that "the Business of America is Business." We are now spending eighty billion dollars a year on defense — that is two thirds of every tax dollar. At this time, gentlemen, the business of America is war, and it is time for a change.

"The Business of America Is War"

私はとても失望しています。新政権が最優先しようとしているのは、明らかにさらに多くの戦争兵器を買い、冷戦時代に引き戻し、ここで戦うべき戦争を無視することだからです。そう、新政権は、避けるべきでない戦争に対して、明らかに目をつぶっています。(……)

以上の理由から、私は、この下院議会に提出される財政法案で、国防総省に資金を与えるものがあれば、そのすべてに反対票を投じるつもりです。どんな法案であっても、私たちの価値観と優先事項が再び正しい方向を向くまで、私は反対し続けます。国防費の途方もない無駄遣いとその不当な利益が削られ、この国が国力と豊富な資源を利益や戦争のためでなく、国民と平和のために使い始めるまで、私は反対し続けます。

「アメリカの仕事はビジネスだ」という科白を残したのはカルヴィン・クーリッジだったと思います。私たちは今、年間800億ドルを国防に費やしています。これは税金をすべて合わせた額の3分の2にあたります。皆さん、現在において、アメリカの仕事は戦争です。そして、今こそそれを変えるべき時です。

カルヴィン・クーリッジは、アメリカの最も繁栄した時期に大統領を務め、自由競争に任せることを良策とした。チザムも引いている the Business of America is Business.（アメリカの仕事はビジネスである）という発言でもよく知られている。

COMMENTARY

　一　クソンはベトナム戦争の終結を公約に当選したが、就任後直ちにアメリカ軍を撤収させたわけではなかった。敗北を認めるのではなく、「名誉ある平和」を得るために、徐々にアメリカ兵の数を減らしながら、実際の戦闘を南ベトナム軍に任せていくという、「ベトナム化」政策を取ったのである。そのため、兵力を減らしつつも、戦闘を有利に進めようとして、北ベトナム爆撃を続行、1970年4月には、北ベトナムの補給路を絶つ目的で、カンボジアにも侵攻した。これが反戦運動に新たな火をつけることになった。

　一方、こうしたニクソンの政策に対して、黒人たちも反対した。貧困層支援のための予算が国防費に回されていたからである。黒人たちは、公民権法の成立を受けて、次第に政治的な発言力を強めた。1968年の選挙では8人の黒人候補者が国会議員に当選。さらに70年には、黒人議員は南部出身者2名を含む13人となった。そのうちのひとりが、本章で紹介するシャーリー・チザム (Shirley Chisholm, 1924–2005) である。

　チザムはニューヨーク市出身。ブルックリン大学を卒業後、小学校で教鞭を取りながら、さらにコロンビア大学で教育の修士号を取った。1964年、民主党からニューヨーク州議員選挙に立候補、当選し、さらに4年後、下院議員に選ばれた。アフリカ系の女性として初の国会議員が誕生したのである。1969年3月、彼女は下院議会で最初の演説をしたが、そこで貧困対策をなおざりにするニクソン政権を強烈に批判した。ここに取り上げたのは、その時の演説である。

　冒頭の Two more years とは、語注でも解説したとおり、ベトナム戦争が少なくともあと2年は続くこと。それはアメリカでさらに2年の飢餓が続き、さらに2年間若者たちが死に続けることを意味する。国内では、若者たちが良い教育を得られないがゆえに、生涯ハンディキャップを背負わされて、さらに2年間苦しみ続けることを意味する。また、軍事費がかさめば、国民は重税に苦しむことなる。国防費は連邦政府の税収の3分の2を占めるところまで膨らんでいたのだ。

　続いてチザムは、アメリカが自分たちを正義の味方であると思い、他の民族を自由にすると言って介入しながら、自国ではその理念が達成できていない、と言う。

解説

　We Americans have come to feel that it is our mission to make the world free. We believe that we are the good guys, everywhere — in Vietnam, in Latin America, wherever we go. We believe we are the good guys at home, too. When the Kerner Commission told white America what black America had always known, that prejudice and hatred built the nation's slums, maintain them and profit by them, white America would not believe it. But it is true.

　カーナー委員会については、語注で解説した通り。人種暴動の原因調査のために組織されたこの委員会で、スラム街を作り出したのは偏見や嫌悪である、という調査結果が発表された。つまり、白人たちの差別意識が黒人たちの地位向上を妨げているのだ。白人たちはそれを信じようとしなかったが、それは事実である、とチザムは言う。そして続けて、こうした問題と戦わなければならない、と訴える。

　Unless we start to fight and defeat the enemies of poverty and racism in our own country and make our talk of equality and opportunity ring true, we are exposed as hypocrites in the eyes of the world when we talk about making other people free.

　自国において貧困や差別と戦わなければ、他国での平等や機会を語っても、それが真実に響く (ring true) ことはない、と言っている。それでは単に世界の目に偽善者としての姿を晒すだけなのだ。そして、新しい政権が貧困や差別と戦うことよりも、ベトナム戦争を優先していることに、深く失望している、と言う。

　I am deeply disappointed at the clear evidence that the number-one priority of the new administration is to buy more and more weapons of war, to return to the era of the cold war, to ignore the war we must fight here — the war that is not optional.

新政権の最優先事項は、戦争の兵器を買い、冷戦の時代に引き戻し、ここで我々が戦うべき戦争を無視すること。我々が戦うべき戦争が optional (随意の)ではないというのは、貧困との戦いは必ず戦わなければならない戦争だからだ。なのに、アメリカは、ベトナムという、戦う必要のない、まったく無駄な戦争をしているのである。

　次の段落、以上のような理由により、チザムは、国防省に予算を与える財政法案にはすべて反対票を投じる、と言う。Any bill whatsoever とは、その前に I intend to vote "No" on が省略されている。続いて until が二度繰り返されるが、「……のような時が来るまで、どんな財政法案にも反対票を投じる」ということである。つまり、我々の価値観と優先順位が正しい方向を向くまで(貧困との戦いが優先されるまで)、そして国防費の無駄遣いと不当な利益が削られるまで、反対票を投じ続ける、ということである。続く its strength と its tremendous resources の its は、ともに our country's のこと。アメリカがその国力や資源を国民や平和のために使うようになるまで、ということである。

　こうして締めくくりの部分。チザムは第30代大統領カルヴィン・クーリッジの名科白を引用する。

It was Calvin Coolidge, I believe, who made the comment that "the Business of America is Business." We are now spending eighty billion dollars a year on defense — that is two thirds of every tax dollar. At this time, gentlemen, the business of America is war, and it is time for a change.

　クーリッジは the Business of America is Business と言った。アメリカのすべき仕事はビジネスである、つまりアメリカはビジネスさえしていればよい、という感じだが、繁栄の1920年代にはぴったりの科白であった。今のアメリカは税収入の3分の2を軍事費に充てており、これでは「アメリカの仕事は戦争である」と言われてもしかたない。チザムはこの現状への変革を訴えて、演説を閉じる。

　このような批判にもかかわらず、ニクソンはその後も北爆を続けた。アメリカ兵を撤退させながらも、少しでも有利な条件で和平を成立させ、南ベトナムに親米政権を維持しようとしたためである。そのため休戦条約が結ばれたのは1973年1月、これによってようやくアメリカ軍は撤退した。しかし、北ベトナムは南ベトナムに対して攻撃を続け、1975年4月、ついにサイゴンが陥落、ベトナム戦争は完全に終わった。アメリカにとって最も長い戦争、そして初の敗戦であった。

第 5 部
多様な価値観と単独主義

Betty Friedan
Frank James
Richard Nixon
George W. Bush
Charlotte Aldebron
Hillary Rodham Clinton
Michael Moore

テロと新たな戦争

　その後30年余りのアメリカ史をまとめることは容易ではない。政権だけでも6回変わり、そのあいだにあまりに多様な出来事、多様な変化が起きたが、それに対する歴史の評価が定まったとは言いがたいからだ。したがって、この時代の流れを概説することは手に余るのだが、おもにふたつの視点に絞ってこの時期を見つめ、関連する演説を紹介したい。ひとつは多様な価値観が受け入れられていったということ、もうひとつは、それとは対照的に、保守化が進んでいったことである。

　1960年代の公民権運動、カウンターカルチャーなどの運動は、伝統的な価値観に対して疑問を投げかけたものだった。その動きは他の弱者たちにも波及し、彼らはみな押しつけられたステレオタイプから脱却して、真の平等を手に入れようとした。女性解放運動の中心的な存在であったベティ・フリーダンは、1969年の演説で、「真の性革命」とは女性が受身的な役割から解放されるとともに、男性も旧来の役割から解放されない限り成し遂げられない、と述べた。また、フリーダンは女性が自由に母親になるという選択肢を選べるように、妊娠中絶の自由を訴えた（第25章）。

　この時期、先住民たちも立ち上がり、これまでの不当な扱いを正そうとする活動を始めた。ワンパノアグ族のフランク・ジェームズは、1970年、メイフラワー号のプリマス到着350周年を記念した演説で、「自分たちは土地を侵略者に渡してしまったのだ」と嘆きながらも、「我々はインディアンだ！」と高らかに宣言。自分たちのユニークな文化はまだ失われていないと主張し、この国における正当な地位の奪還を目指すという決意を表明した（第26章）。

1973年、アメリカはようやくベトナムから撤退したが、この時の大統領リチャード・ニクソンは、翌年ウォーターゲート疑惑により辞任に追い込まれた。この辞任演説で彼は、敗戦であったはずのベトナム戦争を「永続的な平和を確かにするための仕事」と呼び、この戦争を終らせたことによって「未来の戦争も防ぐことができたと言えるようにしなければならない」と述べた（第27章）。しかし、多大な犠牲者を出しただけで、未来の戦争を防ぐことにまったくならなかったことは言うまでもない。

　その後しばらく、アメリカはベトナムというトラウマに苦しめられてきたように思えるが、1980年代のレーガンからブッシュという共和党政権時代に、「強いアメリカ」という意識が回復していった。また、伝統的な価値観の回復を目指す保守化の動きも、この頃から活発になった。1991年、アメリカは湾岸戦争で勝利し、再び海外の紛争への武力介入に積極的になる。2001年、同時多発テロに見舞われると、ジョージ・W・ブッシュ大統領はテロリストをかくまっているとして、アフガニスタンのタリバン政権を攻撃、崩壊させた。さらに「悪の枢軸」という演説で、テロを支援する国家を名指しし、戦争をイラクにも拡大させた（第28章）。

　しかし、こうした戦争に対して、内外で批判が沸き起こった。その中で、13歳の少女、シャーロット・アルデブロンは、攻撃されるのはイラクの子供たちであることを思い出させ、「あなた方が殺すのは私なのです」と訴えた（第29章）。コラムでは、ドキュメンタリー映画監督のマイケル・ムーアが、痛烈にブッシュを批判した、アカデミー賞受賞式での演説も紹介したい。

　ブッシュ政権は宗教右派を支持基盤としており、保守化と単独主義の傾向も強くなっている。最後に、こうした傾向に女性の立場から批判を加えたものとして、ヒラリー・ロダム・クリントンの演説を紹介する（第30章）。

25

Betty Friedan

"The Real Sexual Revolution" (1969)

DISC TWO 7

Am I saying that women have to be liberated from men? That[1] men are the enemy? No. I am saying that the *men* will only be truly liberated to love women and to be fully themselves when women are liberated to have a full say[2] in the decisions of their lives and their society.

Until that happens, men are going to bear the guilty burden of the passive destiny they have forced upon women, the suppressed resentment, the sterility[3] of love when it is not between two fully active, joyous people, but has in it the element of exploitation.[4] And men will not be free to be all they can be as long as they must live up to[5] an image of masculinity that disallows[6] all the tenderness and sensitivity in a man, all that might be considered feminine. (...)

The real sexual revolution is the emergence of women from passivity, from the point where they are the easiest victims for all the seductions, the waste, the worshiping of false gods in our affluent society, to full self-determination and full dignity. And it is the emergence of men from

---

[1] **That** 接続詞のthatで、前文のAm I saying that ... のthatと同格。すなわち、sayingの目的語となる節を作る。

[2] **say** (*n*.) 言い分、発言権。

[3] **sterility** 不毛、結果を生じないこと。

[4] **exploitation** 搾取、私的利用。

[5] **live up to** (考え・信条に)従って生きる。

[6] **disallow** 認めない、否定する。

25

ベティ・フリーダン

「真の性革命」(1969)

　私は、女性は男性から解放される必要がある、と言っているのでしょうか？ 男性は女性の敵でしょうか？ いいえ、そうではありません。私が言っているのは、女性が解放されて、自らの人生と社会の決定に対する発言権を十分に持った時こそ、真に男性も解放され、女性を愛することができるし、完全な自己になれる、ということです。

　それが実現するまで、男性は、女性に受身的な運命を押しつけてしまった、という罪悪感の重荷を抱え続けるでしょう。そして抑圧された怒りや愛の不毛さを抱え続けるでしょう。愛が不毛であるのは、それが十分に活動的で喜びに満ちた二者のあいだに成立せず、それどころかそこに搾取の要素が含まれてしまうからです。そして男性は、なり得るものに何にでもなれる自由をもてません。男性が男らしさのイメージに従って生きなければならず、それによって自分たちのか弱さや繊細さなど、女性的だと思われているものをすべて否認してしまう限り、完全に自由にはなれません。（……）

　真の性革命とは、女性が受動性から抜け出すことです。この裕福な社会におけるあらゆる誘惑や浪費、偽りの神々への崇拝といったものに容易にやり込まれてしまう状況から抜け出して、十分な自己決定と尊厳を手にすることです。そして同時に、男性も自らが図らずも粗暴な支配者となっている状況から抜け出して、感受性の鋭い、完全な人間となることなのです。

Betty (Naomi) Friedan
ベティ・フリーダン
(1921–2006)
アメリカの女権拡張論者。旧姓 Goldstein. 1966 年全米女性機構 (NOW) を設立、70 年まで会長。著書に、*The Feminine Mystique* (1963), *It Changed My Life* (1976) などがある。

[7] **inadvertent** 不注意の、（意図的でなく）偶然の、うっかりやった。 [8] **radical** 根本的な。 [9] **be bound to** 必ず……する。 [10] **confine** 境界、限界、制限、範囲。 [11] **Ladies' Home Journal** アメリカの婦人雑誌。1883年創刊。料理・健康・美容・ファッション・インテリア・育児・結婚など、良妻賢母の育成をねらった service magazine の先駆。働く女性には向かない雑誌として女性解放運動家から非難されたこともあったが、今は働く女性も意識した編集になっている（『リーダーズ・プラス』より）。 [12] **sterile little suburban family** 不毛な郊外の小家族。ベティ・フリーダンが訴えかけた層は郊外に居を構える中流階級の白人女性であり、その因習的な価値観に異を唱えたのである。 [13] **dimension** 規模、範囲、特徴。 [14] **pallid** 青ざめた、生気のない、冴えない、つまらない。	the stage where they are inadvertent[7] brutes and masters to sensitive, complete humanity.

This revolution cannot happen without radical[8] changes in the family as we know it today; in our concepts of marriage and love, in our architecture, our cities, our theology, our politics, our art. Not that women are special. Not that women are superior. But these expressions of human creativity are bound to[9] be infinitely more various and enriching when women and men are allowed to relate to each other beyond the strict confines[10] of the *Ladies' Home Journal's*[11] definition of the Mamma and Papa marriage.

If we are finally allowed to become full people, not only will children be born and brought up with more love and responsibility than today, but we will break out of the confines of that sterile little suburban family[12] to relate to each other in terms of all of the possible dimensions[13] of our personalities — male and female, as comrades, as colleagues, as friends, as lovers. And without so much hate and jealousy and buried resentment and hypocrisies, there will be a whole new sense of love that will make what we call love on Valentine's Day look very pallid.[14] |

"The Real Sexual Revolution"

この革命は、根本的な変革なしには成立しません。今日我々が認識するような家族が根本的に変わらなければ、成りえません。結婚と愛情に対する我々の概念、我々の建築物、我々の街、我々の神学、我々の政治、我々の芸術などが根本的に変わらなければ、実現しないのです。女性が特別だということではありません。女性のほうが優れているということでもありません。しかし、男性と女性が、『レディーズ・ホーム・ジャーナル』で定義されるパパとママの結婚というような厳格な境界線を超えて、互いの関係を築くことができれば、今言ったような人間の創造性の表現も、無限に多彩で豊かなものになるはずです。

もし我々がようやく完全な人間になれるなら、子供たちが今日よりも両親の深い愛情と責任を注がれながらこの世に生を受け、大きくなるだけでなく、我々自身もあの不毛な郊外の小家族の境界線から抜け出すことができるでしょう。また、それぞれの個性がもつあらゆる可能性を通して、互いの関係を築くこともできるでしょう——男性も女性も、同志として、同僚として、友人として、恋人として、お互いの関係を築くことができるでしょう。そして、これほどまでの憎しみ、妬み、抑圧した怒り、偽善がなくなれば、まったく新しい愛の感覚が生まれ、その結果、バレンタインデーに我々が愛と呼ぶようなものは実につまらない、と思えてしまうはずです。

Betty Friedan の著書。上から、*The Feminine Mystique*（1963［写真は初版ペーパーバック］）, *It Changed My Life* (1976), *Beyond Gender: The New Politics of Work and Family* (1997)

COMMENTARY

　女性は1920年に参政権を獲得したものの、職場では差別を受けることも多く、社会進出が大きく進んだとは言いがたかった。特に1950年代に入り、郊外に住む中流階級のライフスタイルが確立されると、女性は「主婦」という地位に縛られるようになってくる。スポック博士の有名な育児書が母親の役割を強調したことも、女性は家庭にいて夫や子供のために尽くすべきだという考えにつながった。さらに、この時代に流行した家庭雑誌によって、「女らしさ」のイメージが強化されたのである。

　この「女らしさ」という神話に真っ向から挑戦したのが、本章で紹介するベティ・フリーダン (Betty Friedan, 1921–2006) である。フリーダンはイリノイ州生まれで、父はユダヤ系アメリカ人の宝石商。母は新聞記者として働いていたが、結婚後は仕事を辞めて家庭に入らざるを得なくなり、そのことに不満を感じていたらしい。ところが父が病気になると、母は外で生き生きと働くようになったという。この母の生き方は、のちのフリーダンに大きな影響を与えた。

　フリーダンは名門女子大のスミス・カレッジで学んだ後、カリフォルニア大学バークレー校の大学院で心理学を専攻。しかし、学位を取る前に、左翼系の出版物のジャーナリストとして働くようになった。この頃、演劇プロデューサーのカール・フリーダンと結婚したが、後に別れている。結婚後、主婦となっていたフリーダンは、スミス・カレッジの同窓生がどうしているかに興味を抱き、1957年、その調査を始めた。そして多くが自分と同じように、主婦という役割に満足できていないことを知り、そのレポートを記事にまとめ上げた。しかし、主婦であることに満足できない女性はおかしいと見なされた時代、あらゆる雑誌がその内容にしり込みし、彼女のレポートが日の目を見ることはなかった。そこで彼女はこれを本の長さにまで加筆し、1963年、『女らしさの神話』(*The Feminine Mystique*) というタイトルで出版したのである。

　フリーダンがこの本でレポートしたのは、高い教育を受けながら家庭に閉じ込められ、不満を感じている女性たちのことだった。そしてフリーダンは、女性たちは良妻賢母といった「女らしさの神話」から抜け出して、社会で男性と同等に働き、存在意義を見出すべきだと主張、これが女性たちの共感を呼んで、『女らしさの神話』

"The Real Sexual Revolution"

解　説

は大ベストセラーとなった。こうしてフリーダンは女性たちの自立と平等を求める戦いの先頭に立つようになり、彼女たちの運動は黒人の公民権運動にも刺激されて盛り上がっていく。1966年、彼女は全米女性機構 (National Organization for Women = NOW) の結成を主導、1970年まで会長を務めた。この団体はその後のフェミニズム運動の中心となる。

　NOW が何よりも目標としたのは、ERA (Equal Rights Amendment) と呼ばれる憲法修正条項の成立だった。これは憲法によって包括的に性差別(たとえば雇用条件などにおける差別)を禁じるものである。NOW は議会や裁判所に訴えかけ、1972年、ERA は連邦議会の両院を通過。しかし、憲法として成立するために必要な全州の4分の3の批准に3州足りないまま、1982年に批准の期限が切れてしまった。

　また、フリーダンは1969年に妊娠中絶を禁止する法律の廃止を求めた全国協会を結成した。平等な性関係の確立のために、女性が子供を産む産まないの選択肢をもつことが重要と考えたからである。ここで取り上げた演説は、その第1回の会合においてのもので、フリーダンは真の性革命とは何かを熱く語っている。

　省略した最初の部分で、フリーダンは、女性がその存在意義を認められているのは男性の性的対象としてのみである、と言い、それから「私は女性がセックスから解放されなければならないと言っているのか？」(Am I saying that women must be liberated from sex?) と問いかける。フリーダンはそれに自ら No と答え、自分はセックスを汚い冗談や妄想として扱われる状態から解放したい、と言う。それは、女性が男性の性的対象という立場から解放され、母親という役割を超えた創造性をもつ存在に至ることで成し遂げられる、とフリーダンは主張する。

　このように彼女の演説は Am I saying という問いかけに、自分で No と答える形でしばらく進んでいく。次の問いかけは、「自分は女性たちが母親という役割から解放されなければならないと言っているのか？」というもの。その答えももちろん No だ。女性たちは自由に母親になるという選択肢を選べるようになれば、楽しく、責任のある母親になれる。男性から「母親」という役割を無理やり押しつけられている限り、女性たちは本当にいい母親にはなれない。こう訴えて、フリーダンは次の問いかけに移る。

Am I saying that women have to be liberated from men? That men are the enemy? No. I am saying that the *men* will only be truly liberated to love women and to be fully themselves when women are liberated to have a full say in the decisions of their lives and their society.

ここでの問いかけは「女性は男性から解放されなければならないのか？ 男性は敵なのか？」というもの。そうではなく、フリーダンは、女性が人生や社会において十分な発言権をもって初めて、男性も真に解放される、と言う。その理由は次の段落を読むとよくわかる。女性が「女らしさの神話」にとらわれているのと同じように、男性も「男らしさの神話」にとらわれているからだ。男らしくあらねばならないというプレッシャーのために、男性たちは女性たちに受身的な役割を強いる。そして男性自身は、tenderness や sensitivity といった性質を、「女性的」であるとして拒む。その結果、男女の愛には「搾取」(exploitation) の要素が入り込み、「十分に活動的で喜びに満ちた二者」(two fully active, joyous people) の関係を築けないのである。

ここに、フリーダンがより戦闘的なウーマンリブの活動家と一線を画した点がある。単に男性の横暴を告発するのではなく、男性も「男らしさ」から解放されるべきという考え。それによって男女とも完璧な人間となり、同等に愛し合えるようになるのである。この「真の性革命」を説明するのが次の太字部分。

The real sexual revolution is the emergence of women from passivity, from the point where they are the easiest victims for all the seductions, the waste, the worshiping of false gods in our affluent society, to full self-determination and full dignity. And it is the emergence of men from the stage where they are inadvertent brutes and masters to sensitive, complete humanity.

「真の性革命」とは、女性たちが受動性から抜け出すこと。それはまた、the point where... から抜け出すことでもある。つまり女性たちが「裕福な社会におけるあらゆる誘惑や浪費、偽りの神々への崇拝にたやすく犠牲になる状況」から抜け出す。これは消費文化の作り出すイメージに踊らされ、流行に飛びついている状態を指すのだろう。その状態から脱却し、自分の判断で決定できる状態に至らなければならない。それはまた、男たちが「図らずも粗暴な支配者となっている状況」(inadvertent brutes

and masters)から抜け出して、「感受性の鋭い、完全な人間性」へと至ることでもある。
　この革命には本質的な変革が必要だ、とフリーダンは次の段落で続ける。何の変革かというと、in the family, in our concepts of marriage and love, in our architecture など。やはり家族が変わり、結婚観や恋愛観が変わり、建築物や都市まで変わらなければならない。というのも、これらも従来の男性観・女性観に基づいて築かれているからだ。女性が男性より特別であるとか優れているとかいうわけではない。しかし、人間の創造性というのはものすごく多様なものであり、男性とか女性とかいう枠組で捉えられるものではない、というのがフリーダンの主張である。だからこそ、『レディーズ・ホーム・ジャーナル』で定義されるようなパパとママという枠組みを超えて、男女は互いに関わり合わなければならないのである。
　このように男女ともに full people になれば……というのが次の太字部分。

If we are finally allowed to become full people, not only will children be born and brought up with more love and responsibility than today, but we will break out of the confines of that sterile little suburban family to relate to each other in terms of all of the possible dimensions of our personalities — male and female, as comrades, as colleagues, as friends, as lovers.

　子供たちがもっと両親の愛と責任を注がれてこの世に生まれ、育てられる——というのは、やはり両親が「父親」とか「母親」とかいった枠組みを超えて子供たちと接するからであろう。それだけでなく、我々は不毛な郊外の小家族の領域から抜け出して、それぞれの個性が持つあらゆる可能性を通して、互いの関係を築くことができる。そうすれば、男女の関係に hate, jealousy, resentment, hypocrisies などもなくなり、新しい意味での愛が生まれる。それと比べれば、バレンタインデーの愛など色あせて見えるはずなのである。この後、フリーダンは妊娠中絶の自由の重要性を訴えて、演説を終えている。
　ERA の批准には至らなかったものの、フリーダンらの運動の成果により、1960年代以降、女性の社会進出は大きく進んだ。企業や専門職に就く女性が増加、政界にも女性の進出が進んだことは言うまでもない。妊娠中絶に関しては、1973年、最高裁がロウ対ウェイド事件（第30章を参照）において、憲法上保障されたプライヴァシーの権利にもとづき、妊娠3カ月までの中絶を合法化する判決を下した。もっとも、この点は近年の保守層の巻き返しもあり、いまだ議論が続いている。

Frank James

"We Are Indians!" *(1970)*

CD DISC TWO 8

[1] **Plymouth Rock** プリマスロック。マサチューセッツ州プリマスに入植した清教徒たちが上陸した場所。

[2] **Sachem** 酋長。インディアンの部族長のこと。インディアンにおける部族長は強権をもつのではなく、ほぼ周囲から尊敬を集めるだけの地位であったらしい。

[3] **Massasoit** ワンパノアグ族の酋長。新天地で苦しんでいた清教徒を助け、彼らと和議を結んだ。

[4] **drain** 衰えさせる。

[5] **extinct** 絶滅した。

[6] **Wampanoag** 今のマサチューセッツ、ロードアイランド州あたりに定住していたインディアンの一部族。アルゴンキン語族に属する。「ワンパグノア」とは、彼らの言葉で「東部の人」という意味。

[7] **fragment** ばらばらにする。

[8] **prisoner of war** 戦時捕虜(略 POW)。

[9] **ward** 被保護者。

[10] **macadam** 舗装された。

High on a hill, overlooking the famed Plymouth Rock[1] stands the statue of our great Sachem,[2] Massasoit.[3] Massasoit has stood there many years in silence. We the descendants of this great sachem have been a silent People. **The necessity of making a living in this materialistic society of the white man caused us to be silent. Today, I and many of my People are choosing to face the truth. We ARE Indians!**

Although time has drained[4] our culture, and our language is almost extinct,[5] we the Wampanoags[6] still walk the lands of Massachusetts. We may be fragmented,[7] we may be confused. Many years have passed since we have been a People together. Our lands were invaded. We fought as hard to keep our land as you the white did to take our land away from us. We were conquered, we became the American Prisoners of War[8] in many cases, and wards[9] of the United States Government until only recently.

Our spirit refuses to die. Yesterday we walked the woodland paths and sandy trails. Today we must walk the macadam[10] high-

26

フランク・ジェームズ

「我々はインディアンだ！」(1970)

あの名高いプリマスロックを見渡す丘の頂に、我々の偉大なる酋長マサソイトの像が立っています。マサソイトはそこに何年間もずっと沈黙したまま立っています。この偉大なる酋長の末裔たる我々も、沈黙した民族であり続けてきました。**白人の物質主義的な社会で生きていくために、我々は無口にならざるをえなかったのです。しかし、今日、私とその民族の多くは、真実に向き合うことを選びました。我々はインディアンだ！**

Frank James
フランク・ジェームズ
(1923–2001)
Wampanoag 族の末裔で、先住民としての名は Wamsutta. マサチューセッツ州で音楽を教えるかたわら、アメリカ先住民の公民権運動に従事した。

　時が我々の文化を衰えさせ、我々の言語はほぼ絶滅していますが、我々ワンパノアグ族はいまだマサチューセッツの大地を歩いています。我々はばらばらかもしれないし、混乱しているかもしれません。我々がひとつの民族として共に暮らしていた時代から長い年月が過ぎました。我々の大地は侵略されました。我々はこの大地を守るために必死に戦い、あなたがた白人も我々の大地を奪うために同じくらい必死に戦いました。我々は征服され、多くはアメリカの戦時捕虜とされて、つい最近までアメリカ合衆国政府の保護下に置かれていました。

　我々の精神は死ぬことを拒みます。昨日、我々は森の小道や砂の街道を歩きました。しかし、今日は、舗装された車道などを歩かねばなりません。（……）我々は、先

[11] **wigwam**	アメリカ先住民のドーム型のテント小屋のこと。
[12] **stand tall**	堂々と胸を張る。
[13] **too many moons pass**	ここで月を使っているのは、ワンパノアグ族が太陰暦をもちいていたからであろう。同じアルゴンキン語系に属するオジブウェー族は、12ヶ月それぞれに「偉大なる精霊の月」(1月)、「花の咲く月」(5月)などの名前を付けた。
[14] **humane**	人道にかなった、情け深い。
[15] **rightfully**	正義に基づいて、正当に。

ways and roads. (…) We're standing not in our wigwams[11] but in your concrete tent. We stand tall[12] and proud and before too many moons pass[13] we'll right the wrongs we have allowed to happen to us. (…)

What has happened cannot be changed but today we work towards a more humane[14] America, a more Indian America where men and nature once again are important; where the Indian values of honor, truth and brotherhood prevail.

We now have 350 years of experience living amongst the white man. We can now speak his language. We can now think as a white man thinks. We can now compete with him for the top jobs. We're being heard; we are now being listened to. The important point is that along with these necessities of everyday living, we still have the spirit, we still have a unique culture, we still have the will and most important of all, the determination to remain as Indians.

We are determined, and our presence here this evening is living testimony that this is only a beginning of the American Indian, particularly the Wampanoag, to regain the position in this country that is rightfully[15] ours.

"We Are Indians!"

祖が暮らしてきたウィグワムではなく、あなたがたが作ったコンクリート製のテントの中に立っています。でも、我々は胸を張り、堂々と立っています。そして月日がそれほど経たぬうちに、今まで我々が許してきてしまった不正な扱いを正してみせます。(……)

すでに起きてしまったことは変えられません。しかし、今日我々は、この国をより人道的なアメリカに、よりインディアン的なアメリカにするために、努力しています。人と自然が再び重要なものと見なされる国にしたいのです。インディアン的な名誉、真実、兄弟愛などの価値観が優先される国にしたいのです。

我々は350年間、白人の中で生活してきました。今では白人の言語をしゃべることができますし、白人と同じように考えることができます。白人と同じぐらい地位の高い職を手にすることもできます。我々の声は彼らの耳に届くようになり、我々の言うことに耳を傾けてもらえるようになりました。重要な点は、こうした毎日の生活に必要なものに加えて、我々が依然としてインディアンの精神ももっている、ということです。我々には、依然として独自の文化があります。インディアンであり続ける意志も、そしてこれが最も重要なことですが、その決意もあります。

我々は決意を固めています。そして、今晩我々がここにいることが、その生きた証しなのです。これは、アメリカのインディアン、とりわけワンパノグ族にとって、ほんの始まりにすぎない、ということの生きた証し。我々が、この国において正当に我々のものである地位を取り戻す戦いは、今始まったばかりです。

米国の先住民 (Native Americans) であるアメリカインディアン、エスキモー、およびアレウト族 (Aleuts) などに米国政府から Indian reservations (インディアン保留地) が与えられている。33州に542ある。Nations や tribes などと呼ばれている先住民は約550グループあり、人口の総計は約120万人。うち100万人が保留地に住む。保留地はオクラホマ州のほか、アリゾナ、ニューメキシコ両州などの米国南西部と、カリフォルニア州に多く、人口が10万人以上の部族は (人口の順で) Cherokee, Navajo (ナヴァホ)、Chippewa、および Sioux (スー)。現在は石油やウラニウム鉱石の産地になっている保留地もあるが、概して不毛の砂漠が多い。保留地に住むインディアンは所得税を支払う必要がなく、州法に従う義務もない。警察や裁判も部族独自で行なっているケースが多い。ギャンブルは禁止という保留地がほとんどだが、近年はカジノを開いて収益を挙げているインディアン保留地が増えてきた。保留地を管理するのは連邦政府の the Bureau of Indian Affairs (インディアン問題局) で、1824年に戦争省の一部として創設されたが、1849年に内務省に移管された。(飛田茂雄編『現代英米情報辞典』[研究社] より)

「我々はインディアンだ!」 229

COMMENTARY

　アメリカ先住民の抵抗は、19世紀末のサウスダコタ州ウーンデッド・ニーの虐殺を最後に、ほぼ完全に抑えつけられてしまった。その後の先住民は狭く不毛な保留地に押し込められ、強制的な同化政策によって、伝統的な部族文化は否定された。20世紀になって政策の一部転換があり、伝統文化の保存や復活もはかられたが、基本的に先住民たちは黒人たちと並んで、アメリカで最も虐げられた民族であり続けた。失業率は高く、結核や精神病、アルコール中毒などの問題も根深く、多くは貧困ラインよりもずっと下の生活をしていたのである。

　こうした先住民たちの意識が高まったのが、やはり1960年代だった。黒人の公民権運動に刺激され、1961年、諸部族の代表がシカゴに結集、これまで自分たちが被った不正の是正をアメリカ政府に求めていくことになった。さらに1968年、同じ先住民でもより若い世代によるアメリカ・インディアン運動(AIM)が結成され、その公民権運動は戦闘的になっていく。1969年にサンフランシスコ湾のアルカトラズ島を占拠、73年にはウーンデッド・ニーで籠城するなど、示威行動によって、固有の諸権利の回復と過去の不正に対する補償を求めたのである。

　ここで取り上げる演説も、この時期の先住民によるものである。フランク・ジェームズ (Frank James, 1923–2001) は、ワンパノアグ族の末裔で、先住民としての名はワムスッタ (Wamsutta)。トランペット奏者として才能を発揮し、優秀な成績で音楽学校を卒業したが、人種差別によりオーケストラに雇われなかったという。そのため彼はマサチューセッツ州で音楽を教えるかたわら、インディアンの公民権運動に関わるようになった。

　1970年、ジェームズはマサチューセッツ州プリマスで開かれた清教徒上陸350周年記念式典で演説するよう招待された。彼の部族は清教徒たちが1620年に新世界に到着した際、最初に出会ったアメリカ先住民族であり、白人に友好的であった、と伝えられている。主催者側はジェームズに、この記念日を祝う友好的な演説を期待したのだ。ところが、主催者側がジェームズの原稿を事前に見ると、そこには白人に対する怒りの言葉が書き連ねてあった。主催者側はこれを過激であるとして演説を中止し、ジェームズらはこれに抗議、プリマスロックでこの演説を読み上げたのである。

解 説

　省略した最初の部分で、ジェームズはこの祝典に対する自分の気持ちが「複雑な感情」(mixed emotions) を伴っていると言う。自分の民族に起きたことを考えれば、心は重くならざるをえない。プリマスに入植する以前から、白人たちは先住民を捕らえ、奴隷として売ることもしていた。ワンパノアグ族の酋長マサソイトもそれを知っていたはずなのに、白人たちを歓迎してしまったのだ。おそらくそれが最大の失敗だったのだろう。それは終わりの始まりだったのだから……。

　ジェームズはこのようなことを述べた後、引用した最初の部分で、丘の上に立つマサソイトの像に思いをはせる。マサソイトはずっと沈黙したまま立っている。我々ワンパノアグ族も沈黙した民族だった。それは生活費を稼がなければならない必要があったからだ……と言いつつ、彼は次の太字部分で新たな決意を表明する。

The necessity of making a living in this materialistic society of the white man caused us to be silent. Today, I and many of my People are choosing to face the truth. We ARE Indians!

　白人たちの物質主義的な社会で生きていかなければならない必要上、沈黙を余儀なくされてきたが、今や真実に向き合うことを選ぶ、と彼は言う。そして高らかに「我々はインディアンだ！」と宣言する。「インディアン」という呼称は白人が誤解に基づいて勝手につけたものであり、それ自体が差別的であるという意見もある。そのため「アメリカ先住民族」(Native American) に変えようという動きもあるが、一方で白人に虐げられた歴史も自分たちのアイデンティティの一部であると考え、誇りをもって自分たちを「インディアン」と呼ぶ人々もいる。ジェームズもそのひとりなのである。

　続いてジェームズは、時の流れが先住民の文化を衰退させ、言語をほとんど消滅させたと言う。We fought as hard to keep our land as you the white did の部分、did は fought を指し、「あなたがた白人たちが戦ったのと同じくらい、我々も戦った」という意味になる。自分たちの土地を保つために激しく戦ったのだが、我々は占領され、Prisoners of War となった。このようにわざわざ戦争用語を使い、ジェー

ムズは自分たちが侵略されたこと、不当な扱いを受けてきたことを強調している。

ともかく、それでも我々の魂は死ななかった……と言うのが次の段落。我々は白人の作った舗装道路を歩かねばならず、白人の作ったコンクリートの建物に暮らさなければならないが、それでも誇り高く立っている。そしてこれまでの不正を正すつもりだと言う。the wrongs we have allowed to happen to us とは、allowed の目的語が the wrongs であり、「我々が自分たちに起こることを許してきた不正」という意味になる。これまでは不正を許してしまったが、これからはそれを正していくという決意を表わしている。

こうして次の太字部分に入る。

What has happened cannot be changed but today we work towards a more humane America, a more Indian America where men and nature once again are important; where the Indian values of honor, truth and brotherhood prevail.

これまで起きてしまったことは変えられないが、これからはより人道的なアメリカを目指す、と言う。それはよりインディアン的なアメリカであり、人間と自然が再び重要と目される社会である。先住民族は多神教で、自然のあらゆるものに精霊が宿ると考え、自然を大事にしてきた。そういう先住民の価値観が優先する社会を目指す、ということである。

続く段落、We を主語とする文が繰り返され、現在の先住民の状況が羅列される。

We now have 350 years of experience living amongst the white man. We can now speak his language. We can now think as a white man thinks. We can now compete with him for the top jobs. We're being heard; we are now being listened to.

我々は今では白人と 350 年間暮らしてきて、彼らの言語をしゃべるし、彼らが考えるように考えることができる。つまり、毎日の生活の必要上、白人の中で生きる術を身に着けてきたわけだ。We're being heard; we are now being listened to. とは、我々が口にしたことを聞いてもらえるようになったということ。listen to のほうが「傾聴する」感じだから、熱心に耳を傾けてもらえるようにもなった。これは、以前は耳も傾けてもらえなかったのに、という意味である。しかし、重要なこ

とは……というのが次の部分。

The important point is that along with these necessities of everyday living, we still have the spirit, we still have a unique culture, we still have the will and most important of all, the determination to remain as Indians.

we still have the spirit とは、先住民としての魂をもっていること。我々にはユニークな文化があり、そして最も重要なことに、インディアンのままでいようとする決意がある。

こうして最後の段落となる。

We are determined, and our presence here this evening is living testimony that this is only a beginning of the American Indian, particularly the Wampanoag, to regain the position in this country that is rightfully ours.

我々がここにいることは、これはアメリカ先住民にとって始まりにすぎないということの生きた証しである。何の始まりかというと、to regain 以下のこと。この国での地位を再獲得するための始まりなのだが、その地位とは「正当に我々のもの」(rightfully ours) なのである。ジェームズはそう力強く宣言し、演説を閉じる。

この演説への検閲行為に憤慨したジェームズは、この年のサンクスギビングの日、500人以上の先住民たちとともにプリマスロックに集まり、抗議集会をもった。サンクスギビングは清教徒たちが移住後初めての収穫を神に感謝したもので、これには先住民たちも招かれたと伝えられている。しかし、この日こそ先住民にとっての「悲嘆の日」(National Day of Mourning for Native Americans) であるとジェームズらは宣言、それ以来、毎年「悲嘆の日」の抗議集会が開かれるようになった。

こうした直接行動と並行して、先住民たちは連邦政府に次々に法律訴訟を起こしていった。1980年、最高裁はスー族に対して補償金を支払うように政府に命令、1985年には条約に基づく先住民の土地の権利を認めている。過去の不正の重大さを考えれば、先住民たちへの補償はまだまだ十分とは言えないが、先住民たちが権利を獲得しつつあること、民族としての意識が高まっていることは事実であろう。

27

Richard Nixon

"I Shall Resign the Presidency" (1974)

CD DISC TWO 9

Throughout the long and difficult period of Watergate,[1] I have felt it was my duty to persevere,[2] to make every possible effort to complete the term of office[3] to which you elected me. In the past few days, however, it has become evident to me that I no longer have a strong enough political base[4] in the Congress to justify continuing that effort. (...)

Therefore, I shall resign the presidency effective[5] at noon tomorrow. (...)

We have ended America's longest war. But in the work of securing[6] a lasting peace in the world, the goals ahead are even more far-reaching[7] and more difficult. We must complete a structure of peace, so that it will be said of this generation — our generation of Americans — by the people of all nations, not only that we ended one war but that we prevented future wars. (...)

I have fought for what I believe in. I have tried, to the best of my ability, to discharge[8] those duties and meet those responsibilities that were entrusted[9] to me.

---

[1] **Watergate** ウォーターゲート事件。1972年に共和党側の人物7人 (Watergate Seven) が民主党本部のあるウォーターゲートビルに侵入して不法行為を行なったことに始まる一連の政治的スキャンダル。1974年ニクソン大統領が引責辞職した。237ページの右欄の情報も参照。

[2] **persevere** 辛抱する、屈せずにやり通す。

[3] **term of office** 職務の任期。

[4] **base** 基礎、根拠、支持母体。

[5] **effective** （法律などが）有効である、実施されている。The new interest rate becomes effective on April 1.（新利率は4月1日から実施される。）[『ジーニアス英和辞典』の例文より]

[6] **secure** 確実にする、保証する。

[7] **far-reaching** 遠大な、広大な。

[8] **discharge** この場合は、「（職務などを）果たす」。

[9] **entrust** 委ねる、任せる。

27

リチャード・ニクソン

「大統領職を辞任する」(1974)

ウォーターゲート事件の困難な時期を通して、私は屈せずにやり通すことが自分の義務だと感じてきました。皆さんは私を大統領に選んでくださったのであり、その大統領としての任期を全うするために可能な限りの努力をすることこそが、私の義務である、と感じてきました。しかし、ここ数日間、次のことが明らかになりました。私はもはや議会に盤石(ばんじゃく)な政治的基盤を確保することができず、その努力を続ける正当な理由がない、ということです。

したがって、私は大統領職を辞任します。これは明日の正午に発効します。(……)

我々はアメリカの最も長い戦争を終わらせました。しかし、永続する世界平和を確立する仕事において、この先の目標はさらに遠大で、困難なものです。我々は平和を打ち立てなければなりません。そして、あらゆる国の人々が、この世代——アメリカの我々の世代——の人たちのことを、このように言ってくれるようにしなければなりません。我々はひとつの戦争を終わらせただけではなく、未来の戦争も防いだのだ、と。(……)

私は自分が信じるもののために戦ってきました。私の能力の限りを尽くし、職務を全うし、私に委ねられた責任を果たそうとしました。

Richard Nixon
リチャード・ニクソン
(1913–94)
アメリカの政治家。第37代大統領(1969–74)。共和党。ウォータゲート事件により、任期中に辞任。

27 Richard Nixon

DISC TWO 9

Sometimes I have succeeded. And sometimes I have failed. But always I have taken heart[10] from what Theodore Roosevelt[11] said about the man in the arena,[12] "whose face is marred[13] by dust and sweat and blood, who strives valiantly,[14] who errs and comes short[15] again and again because there is not effort without error and shortcoming, but who does actually strive to do the deed, who knows the great enthusiasm, who knows the great devotion, who spends himself in a worthy cause, who at the best[16] knows in the end the triumphs of high achievements and who at the worst[17] if he fails, at least fails while daring greatly."

I pledge to you tonight that as long as I have a breath of life in my body I shall continue in that spirit. I shall continue to work for the great causes to which I have been dedicated throughout my years as a congressman,[18] a senator, vice president, and president, the cause of peace — not just for America but among all nations — prosperity, justice, and opportunity for all our people. (...)

As a result of these efforts, I am confident that the world is a safer place today, not only for the people of America but for the people of all nations, and that all of our children have a better chance than before of living in peace rather than dying in war.

---

[10] **take heart (from...)** …から元気を得る、勇気づけられる。

[11] **Theodore Roosevelt** 人物については第7章を参照。ここで紹介される台詞は、1910年、パリのソルボンヌ大学におけるローズヴェルトの "Citizenship in a Republic" という演説より。

[12] **arena** 闘技場。

[13] **mar** そこなう、傷つける。

[14] **valiant** 勇壮な、立派な。

[15] **come short** 仕損じる、及ばない。

[16] **at the best** 最良の場合。

[17] **at the worst** 上の at the best と対比して、「最悪の場合でも」。

[18] **congressman** (senator＝上院議員と区別して)下院議員。

"I Shall Resign the Presidency"

　ある時は、私は成功しました。ある時は、失敗しました。しかし、セオドア・ローズヴェルトが残した闘技場の男に関する言葉に、常に勇気づけられてきました。ローズヴェルトはこう言いました。「闘技場の男は、顔は土ぼこりと汗と血にまみれながらも勇敢に戦い、そして何度も何度も失敗し、もう一歩及ばない。どうしてかと言えば、失敗や不足なものを伴わない努力などないからだ。しかし、彼はそれをやり遂げようと実際に奮闘する。一生懸命やることを知り、身を捧げることを知り、価値ある大義のために自己を費やす。最高の場合は最終的に高い業績を勝ち得、最悪の場合は失敗するが、少なくとも立派に挑みつつ敗れる」と。

　今夜、皆さんに誓います。私は体内に生命の息が残る限り、その精神で生き続けていきます。偉大なる大義のために、これからも働き続けます。その大義のために、私は代議士として、上院議員として、副大統領として、そして大統領としての年月すべてにおいて、身を捧げてきました。それは、平和という大義——アメリカの平和のみならず、すべての国々の平和——そして、我々国民すべてにとっての繁栄、正義、機会といった大義です。（……）

　こうした努力の結果、私は自信をもって、世界は今より安全な場所になった、と言えます。アメリカ国民にとってだけでなく、あらゆる国の人々にとって、安全な場所になりました。そして我々の子供たちは皆、戦争で死ぬよりも平和に生きていく機会を、今まで以上に手にすることができるようになりました。

　ウォーターゲート(Watergate)事件は、アメリカ史上最大の政治スキャンダルとして記憶されている。1972年の大統領選挙戦中に、首都ワシントンのポトマック川に臨む(ホテル、オフィス、高級アパート、ブティックなどを含む)多目的ビルWatergate Building Complex内の民主党全国委員会本部に、「大統領再選委員会」の(実質的にはホワイトハウスの)指令を受けた共和党側の7人が押し入って情報を盗もうとした事件、およびこれに対するリチャード・ニクソン大統領、大統領補佐官、政府高官、共和党幹部、CIA、FBIなどの関与を覆い隠そうとした事件のこと。その解明の過程で、政府高官の収賄、脱税なども発覚し、1973年にスピロ・T・アグニュー副大統領が辞任。一連の事件の最高責任者であるニクソン大統領は、弾劾(だんがい)裁判にかけられる可能性が大きくなり、1974年8月9日に辞任を余儀なくされた。ウォーターゲート事件の真相を明らかにした『ワシントン・ポスト』紙の記者たちの努力に対しては1973年にピューリッツァー賞が贈られた。(飛田茂雄編『現代英米情報辞典』［研究社］より)

COMMENTARY

　第23章でも解説したように、1969年に大統領に就任したリチャード・ニクソン (Richard Nixon, 1913–94) は、ベトナム戦争に関しては北爆を強化しながら、アメリカ軍のベトナム撤退を進めていった。そしてその間、北ベトナムとの和平交渉を有利に進めるため、ソ連や中国との緊張緩和（デタント）にも取り組んだ。1972年、ニクソンは中ソを相次いで訪問、小麦輸出や技術提供と引き換えに、北ベトナムへの援助削減を要請した。共産主義国と友好関係を結ぶことで、北ベトナムにプレッシャーをかけようとしたのである。

　このような駆け引きにより、1972年の大統領選挙の直前に北ベトナムとの和平交渉はほぼまとまり、アメリカ軍の戦死者数も激減、ニクソンは難なく再選された。そして翌73年1月に和平条約が成立、3月にはアメリカ軍の撤退が完成した。ところが選挙戦中の不正が発覚し、ニクソンは辞任に追い込まれる。これがウォーターゲート事件である。

　ニクソンはカリフォルニア州の貧しい家に生まれ、苦学して弁護士となり、1946年、共和党から下院議員に立候補して当選した。1950年代の反共ヒステリーの時期に「赤狩り」の闘士として名をあげ、52年の大統領選挙では39歳の若さでアイゼンハワー大統領の副大統領候補に大抜擢、アイゼンハワーの当選に伴って副大統領に就任した。モスクワの博覧会でソ連のフルシチョフ首相にアメリカの家庭電化製品の豊かさを見せつけ、フルシチョフが拳を振り上げて反論するという、「キッチン論争」でも知られている。

　副大統領を2期務めたあと、ニクソンは1960年の大統領選挙で共和党の大統領候補となったが、ケネディに僅差で敗れた。テレビ討論において、ハンサムで自信に満ち溢れたケネディに比べ、見映えが悪かったことが最大の敗因であると言われている。その後、カリフォルニア州知事選挙にも敗れ、政治家として致命傷を負ったように見えたが、1968年の大統領選で復活、共和党の指名を獲得し、民主党のヒューバート・ハンフリーを破って大統領に当選した。

　ウォーターゲート事件の始まりは、1972年6月、ワシントンDCのウォーターゲート・ビルにある民主党全国本部にニクソンの再選運動に関わっていた男たちが侵入し、盗聴器を仕掛けていたところを捕まったことだった。裁判の進展とともに、

解 説

ニクソンの側近も関与していたことが明らかにされ、疑惑は大統領自身にも及んだ。こうして上院議会に調査委員会が設置され、公聴会が開かれるとともに、ホワイトハウスでの会話を録音したテープが提出されるに至って、ニクソン自身の関与も暴露されていった。さらにニクソンが部下に指示して FBI の調査を中止させようとしたこと、部下たちの会話さえも盗聴していたこと、ニクソン自身が日頃下品な言葉を使っていることまでが明らかにされ、ニクソンは議会と国民の支持を完全に失ってしまったのである（237 ページの右側の情報も参照）。

1974 年 8 月、もはや大統領弾劾決議の成立は必至と悟り、ニクソンは自ら辞任を表明した。ここで取り上げたのはその時国民に向けて行った、釈明と辞任表明の演説である。

ニクソンはまず、事件が発覚した後も、「辛抱する」(persevere) ことが自分の義務であると感じてきた、と言う。

Throughout the long and difficult period of Watergate, I have felt it was my duty to persevere, to make every possible effort to complete the term of office to which you elected me. In the past few days, however, it has become evident to me that I no longer have a strong enough political base in the Congress to justify continuing that effort.

to persevere を言い換えて、to make every possible effort... と言う。あなた方が私を選んだ役職 (office) の任期 (term) を全うするために、可能な限りの努力をすることが義務であると感じてきたのである。しかし、ここ数日、that 以下のことが明らかになった。それは、議会に盤石な政治的基盤をもはや確保できず、その努力の継続を正当化できない、ということである。政治家の発言はくどいものが多いが、ニクソンのこの発言は特にくどい。本当は辞任したくないのだがやむを得ずこういう状況に追い込まれた……という気持ちがにじみ出ている。

というわけで、辞任を表明するのが次の部分。

Therefore, I shall resign the presidency effective at noon tomorrow.

effective は語注で解説した通り、大統領の辞任が明日の正午から有効だということ。このあと省略した部分で、大統領職は副大統領のフォードが引き継ぐことを告げる。続けてニクソンは、国民に対して釈明する。自分の判断が間違っていたこともあったろうが、それは国の利益を最優先に考えたためだ。自分に対立した人も、最終的にはみな国のためを考えてのことであり、自分はそういう人たちに悪感情はもたない。だから皆が団結して新大統領を支援していこう、とニクソンは訴える。

次の太字部分はアメリカの最も長い戦争、つまりベトナム戦争の話になる。

We have ended America's longest war. But in the work of securing a lasting peace in the world, the goals ahead are even more far-reaching and more difficult.

ニクソンはベトナム戦争を終わらせた。しかし、世界に「永続する平和」（a lasting peace）を打ち立てるという仕事においては、まだまだゴールは遠く、困難が予想される。我々は a structure of peace を完成させなければならない……というのが続く部分。

We must complete a structure of peace, so that it will be said of this generation — our generation of Americans — by the people of all nations, not only that we ended one war but that we prevented future wars.

平和の構造を完成させなければならないというのは、平和が永続するような枠組みをきちんと作らなければならない、ということ。それによって、この世代のアメリカ人について、世界中の人々から、not only 以下のようなことを言われるようにならなければならない。つまり、我々はひとつの戦争を終わらせただけでなく、未来の戦争も防いだ、と言われなくてはならないのである。

そのあとしばらく、ニクソンは自分がいかに努力してきたかという話を続ける。自分は自分の信じることのために戦ってきた。全力を尽くして、義務と責任を果たそうとしてきた。そして失敗した時でも、常にセオドア・ローズヴェルトの言葉を

思い浮かべ、それに勇気づけられてきた、と言う。それは闘技場で戦う男が汗と血にまみれ、何度も失敗しながらも、勇敢に戦い続ける話である。

　ローズヴェルトの演説からの引用では、who errs 以下、err と error, comes short と shortcoming が対になっていることに注意していただきたい。何度も失敗したり、及ばなかったりするが、努力する以上は error や shortcoming はつき物である。もし失敗するとしても、「立派に挑戦し続けて」(daring greatly) 敗れる。ニクソンは、自分の失敗も、こうした気高い失敗である、と言いたいのだ。

　続く段落、ニクソンはこれからの人生において、同じ精神で努力し続けることを誓う。それは、公職についているあいだ、ずっと自分が身を捧げてきた偉大な大義のためにこれからも働き続ける、ということ。つまり世界平和という大義である。省略した部分で、ニクソンは自分が中国との国交樹立を実現し、世界平和のために努力してきたことを強調する。そしてこうした努力のために、世界は前よりも安全になった、というのが次の太字部分である。

As a result of these efforts, I am confident that the world is a safer place today, not only for the people of America but for the people of all nations, and that all of our children have a better chance than before of living in peace rather than dying in war.

　that all of our children の that も I am confident に続く。自分が自信をもっているのは、我々の子供たちが a better chance をもつ、ということ。続く than before は挿入句で、以前よりも a better chance of living in peace のチャンスをもつようになった。つまり、戦争で死ぬよりも平和で生きられる時代になった、と誇っているのである。

　こうしてニクソンは辞任した。任期中の大統領が辞任するのはアメリカ史上初めてのことであり、しかも弾劾裁判を避けるための辞職とあって、国民のあいだに深刻な政治不信が生まれた、と言われている。大統領はジェラルド・フォードに引き継がれたが、フォードは実直な人柄で支持を得ていたものの、就任1カ月後にニクソンに特赦を与え、国民の信頼も揺らいでしまった。フォードは1970年代になって急速に悪化したアメリカの経済不況には対して有効な対策を立てられぬまま、1976年の選挙で民主党のリベラル派ジミー・カーター (Jimmy Carter, 1924–　) に敗れている。

28

George W. Bush

"Axis of Evil" (2002)

DISC TWO 10

[1] regime 政治形態、政権。

[2] September 11 2001年9月11日の同時多発テロ

[3] un-elected 選挙で選ばれていない。

[4] flaunt ひけらかす。

[5] anthrax 炭疽菌。

[6] nerve gas 神経ガス。

[7] huddle 寄り集まる、体を丸める。

[8] international inspections イラクは国際機関による核兵器の査察を受け入れながら、のちに査察団を追い出した。それがイラクの核兵器開発の疑惑をさらに深めることになった。

Our second goal is to prevent regimes[1] that sponsor terror from threatening America or our friends and allies with weapons of mass destruction.

Some of these regimes have been pretty quiet since September 11,[2] but we know their true nature. North Korea is a regime arming with missiles and weapons of mass destruction, while starving its citizens.

Iran aggressively pursues these weapons and exports terror, while an un-elected[3] few repress the Iranian people's hope for freedom.

Iraq continues to flaunt[4] its hostility toward America and to support terror. The Iraqi regime has plotted to develop anthrax[5] and nerve gas[6] and nuclear weapons for over a decade.

This is a regime that has already used poison gas to murder thousands of its own citizens, leaving the bodies of mothers huddled[7] over their dead children. This is a regime that agreed to international inspections[8] then kicked out the inspectors. This is a regime that has something to hide from the civilized

28

ジョージ・W・ブッシュ

「悪の枢軸」(2002)

我々の第二の目標は、テロを支援する政権が大量破壊兵器を使ってアメリカと我々の友好国や同盟国を脅かすのを阻止することです。

これらの政権の中には、9月11日以降、かなりおとなしくしているものもありますが、我々はその本性を知っています。北朝鮮の政権は、国民を飢えさせておきながら、ミサイルと大量破壊兵器で武装しています。

イランは積極的に大量破壊兵器の開発を推進し、テロを世界に広めています。そしてあの国では、選挙で選ばれていない少数の権力者が、国民の自由への希望を抑圧しています。

イラクは今もアメリカに敵意を示し、テロを支援し続けています。イラク政権は、十年以上にわたり、炭疽菌や神経ガス、核兵器の開発を進めています。

イラク政権は、すでに毒ガスを使って何千人もの国民を殺害しています。子供たちの死体に寄り添う母親たちの死体が放置されました。さらに国際核査察に同意しておきながら、後になって査察団を追い出すようなこともしました。文明世界に対して何かを隠蔽しているのです。

George W(alker) Bush
ジョージ・W・ブッシュ (1946―)
アメリカの第43代大統領 (2001–2009)。共和党。第41代大統領 George Herbert Walker Bush の長男。

9	the civilized world 文明世界に対して何か隠しているものがある」という言い方をするということは、イラクが文明国ではないということになる。ブッシュはイラクなどの国々との戦いを非文明国対文明国の戦いに見せようとしている。
10	match （期待などに）沿う、応じる、合わせる。
11	blackmail　恐喝する。
12	catastrophic　壊滅的な、大異変の。
13	coalition　（党・国家などの一時的）連合、合同。
14	expertise　専門技術。
15	deploy　配備する。
16	gather　(vi.) 増す、次第につのる。
17	stand by　傍観する。

DISC TWO 10

world.[9]

States like these, and their terrorist allies, constitute an axis of evil, arming to threaten the peace of the world. By seeking weapons of mass destruction, these regimes pose a grave and growing danger. They could provide these arms to terrorists, giving them the means to match[10] their hatred. They could attack our allies or attempt to blackmail[11] the United States. In any of these cases, the price of indifference would be catastrophic.[12]

We will work closely with our coalition[13] to deny terrorists and their state sponsors the materials, technology and expertise[14] to make and deliver weapons of mass destruction.

We will develop and deploy[15] effective missile defenses to protect America and our allies from sudden attack.

And all nations should know: America will do what is necessary to ensure our nation's security. (…)

I will not wait on events while dangers gather.[16] I will not stand by[17] as peril draws closer and closer. The United States of America will not permit the world's most dangerous regimes to threaten us with the world's most destructive weapons.

"Axis of Evil"

　このような国家と、それに同盟するテロリストたちは、「悪の枢軸」を構成しています。世界平和を脅かすために武装しているのです。大量破壊兵器を開発することで、こうした政権はますます危険が増大するような状況を引き起こしています。彼らは、テロリストたちに武器を供与し、テロリストたちがその恨みを晴らす手段を与えています。これによって、テロリストたちは、我々の同盟国を攻撃し、アメリカの平和を脅かすことができるのです。いかなる場合も、これに無関心でいれば、我々は破滅してしまいます。

　我々は同盟国と密接に連携し、テロリストとそれを支援する国家が、大量破壊兵器を作り、広めるための物資、テクノロジー、技術を手に入れられないようにします。

　また、アメリカとその同盟国を不意の攻撃から守るために、我々は効果的なミサイル防衛を開発し、配備します。

　そして、すべての国に知っておいてほしいのです。アメリカは、国家の安全を守るために必要なことは、どんなことでもします。（……）

　危険が増大しているのにもかかわらず、ただ事が起きるのを待っているようなことは、私はしたくありません。危機がだんだんと近づいて来ているのに、ただ指をくわえて見ているようなことは、したくありません。アメリカ合衆国は、世界で最も危険な政権が、最も破壊的な兵器を使って、我々を脅かすのを、決して許しません。

2001年9月11日に起こった同時多発テロは、米国およびドイツでジェット機操縦の訓練を受けた4人を含む19人のイスラム過激派による自爆型の巨大テロであった。その日、犯人たちはボストン、ニューヨーク、およびワシントン・ダレス空港発の American Airlines（AA）と United Airlines（UA）各2機の双発ジェット機をハイジャックし、うちAA1機（乗員乗客は92人）を、午前8時46分にマンハッタンの南にある世界貿易センターの110階建て北棟（1号館）の96階あたりに突入させ、9時3分にUA1機（乗員乗客65人）を南棟（2号館）の80階あたりに突入させた。また、犯人らは午前9時40分に、ダレス空港発のAA1機（乗員乗客は64人）をワシントン市の西にある国防総省（ペンタゴン）に突入させた（死者は乗員乗客を含めて189人）。ニューヨーク発の4機目（UA）は、首都ワシントンのホワイトハウスを狙っていた可能性が大きいが、ピッツバーグ市の南西130キロの地点で墜落炎上した（死者44人）。
ニューヨークのテロの犠牲者数は12月26日の市の発表では2010人であった。米国政府によれば、このテロを計画・指示したのは Osama bin Laden で、彼は5年余りを費やして、ドイツや米国などでテロリストを養成した。（飛田茂雄編『現代英米情報辞典』［研究社］より）

COMMENTARY

　1980年代はアメリカが自信を取り戻した時代だったと総括してよいだろう。70年代はベトナム戦争の敗戦と経済不振で揺らいだ時期だっただけに、1980年の大統領選挙で、国民はロナルド・レーガン (Ronald Reagan, 1911–2004) というひたすら楽観的な指導者を選んだ。レーガンは「強いアメリカの復活」を唱え、元俳優ならではの巧みな話術と振る舞いで国民の信頼を得たのである。

　レーガンの経済政策は、富裕層への大幅な減税によって投資を刺激するとともに、福祉などの予算を切り詰めて「小さな政府」を実現することだった。このレーガノミックス (Reganomics) は大きな財政赤字と貧富の差の拡大を生み出したが、景気がある程度回復したことも事実だった。また、レーガンは軍事的にアメリカの強さを見せつけ、国民の「ベトナム症候群」を払拭しようとした。「ベトナム症候群」とは、ベトナム戦争の敗北によって自信を失ったアメリカ人の心理状態を指す。そのためレーガンは国防費を増額し、「スターウォーズ」と呼ばれた戦略防衛構想を推進するとともに、第三世界への軍事介入を繰り返した。中でもカリブ海の小島グレナダにアメリカ軍を送り込み、反米マルクス主義政権を1週間で倒したことは、多くの国民に支持された。

　この「ベトナム症候群」の払拭は、レーガンの後継者であるジョージ・ブッシュ (George Bush, 1924—　) の湾岸戦争によってさらに進められた。1990年8月、イラクの独裁者サダム・フセインが隣国クウェートを占領すると、ブッシュは撤退を要求するとともに、イラクに対する経済制裁を行ない、翌年1月15日までに撤退しない場合は軍事制裁も辞さない、という国連決議を通した。そして1991年1月17日、アメリカを中心とした多国籍軍がついにイラクへの空爆を開始、2月末にはイラクをクウェートから完全撤退させた。アメリカ側はわずかな死傷者しか出さず、短期間に勝利を収められたとあって、国民の90パーセントがこれを支持。ブッシュは「我々はベトナム症候群を完全にたたき出した」と誇ったのである。

　ブッシュ（父）政権時代についてもうひとつ特筆すべきは、冷戦が終結したということであろう。ブッシュ当選後の1988年12月、ゴルバチョフが訪米し、国連総会で通常兵力の大幅削減を世界に向かって宣言、89年に入って東欧諸国が相次いで自由選挙を行ない、11月にはベルリンの壁が崩壊した。さらに90年、ソ連の共

解説

産党独裁が終わり、翌年にはソ連邦自体も解体している。これはまた、アメリカがソ連という大きな敵を失い、世界の一大強国となる一方で、今後の敵がテロリストに絞られていくことも意味していた。そのテロリストによる攻撃により、アメリカが凄まじい打撃を受けたのが、言うまでもなく、2001年9月11日の同時多発テロ事件であった。

この前年の大統領選挙で、国民は8年間続いた民主党クリントン政権に代わって共和党政権を選んでいた。第41代大統領の息子ジョージ・W・ブッシュ(George W. Bush, 1946–)である。勝ったとはいえ、実際には民主党候補アル・ゴアのほうが得票数で上回り、しかもなかなかフロリダ州の開票結果が確定しないという、不透明な勝利だった。就任早々にITバブルがはじけ、景気の悪化が始まったこともあり、支持率は低迷、それを一変させたのが9月の同時多発テロだったのである。

テロ発生後、ブッシュはすぐに「テロに対する戦争」を宣言し、テロリストをオサマ・ビン・ラディンの組織アルカイダであると特定した。そして1カ月後には、彼らを庇護するとされるアフガニスタンのタリバン政権への攻撃を開始、圧倒的な軍事力によってタリバン政権を倒した。その結果、ブッシュの支持率は90パーセントにまで跳ね上がったのである。

この戦勝を受けて、ブッシュは翌年1月、一般教書演説(the State of the Union address)を行なった。これはアメリカ大統領が毎年1月に、両議会に向けて行なう国政報告である。この中でブッシュは、アフガニスタンでの戦勝を誇り、しかしテロとの戦いはまだ始まったばかりであるとして、ほかのテロ支援国家を名指しした。ここでは特に有名な「悪の枢軸」の部分を取り上げたい。

冒頭でブッシュはいきなり「第二の目標」と言うが、これは省略した部分で第一の目標を語っているためだ。それは、テロリストのキャンプ地を破壊し、彼らに法の裁きを受けさせること。次に、テロを支援する国家に目を向け、こうした国が大量破壊兵器でアメリカとその同盟国を脅かさないようにする、と言う。これが第二の目標である。事件後おとなしくしている国もあるが、我々はその本性を知っている。そう言って、ブッシュは北朝鮮、イラン、イラクを名指ししていく。

こうした国々の中でも特に「悪」を強調されるのがイラクだ。イラクはアメリカ

に対して敵意を示しており、テロを支援している。そして十年以上も炭疽菌や神経ガス、核兵器の開発を進めてきた。ということは、湾岸戦争後もずっと大量破壊兵器の開発を続けてきたということである。

　次の段落、This is a regime という言い方を三度続けて、ブッシュはこの政権の「悪」をさらに列挙する。この政権はすでに毒ガスを使ってイラク市民を何千人も殺害したと言うが、これは独立を求めるクルド人を虐殺したことを指す。leaving 以下、母親たちの死体が huddled over... という状態で残されたわけだから、子供たちの死体に寄り添う母親たちの死体が町中に転がっていたのである。さらに核査察に合意しながら、査察団を追い出した。ということは、文明世界に対して何か隠しているのだ。このような言い方で、ブッシュはイラクが大量破壊兵器を隠していると示唆する。そして自分たちを文明世界と呼ぶことで、イラクの野蛮さを強調する。「この政権」とはもちろんサダム・フセイン政権。父ブッシュが倒したくて倒せなかった宿敵である。

　続く太字部分でブッシュはこの３国を「悪の枢軸」(an axis of evil) と呼ぶ。

States like these, and their terrorist allies, constitute an axis of evil, arming to threaten the peace of the world. By seeking weapons of mass destruction, these regimes pose a grave and growing danger.

　この呼び方は、レーガンがソ連を「悪の帝国」(empire of evil) と呼んで非難したことに倣ったものと言われている。axis というのは、第二次世界大戦における枢軸国(ドイツとイタリア)を思い起こさせる。こうした国々が武装して、世界平和を脅かしている。特に大量破壊兵器の開発を進めることで、ますます危険が増大している、とブッシュは強調する。というのも、彼らはこうした武器をテロリストたちに与え、それをテロリストたちは「自分たちの憎悪に合わせた行動を取るため」(to match their hatred) の手段として使うからだ。こうしてテロリストたちが合衆国を脅し、その同盟国を攻撃することができてしまう。これに対して無関心でいることの代償が catastrophic になるというのは、「破滅」(catastrophe) を招くということである。

　次の段落からは、それに対して「我々」がどう対処するか、という話になる。

We will work closely with our coalition to deny terrorists and

their state sponsors the materials, technology and expertise to make and deliver weapons of mass destruction.

　「我々」アメリカは、同盟国と密接に連携し、to deny 以下のことをする。ここは deny の間接目的語が terrorists and their state sponsors, 直接目的語が the materials, technology and expertise. つまり、「テロリストとそれを支援する国家」に「物資、テクノロジー、技術」などを与えないようにする。これらは大量破壊兵器を作り、広めるために使われるからである。
　次の段落、「我々」は、アメリカとその同盟国を不意の攻撃から守るために、効果的なミサイル防衛を開発し、配備する、と言う。続けて、すべての国に対し、アメリカは自国の安全保障のために必要なことは、どんなことでもする、という決意を述べる。

We will develop and deploy effective missile defenses to protect America and our allies from sudden attack.
And all nations should know: America will do what is necessary to ensure our nation's security.

　what is necessary とは、先んじて攻撃することも含まれる。それは最後の部分、自分はただ指をくわえて見ているつもりはない、という考えにも現われている。

I will not wait on events while dangers gather. I will not stand by as peril draws closer and closer. The United States of America will not permit the world's most dangerous regimes to threaten us with the world's most destructive weapons.

　アメリカは世界で最も危険な政権が大量破壊兵器で我々を脅すことを許さない——この考えに基づいて、ブッシュは翌 2003 年 3 月、国連の支持を得ないままにイラク戦争を開始した。イラクのフセイン政権が大量破壊兵器を隠し持っているというのが名目だった。戦争はアメリカが軍事力でイラクを圧倒し、短期間でバグダッドを掌握、フセイン政権を倒した。しかし、大量破壊兵器は発見されず、ブッシュは戦争の大義をフセイン独裁政権の打破に置き換えたものの、その後もイラク国内ではテロが相次いでいる。アメリカのテロとの戦いには、一向に出口が見えてこないのである。

29

Charlotte Aldebron

"I Am What You Are Going to Destroy" (2003)

CD DISC TWO 11

[1] **guess what?** 何だと思う？当ててごらん？

[2] **just the same** それでも、やはり。

[3] **smart bomb** スマート爆弾。飛行機から投下し、レーザー光線、テレビカメラなどにより目標に誘導されるもの。

[4] **February 16, 1991** 1991年1月から2月の湾岸戦争のときのことである。

[5] **flash-burn** 「閃光熱傷」という名詞だが、それを動詞で「閃光によって焼きつける」という意味で使っている。

[6] **peel** ……の皮をむく。

[7] **strip of blackened skin** 焼かれた人たちの皮膚が真っ黒になって壁にはりついているのである。

When people think about bombing Iraq, they see a picture in their heads of Saddam Hussein in a military uniform, or maybe soldiers with big black mustaches carrying guns (…). But guess what?[1] More than half of Iraq's 24 million people are children under the age of 15. That's 12 million kids. Kids like me. Well, I'm almost 13, so some are a little older, and some a lot younger, some boys instead of girls, some with brown hair, not red. But kids who are pretty much like me just the same.[2] **So take a look at me — a good long look. Because I am what you should see in your head when you think about bombing Iraq. I am what you are going to destroy.**

If I am lucky, I will be killed instantly, like the three hundred children murdered by your "smart" bombs[3] in a Baghdad bomb shelter on February 16, 1991.[4] The blast caused a fire so intense that it flash-burned[5] outlines of those children and their mothers on the walls; you can still peel[6] strips of blackened skin[7] — souvenirs of your victory — from the stones.

29

シャーロット・アルデブロン

「あなた方が殺そうとしているのは、私です」 (2003)

　イラク爆撃について考える時、皆さんが頭に思い浮かべるのは軍服を着たサダム・フセインでしょう。あるいは、大きな黒い口ひげを生やした銃を持つ兵士たちの姿（……）。でも、それだけでしょうか？　イラクの2400万人の人口の半分以上は15歳以下の子供たちです。ということは、1200万人の子供たち。私みたいな子供たちです。私はもうすぐ13歳ですが、イラクには私よりも少し年上の子もいれば、ずっと年下の子もいます。女の子ばかりでなく、男の子もいますし、赤毛ではなくて、茶色い毛の子もいるでしょう。それでもやはり、みんな私のような子供たちです。ですから、**私を見てください——よーく見てください。なぜなら、あなた方がイラク爆撃について考えるとき、頭に思い浮かべるべきなのは、私なのです。あなた方が殺そうとしているのは、私です。**

　もし運がよければ、私は即死するでしょう。1991年2月16日に、バグダッドの防空壕で、あなた方のスマート爆弾によって殺されたあの300人の子供たちのように。その爆弾はバンと爆発して凄まじい炎が燃え上がり、あの子たちとそのお母さんたちを壁に焼きつけてしまいました。今でも真っ黒に焦げた皮膚を石から引き剥がし、持ち帰ることができるそうです——あなた方の勝利のお土産として。

Charlotte Aldebron
シャーロット・アルデブロン
(1990–)
アメリカのメイン州のプレスクアイル (Presque Isle) 在住。弁護士である母親の仕事の関係で、スイスで生まれた後、アフリカのザイール（現コンゴ）、マリ、中米ハイチと移り住んだ。2003年2月に地元の教会で行われた平和集会で、"What About the Iraqi Children?" が本人によりスピーチされ、拍手と歓声に包まれた。今も彼女のもとには世界中から共感のメールが届く。

29 Charlotte Aldebron

(CD) DISC TWO 11

But maybe I won't be lucky and I'll die slowly, like 14-year-old Ali Faisal, who right now is in the "death ward"[8] of the Baghdad children's hospital. He has malignant[9] lymphoma[10] — cancer — caused by the depleted uranium[11] in your Gulf War missiles. Or maybe I will die painfully and needlessly like 18-month-old Mustafa, whose vital organs[12] are being devoured by sand fly[13] parasites.[14] I know it's hard to believe, but Mustafa could be totally cured with just $25 worth of medicine, but there is none of this medicine because of your sanctions.[15] (…)

Imagine that these are your children — or nieces or nephews or neighbors. Imagine your son screaming from the agony of a severed[16] limb, but you can't do anything to ease the pain or comfort him. Imagine your daughter crying out from under the rubble of a collapsed building, but you can't get to her. Imagine your children wandering the streets, hungry and alone, after having watched you die before their eyes.

This is not an adventure movie or a fantasy or a video game. This is reality for children in Iraq.

---

[8] **death ward** 助かる見込みのない患者が入院している病棟がそう呼ばれることもある。

[9] **malignant** 悪質な。

[10] **lymphoma** リンパ腫。

[11] **depleted uranium** 劣化（減損）ウラン。

[12] **vital organs** 生命を維持する器官(心臓、脳など)。

[13] **sand fly** スナバエ、サシチョウ(蝶)バエ。(サシチョウバエ属の吸血性のハエの総称。リーシュマニア症を媒介する。)

[14] **parasite** 寄生体(虫)。

[15] **sanction** 制裁。

[16] **sever** 切断する。

"I Am What You Are Going to Destroy"

　しかし、私はそんなに運がよくなくて、たぶんゆっくりと死ぬのだと思います。ちょうどバグダッド小児病院の「死者病棟」にいる14歳のアリ・ファイサルのように。彼は悪性のリンパ腫──つまり癌──にかかっています。湾岸戦争であなた方が使ったミサイルの劣化ウランによって、アリはそれにかかってしまいました。あるいは、私は18カ月のムスタファのように、激痛に苦しみながら、死ななくてもいいのに死んでしまうのかもしれません。ムスタファの内臓はスナバエの寄生虫に蝕まれています。信じられないかもしれませんけど、ムスタファの病気はたった25ドルの薬さえあれば完治できます。しかし、あなた方のイラクに対する制裁行為のために、こうした薬が手に入らないのです。（……）

　こうした子たちが自分の子供だと想像してみてください──あるいは甥か姪か近所の子であると想像してみてください。あなた方の息子が手足をもぎ取られて苦痛に叫んでいるのに、その子の苦痛を和らげたり、慰めてやったりすることもできないのですよ。あなた方の娘が崩れたビルの瓦礫の下から泣き叫んでいるのに、娘のところまで行き着けないのですよ。子供たちの目の前であなた方が殺されてしまい、そのあと子供たちはお腹を空かして、ひとりぼっちで町をさまよっているんですよ。それを想像してみてください。

　これは冒険映画でもファンタジーでもビデオゲームでもありません。これがイラクの子供たちにとっての現実なのです。

シャーロット・アルデブロンさんが2003年2月3日のメイン州の町の集会で訴えたイラク戦争反対のメッセージは、瞬く間にインターネットで世界中に広がり、日本では『私たちはいま、イラクにいます』（講談社）という1冊の本にまとめられた。

COMMENTARY

　アメリカのイラクに対する戦争は、国内外で激しい批判を呼び起こした。ここでは、その中でよく知られている反戦の演説を紹介したい。メイン州に住む13歳の少女シャーロット・アルデブロンが地元の反戦集会で行なったもので、これはインターネットを通じて世界中で読まれ、大きな反響を呼び起こした。
　アルデブロンはまず、大人たちの固定観念を揺さぶろうとする。
　イラクを爆撃するというと、大人たちが思い浮かべるのは軍服姿のサダム・フセインであったり、銃を持つ兵士たちであったりするだろう。しかし、イラクの人口の半分は15歳以下の子供たちである。つまり、子供たちも爆撃の標的になるはずなのだ。続けてアルデブロンは彼女自身に目を向けさせる。イラクの子供たちは、もっと年長の者も年少の者もいるだろうし、髪の毛の色も違うかもしれないが、自分と同じ子供である。そう言って、彼女は「私をよく見てください」と訴える。

So take a look at me — a good long look. Because I am what you should see in your head when you think about bombing Iraq. I am what you are going to destroy.

　Because の文章は不完全な文になっているが、「私を見てください」と訴える理由を述べている。それは、イラク爆撃を考える時、彼女のような子供のことを考えなければいけないからだ。つまりイラク爆撃は、彼女のような子供を殺すことを意味するのである。
　続いてしばらく、アルデブロンは自分が爆撃された場合、どのようなことが起きるかの例を語る。「私が幸運だったら即死するでしょう」(If I am lucky, I will be killed instantly) というのは逆説的だが、もっと残酷な死に方がいろいろとあることを意味している。即死する場合は、湾岸戦争の時のスマート爆弾で殺された子供たちのように、激しい火で焼かれて死ぬかもしれない。こうした子供たちの皮膚はまだ壁に焼きついて残っている……というのは残酷なイメージだが、彼女はこうした残酷なことをアメリカがやるのだと訴えて、大人たちに強いショックを与えようとしている。

解 説

　続いてアルデブロンは、そんなに幸運ではなかった場合を語る。その場合は劣化ウランによる癌でゆっくりと死ぬのかもしれない。あるいは、臓器を寄生虫に蝕まれて死ぬのかもしれない。後者の場合、たった25ドルの薬で助かるのだが、アメリカの制裁によってその薬も手に入らないのである。さらに省略した部分で、彼女はほかの例を挙げていく。死ななくても、心理的なダメージを負って生きていくことになるかもしれない。両親を失ってしまうかもしれない。そして教育も受けられず、路上で生活せざるを得なくなるかもしれない……。

　こうして彼女は「これがあなた方の子供だと想像してみてください」と訴える。

Imagine that these are your children — or nieces or nephews or neighbors. Imagine your son screaming from the agony of a severed limb, but you can't do anything to ease the pain or comfort him. Imagine your daughter crying out from under the rubble of a collapsed building, but you can't get to her. Imagine your children wandering the streets, hungry and alone, after having watched you die before their eyes.

　英語自体はやさしいので、特に解説はいらないだろう。あなたの息子が手足を引き裂かれ、娘が瓦礫の山に埋もれてしまうかもしれない。アルデブロンはこうした悲惨なイメージを喚起して、イラク国民の身になって考えるように促している。

This is not an adventure movie or a fantasy or a video game. This is reality for children in Iraq.

　これは映画やテレビゲームではなく、現実である——イラク国民にとっての現実を生々しく語ることで、アルデブロンは大人たちの心に直接訴えかけているのである。

30

Hillary Rodham Clinton

"Today Roe Is in More Jeopardy Than Ever" (2005)

(CD) DISC TWO 12

I am so pleased to be here two days after the 32nd anniversary of Roe v. Wade,[1] a landmark decision that struck a blow for[2] freedom and equality for women. Today Roe is in more jeopardy than ever, and I look forward to working with all of you as we fight to defend it in the coming years. (…)

Now with all of this talk about freedom as the defining goal[3] of America, let's not forget the importance of the freedom of women to make the choices that are consistent with their faith and their sense of responsibility to their family and themselves.

I heard President Bush[4] talking about freedom and yet his Administration has acted to deny freedom to women around the world through a global gag policy,[5] which has left many without access to basic reproductive[6] health services.[7]

This decision,[8] which is one of the most fundamental, difficult and soul searching[9] decisions a woman and a family can make, is also one in which the government should have

---

[1] **Roe v. Wade** ロウ対ウェイド事件判決。詳しくは、259ページの右欄の情報を参照のこと。

[2] **strike a blow for** ……に加勢する。

[3] **the defining goal of America** アメリカを定義するような（アメリカの明確な特徴となるような）目標。

[4] **President Bush** 第43代大統領ジョージ・W・ブッシュ（子）のこと。

[5] **a global gag policy** いわゆる「地球規模箝口令」（Global Gag Rule、あるいは Mexico City Policy とも称される）。80年代にメキシコ市で開催された国連人口会議に際して、当時の共和党政権が定めた政策で、家族計画の手段として中絶を促進、もしくは中絶について議題として扱うNGOには資金提供をしないとするもの。この政策はクリントン時代に撤回されたが、ブッシュ現政権になって再び導入されることになった。

[6] **reproductive** 女性の出産に関わる。

[7] **health service** 公共医療（施設）。

[8] **This decision** 女性の産む産まないの決断を指す。

30

ヒラリー・ロダム・クリントン

「今日、ロウはこれまで以上に危機に瀕している」

(2005)

ロウ対ウェイド裁判の 32 周年の 2 日後に、こうしてこの場にお呼びいただき、本当に嬉しく思っております。あの判決は、女性の自由と平等に力を与えた、記念碑的な決定でした。今日、ロウはこれまで以上に危機に瀕しています。ですから、これからの年月、皆さんと連携し、それを守るために戦っていきたい、と願っております。(……)

自由こそアメリカが目指すべきものである、と今は盛んに論じられています。なので、女性が選択できる自由の大切さも忘れないようにしましょう。女性が自分の信仰と一致する選択、家族や自分自身に対する責任感と一致する選択ができる自由です。

ブッシュ大統領が自由を語る声は聞こえてきますが、彼の政権は世界的なギャグ・ポリシーを通して、世界中の女性の自由を否定しようとしてきました。これによって、多くの女性たちが、出産に関する基本的な公共医療を受けられなくなっています。

この決断は、女性や家族が下す決断の中で、最も基本的ですが、しかし困難かつ自己の魂を探らなければならないもののひとつと言えるでしょう。そしてそれは、政府が決して口を出してはならない決断でもあります。妊

Hillary Rodham Clinton
ヒラリー・ロダム・クリントン
(1947–)
アメリカの弁護士、上院議員 (2000–)。第 42 代大統領 Bill Clinton の妻。

[9] **soul searching** 自己の魂を探る。
[10] **abortion** 妊娠中絶。
[11] **preventive** 予防的な。
[12] **comprehensive** 包括的な。

no role. I believe we can all recognize that abortion[10] in many ways represents a sad, even tragic choice to many, many women. Often, it's a failure of our system of education, health care, and preventive[11] services. (…) The fact is that the best way to reduce the number of abortions is to reduce the number of unwanted pregnancies in the first place. (…)

There is no reason why government cannot do more to educate and inform and provide assistance so that the choice guaranteed under our constitution either does not ever have to be exercised or only in very rare circumstances. But we cannot expect to have the kind of positive results that all of us are hoping for to reduce the number of unwanted pregnancies and abortions if our government refuses to assist girls and women with their health care needs, a comprehensive[12] education and accurate information.

So my hope now, today, is that whatever our disagreements with those in this debate, that we join together to take real action to improve the quality of health care for women and families, to reduce the number of abortions and to build a healthier, brighter more hopeful future for women and girls in our country and around the world.

"Today Roe Is in More Jeopardy Than Ever"

娠中絶が、それはそれは多くの女性たちにとって、多くの意味で悲しく、悲劇的とさえ言える選択であるという点については、我々はみな意見が一致していると思います。しばしば、妊娠中絶は、我々の教育、健康管理、予防的な医療といったシステムに問題があることによって、もたらされます。（……）実際、中絶の数を減らす最良の方法は、まず望まない妊娠の数を減らすことなのです。（……）

　教育を施し、情報を与え、そして支援するということに、政府がなぜもっと積極的に取り組まないのか、特に理由などありません。政府がそういったことをすれば、我々の憲法の下で保証された妊娠中絶の選択が行使される必要はなくなるか、行使されるにしてもほんの稀な状況においてのみ、ということになるはずです。しかし、我々が望んでいるような好ましい結果は望めないでしょう。政府が少女たちと女性たちの支援を拒んでいるようでは、望まない妊娠と中絶の数を減らせるとはとても思えません。政府は女性たちに必要な健康管理、包括的な教育と正確な情報を通して、彼女たちを支援する必要があります。

　そこで私の今日の願いは、この論争に関する意見の相違がどんなものであれ、みんなで一致団結して、実際に行動を起こし、女性や家族の健康管理の質の向上を図りたい、ということです。そして中絶の数を減らし、より健康的で明るく、より希望に満ちた未来を、この国の、そして世界中の女性たちや少女たちのために、築き上げたいのです。

□　ウ対ウェイド事件判決 (Roe v. Wade) は、妊娠中絶、およびプライバシーに関する 1973 年の連邦最高裁判所のきわめて重要な判決。pro-life（胎児の生命擁護）派と pro-choice（出産するか否かの選択は女性固有の権利だという主張）派とが、賛否をめぐって激しく議論を続けているが、この判決は憲法が保護するプライバシー権を認め、妊娠中絶を禁止する州法を憲法第 14 補正第 1 節違反だとした。ただし、妊娠期間（約 9 カ月）の最初の 3 分の 1 を過ぎている場合、そして母胎の生命や健康に格別の危険がない場合に州が介入することは認めている。妊娠第 3 期における中絶は、母体を救う必要がある場合を除いて、州法によって禁じられる。事件名にある Wade とは、テキサス州ダラス郡の検事長（在任：1951–87）であった Henry Wade (1915–2001) のこと。(Jane) Roe は原告の女性の匿名で、Jane Doe（男性なら John Doe）と共に裁判ではよく用いられる。（飛田茂雄著『英米法律情報辞典』より）

COMMENTARY

　レーガンからブッシュへと続く共和党政権の時代は、アメリカの保守化の時代であったとも言える。60年代から70年代、リベラル派がさまざまな運動を通じてアメリカの偽善を指摘し、多様な価値観を認めさせていった。それに対し、白人中流階級や保守派知識人、宗教右派など、共和党の支持層が、家族や愛国心といった伝統的な価値観の復活を叫ぶようになったのである。彼らは妊娠中絶を殺人であるとして禁止しようとし、同性愛者を攻撃する傾向があるが、これらはその後の大統領選でも必ず重要な争点になるようになった。

　1992年、民主党のウィリアム・ジェファソン・クリントン (William Jefferson Clinton, 1946–　) が大統領に当選したことは、ひとつの揺り戻しであったと言える。クリントン自身がベトナム戦争に対して反戦活動を行ない、徴兵を忌避したこともある中道リベラル派であり、さらに副大統領も同世代で環境問題に熱心なアル・ゴア (Al Gore, 1948–　) であったためだ。そして就任後、クリントンはただちに家族医療休暇法(新生児や病気の家族の世話をするために夫婦のいずれかが12週間の休暇を取ることを保証するもの)、ブレイディ銃保持規正法などを成立させ、レーガン時代に禁止された診療所での中絶相談を解禁した。しかし、同性愛に関しては、軍隊内部で同性愛者に対する差別を禁じる一方で、共和党や軍隊上層部からの反対に遭い、同性愛者の行動を規制するという内容で妥協した。また、クリントンは夫人のヒラリー・ロダム・クリントン (Hillary Rodham Clinton, 1947–　) を健康保険制度改革の責任者に任命、全国民をカバーする健康保険制度を成立させようとしたが、さまざまな反対に遭って実現しなかった。

　経済的には、産業の中心が製造業からサービス業とIT産業にシフトすることで好景気に恵まれた。ゴア副大統領の提唱する「情報スーパーハイウェイ構想」を推進、学校へのパソコン導入など、IT教育も進めて、IT産業の育成と、IT化による生産性向上に尽くした。とはいえ、クリントンは富裕層優遇の税制は改めたものの、貧富の差を縮めることにはあまり有効な策は出せなかった。また、1998年にはホワイトハウスでのセックススキャンダルにより弾劾裁判にかけられ、弾劾こそ免れたものの、民主党政権にとって大きなマイナスイメージとなった。2000年の大統領選挙ではゴアが民主党の大統領候補となったが、保守層を取り込んだジョー

解 説

ジ・W・ブッシュが僅差ながら勝利を収め、また大きな揺り戻しを見せたのである。

この最終章では、クリントン夫人のヒラリーが妊娠中絶の問題に関してブッシュ政権を批判した演説を見てみたい。ヒラリーはシカゴ出身で、マサチューセッツ州のウェルズリー大学を卒業後、法律家を目指してイェール大学ロースクールに進学した。このときビル・クリントンと知り合い、卒業後に結婚している。その後も弁護士として活動しながら、クリントンの政治活動を支援し、1993年、クリントンが大統領に就任すると、前述のように健康保険制度改革の責任者に任命された。ファーストレディとして重要な政策責任者の地位に就いたのは、彼女が初めてである。2000年にはニューヨーク州上院議員選挙に民主党の候補として出馬し、当選。現在、2008年の大統領選挙での民主党候補に最も近い政治家と目されている。

この演説は2005年1月24日、ニューヨーク州の家族計画協会に招かれた時のものである。その2日前が、妊娠中絶を合法と認める「ロウ対ウェイド事件判決」の記念日であった。ヒラリーは聴衆に感謝の気持ちを述べた後、この事件の記念日の2日後にここに来られることは大変嬉しいと話し始める。

I am so pleased to be here two days after the 32nd anniversary of Roe v. Wade, a landmark decision that struck a blow for freedom and equality for women. Today Roe is in more jeopardy than ever, and I look forward to working with all of you as we fight to defend it in the coming years.

その判決は女性たちの自由と平等に対して「加勢した」(struck a blow) 記念碑的決定であった。ところが、この決定がまた危機に陥っている。これはブッシュの共和党政権がまた反対の方向に進んでいるためだ。だからこそ、皆さんと一緒にこれを守っていきたい——とヒラリーは言っている。

しばらく省略したのだが、その部分でヒラリーは、ファーストレディとして世界を回っていた時に見聞したことを語る。チャウシェスク政権下のルーマニアでは、女性は5人以上の子供を産むことを強制されていた。それに対し、中国ではひとりっ

子政策が進められていた。このように、女性の産む産まないの選択に政府が介入していたのである。自由の国アメリカではこのようなことがあってはいけない——そう訴えるのが次の部分。

Now with all of this talk about freedom as the defining goal of America, let's not forget the importance of the freedom of women to make the choices that are consistent with their faith and their sense of responsibility to their family and themselves.

　talk about freedom as the defining goal of America とは、アメリカを定義づけるような目標として自由を語るということ。自由こそアメリカの目標だ、自由だからこそアメリカだ、といった言葉はよく聞こえるのだが、それだったら女性の自由のことも忘れてはいけない、と言っているのである。女性の自由といっても、ここでは選択する自由。自分の信仰や責任感と一致する選択ができる自由である。
　ところが、ブッシュ政権になって、その自由が怪しくなってきた。

I heard President Bush talking about freedom and yet his Administration has acted to deny freedom to women around the world through a global gag policy, which has left many without access to basic reproductive health services.

　ブッシュ大統領は自由を語りながら、global gag policy という政策によって女性の自由を否定している。この政策は語注でも解説したように、家族計画の手段として中絶を促進する NGO や、中絶を議題として扱おうとする NGO には資金提供をしないとするもの。それによって多くの女性たちが出産(この場合は中絶だが)に関する公共医療を奪われてしまったのである。
　続けてヒラリーは、「この決断」(This decision)、つまり女性の産む産まないの決断こそ最も基本的だが、しかし困難かつ soul searching な決断のひとつだとした上で、also one in which the government should have no role と言う。これは the government should have no role in the decision ということだから、政府が役割を持つべきではない(口を出すべきではない)決断という意味になる。その決断は産む本人に委ねられるべきものなのである。しかし、中絶というのはもちろん悲劇的な決断だ。この決断をしなくて済むように、そもそも「望まない妊娠」(unwanted

pregnancies) の数を減らさなければならない。ヒラリーはその施策について、これまで自分がやってきたことや、これからの方向など、しばらく語っている。

　次の段落は締めくくりの部分になる。ヒラリーはその直前でもう一度ルーマニアと中国の例を挙げ、女性の産む産まないの選択に政府が口を差し挟むべきではない、と繰り返す。そして、妊娠中絶が実際に行なわれずに済むように(あるいは、行なわれてもほんの稀なケースに限られるように)、政府はもっと努力すべきだ、と言う。それが There is no reason で始まる文。only in very rare circumstances は、the choice (= abortion) is exercised only in very rare circumstances ということである。But we cannot の文は、if 以下のような状態では、我々みなが望むような positive results は望めないということ。つまり、政府が女性や少女たちを支援するのを拒否していては……という意味である。

　こうしてヒラリーは強く自分の願いを語る。

So my hope now, today, is that whatever our disagreements with those in this debate, that we join together to take real action to improve the quality of health care for women and families, to reduce the number of abortions and to build a healthier, brighter more hopeful future for women and girls in our country and around the world.

　whatever our disagreements with those in this debate の部分、those は女性たちの中で妊娠中絶に反対する人々を指す。そうした人たちとの意見の不一致がどんなものであれ、団結して行動を起こしていきましょう、と呼びかけている。というのも、to improve 以下のことについては同意できるはずであり、一致団結して行動できるはずだからである。それはすなわち、女性や家族にとっての健康管理の質を向上させ、妊娠中絶の数を減らし……といったこと。そして最後の部分が彼女の究極の目標ということになるだろう。それはもっと健康で、もっと明るく、希望に満ち溢れた未来を、世界中の女性たちのために築き上げることである。

　このあと聴衆への感謝の言葉を述べて、ヒラリーは演説を閉じている。

コラム 6

Michael Moore　マイケル・ムーア
"Shame on You, Mr. Bush"
「恥を知れ、ミスター・ブッシュ！」 (2003)

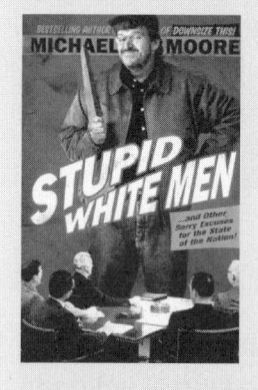

　もうひとつ、イラク戦争に対する有名な反戦演説を紹介しよう。それは、アメリカ社会の偽善を暴き出すドキュメンタリー映画監督マイケル・ムーア (Michael Moore, 1954－　) のもの。彼は高校生の銃乱射事件を素材に、アメリカの銃社会を批判した『ボウリング・フォー・コロンバイン』(Bowling for Columbine) で、2003 年度のアカデミー賞長編ドキュメンタリー部門を受賞した。そして、その時の受賞演説で、ジョージ・W・ブッシュを次のように強烈に批判したのである。

　なお、ここでムーアが「虚構の選挙結果」(fictitious election results) と言っているのは、第 28 章でも解説したように、ジョージ・W・ブッシュの当選が不透明なものであったことを指す。ディクシー・チックスはこの年のグラミー賞を受賞したカントリー・グループで、やはりブッシュ大統領とイラク戦争を痛烈に批判している。duct tape と orange alert については、朝日新聞社のサイトの注釈が次のように説明している——「生物・化学兵器が米本土で使われるという恐れから、市民がドアのすき間を埋めるため、配管工事などに使う布製のテープ (duct tape) を買いあさったり、5 段階のテロ警戒危険度が上から 2 番目のオレンジ色 (orange alert) に上げられたことを引き合いに出して、これらの信憑性に疑問を投げかけた」

　We like nonfiction and we live in fictitious times. We live in the time where we have fictitious election results that elects a fictitious president. We live in a time where we have a man sending us to war for fictitious reasons. Whether it's the fiction of duct tape or fiction of orange alerts we are against this war, Mr. Bush. Shame on you, Mr. Bush, shame on you. And any time you got the Pope and the Dixie Chicks against you, your time is up.

　我々はノンフィクションが好きで、虚構(フィクション)の時代に生きている。虚構(フィクション)の選挙結果で虚構(フィクション)の大統領が選ばれる時代。そして、ある男が虚構(フィクション)の理由で我々を戦争に送る時代だ。それがダクトテープの虚構(フィクション)であろうと、警戒レベルがオレンジの虚構(フィクション)であろうと、我々はこの戦争に反対だ、ミスター・ブッシュ。恥を知れ、ミスター・ブッシュ！ 恥を知れ。ローマ法王とディクシー・チックスを敵に回したら、あんたももうおしまいだ。

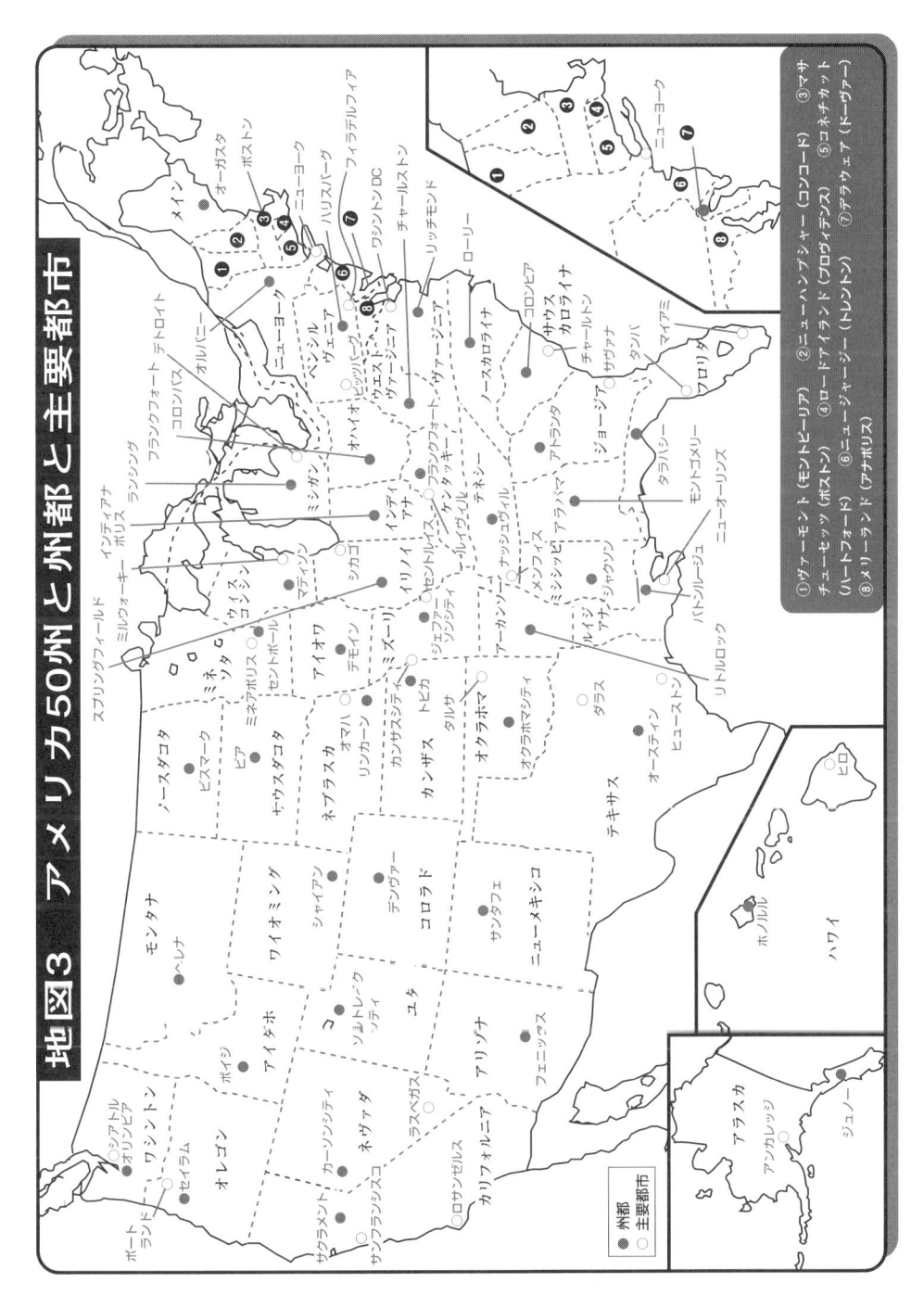

地図3　アメリカ50州と州都と主要都市

①ヴァーモント（モントピーリア）　②ニューハンプシャー（コンコード）　③マサチューセッツ（ボストン）　④ロードアイランド（プロヴィデンス）　⑤コネチカット（ハートフォード）　⑥ニュージャージー（トレントン）　⑦デラウェア（ドーヴァー）　⑧メリーランド（アナポリス）

アメリカ史年表

年	月	
1607	7	ヴァージニアにジェームズタウン建設(イギリス最初の恒久的植民地)。
1620	11	清教徒たち、メイフラワー号でケープコッドに到着(メイフラワーの誓約)、翌月プリマスに上陸。
1630	6	清教徒たち、セイラム湾に到着、マサチューセッツ湾植民地を築く。
1763	2	イギリス、フレンチ・アンド・インディアン戦争でフランスを破り、北アメリカ東部での覇権を確立。
1765	3	印紙税法の制定。10月7日、同法に反対して印紙税法会議を開催。
1773	12	ボストン茶会事件。
1775	4	独立戦争の勃発(レキシントン、コンコードの戦い)。
	5	第2回大陸会議を開催。
1776	1	トマス・ペインが『コモン・センス』を出版。
	7	独立宣言を大陸会議で満場一致で採択・公布。
1781	10	ヨークタウンの戦い、イギリス軍降伏。
1783	9	パリ平和条約調印(イギリス、アメリカ合衆国独立を承認)。
1787	5	合衆国憲法制定会議開催、9月17日憲法草案成立。
1789	4	ワシントン、初代大統領就任式、ニューヨークで行なわれる。
1800	12	ジェファソン、第3代大統領に当選。首都、ポトマック河畔に移る。
1803	12	ルイジアナ地方をフランスより購入。
1804	5	ルイス、クラークの西部探検(〜06)。
1810	10	米政府、西フロリダをルイジアナの一部として併合を声明。
1812	6	イギリスに宣戦布告、1812年戦争始まる(〜14)。
1820	2	ミズーリ協定成立(奴隷制をめぐる南北の対立の一時的な収拾)。
1823	12	モンロー主義宣言。
1825	10	エリー運河の開通、ニューヨーク港発展の基礎となる。
1828	12	アンドルー・ジャクソン、第7代大統領に当選。
1830	5	先住民強制移住法成立。
1836	3	テキサス、メキシコより独立を宣言、1845年には州として連邦に加入。
1846	5	メキシコ戦争勃発(〜48)。
	6	オレゴン協定で米加国境確定。
1848	1	カリフォルニアに金鉱発見。
	2	メキシコ戦争終結、カリフォルニア、ニューメキシコ地方をメキシコより獲得。
	7	ニューヨーク州セネカフォールズで女性の権利のための宣言が採択される。
1852		ストウ夫人、『アンクル・トムの小屋』出版。
1853	7	ペリー、浦賀に着く。
1854	5	カンザス-ネブラスカ法成立、ミズーリ協定の廃棄。
1860	11	共和党のリンカーン、第16代大統領に当選。
1861	2	南部7州、南部連合を結成(のちに11州となる)。
	4	南軍、サムター要塞を攻撃。南北戦争勃発(〜65)。
1862	5	自営農地法成立。
1863	1	奴隷解放宣言。11月19日、リンカーンの「ゲティスバーグ演説」。
1865	4	リー将軍降伏。南北戦争終結。
	4	リンカーン、撃たれ翌朝死亡。
1867	3	南部再建諸法の制定。南部を軍政下におく。
	10	ロシアよりアラスカを購入。

1869	5	最初の大陸横断鉄道完成。
	5	全米婦人参政権協会、ニューヨークに設立。
1876	6	リトル・ビッグホーンの戦い(カスター将軍の軍全滅)。
1877	4	連邦軍、南部より撤退(再建の終了)。
1889	9	ジェイン・アダムズがシカゴにハルハウス設立。
1890	7	シャーマン反トラスト法の成立。
	12	ウーンデッドニーの虐殺。
	—	国勢調査局、フロンティアの消滅を発表。
1892	2	人民党、セントルイスで正式に結成される。
	7	カーネギー鉄鋼会社のホームステッド工場でストライキ。
1894	6	アメリカ鉄道組合の指導でプルマンのストライキ(〜7月20日)。
1896	7	ブライアン、民主党全国大会で「黄金の十字架」演説を行なう。
1898	2	キューバのハヴァナ港にて、アメリカの軍艦メイン号の爆沈。
	4	スペインに宣戦布告。米西戦争の勃発(同年12月10日、終結)。
	7	ハワイ併合条約の承認。
1899	9	国務長官ジョン・ヘイの「門戸開放」宣言。
1901	9	マッキンリー大統領暗殺され、セオドア・ローズヴェルト大統領就任。
1903	11	パナマ共和国を承認し、同月18日運河地帯の永久租借権を獲得。
	—	ライト兄弟による初飛行の成功。
1904	5	パナマ運河建設の着工(1914年8月開通)。
1905	7	世界産業労働者同盟(IWW)結成。
	7	デュボイスら黒人活動家、ナイアガラ運動の声明発表。
	9	ローズヴェルト大統領の調停でポーツマス条約締結(日露戦争終結)。
1906	10	サンフランシスコでアジア系学童に差別政策。
1907	—	日米紳士協定成立。日本、移民自主規制を約束(08年2月失効)。
1912	6	共和党全国大会、タフトを大統領候補に指名。ローズヴェルト、共和党を脱退して革新党を結成。
	11	ウッドロー・ウィルソン(民主党)、第28代大統領に当選。
1913	2	憲法修正第16条発効(所得税の設置)。
	—	フォード、自動車モデルT型の大量生産開始(流れ作業の導入)。
1914	8	ウィルソン大統領、第一次世界大戦に中立を宣言。
	8	パナマ運河の開通。
1915	5	ドイツ潜水艦、イギリス客船ルシタニア号撃沈、アメリカ人船客128名死亡。
1917	1	ウィルソン大統領、上院で「勝利なき平和」の演説。
	4	ドイツに宣戦布告。
1918	1	ウィルソン大統領、年頭教書で、平和再建構想「14ヵ条」を発表。
	11	第一次世界大戦休戦。
1919	1	憲法修正第18条発効(全国禁酒を規定)。翌20年1月実施。
	6	ヴェルサイユ条約の調印(第一次世界大戦の終結)。
	7	シカゴで人種暴動起きる。
1920	5	サッコ・ヴァンゼッティの逮捕(1927年4月両名に死刑判決、8月処刑)。
	8	憲法修正第19条発効(婦人参政権の付与)。
1921	11	ワシントンで海軍軍縮会議開催(〜22年2月6日)。
1924	5	移民割当法の成立(移民を国別に制限、日本人移民は禁止)。
1927	5	リンドバーク、大西洋無着陸横断飛行に成功し、英雄となる。
1929	10	暗黒の木曜日(ニューヨークで株式の大暴落)。大恐慌始まる。
1931	6	フーヴァー・モラトリアム、戦債および賠償金支払の一年間停止提案。
1932	1	スティムソン・ドクトリン発表、日本の満州占領不承認。
1933	3	フランクリン・ローズヴェルト、第32代大統領に就任。

	3	（〜6月16日）「百日」議会開会、第一次ニューディール諸法を立法。
1935	5	最高裁、全国産業復興法 (NIRA) に違憲判決。
	7	全国労働関係法（ワグナー法）成立、労働組合活動を保障。
1936	1	最高裁、農業調整法 (AAA) に違憲判決。
	11	ローズヴェルト、圧倒的多数で大統領に再選。
1938	5	非米活動委員会、下院に設置。ナチス支持活動調査。第二次世界大戦後、赤狩りへ。
1941	12	真珠湾、日本軍に奇襲される。日本に宣戦布告。第二次世界大戦に参戦。
1942	3	太平洋岸で日系人の強制収容はじまる。
1944	6	軍人調整法制定。復員兵を援助。
1945	5	ドイツ降伏。ヨーロッパでの戦闘終了。
	8	広島に初の原爆投下。日本降伏。第二次世界大戦終結。
1950	2	マッカーシズム始まる。ジョゼフ・マッカーシー上院議員による赤狩り。（〜1954）。
1951	9	対日講和条約、日米安保条約、サンフランシスコにて調印。
1954	5	最高裁、公立学校の人種分離教育に違憲判決。ブラウン判決。
1955	12	アラバマ州モントゴメリーで黒人たちが人種差別バスをボイコット。キング牧師の登場。
1960	9	ケネディとニクソンの大統領選 TV 討論会放映。政治における TV の役割増大。
1962	10	キューバ危機勃発。ソ連によるミサイル基地建設に対し、キューバを海上封鎖。
	—	レイチェル・カーソン、『沈黙の春』出版。殺虫剤乱用に警鐘。
1963	8	人種差別に反対するフリーダム・マーチ、ワシントンを行進。キング牧師、「私には夢がある」と演説。
	11	ケネディ大統領、テキサス州ダラスにて暗殺される。
	—	ベティ・フリーダン、『女らしさの神話』出版。
1964	7	公民権法成立。
	10	キング牧師、ノーベル平和賞受賞。
1965	2	アメリカ軍、北爆開始。ベトナム戦争激化。
1966	3	ベティ・フリーダンら、全国女性組織 NOW 結成。フェミニズムの代表勢力に。
1968	1	ベトナムでテト攻勢。
	3	ジョンソン、大統領選不出馬を表明。
	4	キング牧師、テネシー州メンフィスで暗殺される。
1969	4	ハーヴァード、コーネルなど各地の大学紛争、深刻化。
1970	12	このころ、婦人解放運動盛ん。ウィミンズ・リブと呼ばれる。
1972	3	男女平等憲法修正案 (ERA)、上院を通過。1982年、批准を得られず廃案。
1973	1	最高裁、人工妊娠中絶に合憲判決。ベトナム和平議定書調印。
	5	ウォーターゲート事件、発覚。前年度の盗聴未遂事件に大統領の関与が問題に。
1974	8	ニクソン大統領、全米放送で辞任表明。
1975	4	ベトナム戦争終結。サイゴン陥落。ベトナム人亡命者14万人を受け入れ。
1981	1	レーガン、大統領に就任、7月に減税法案成立。
1983	4	レーガン、戦略防衛構想 SDI 発表。
	10	米軍、グレナダ侵攻。
1989	7	連邦最高裁、人工妊娠中絶を一部制限。議論沸騰。
1991	1	湾岸戦争おこる。多国籍軍、イラク攻撃。「砂漠の嵐作戦」。（〜2月）
1992	4	ロサンジェルスで黒人暴動おこる。白人警官の黒人暴行事件無罪がきっかけ。
1993	11	銃規制法案（ブレイディ法案）可決。銃購入に5日の待機期間。
1998	1	クリントン大統領に不倫疑惑。
2001	9	同時多発テロ勃発。
2003	3	イラク戦争開戦。米英軍による空爆「イラクの自由作戦」を開始。
	4	バグダッド陥落。翌月、ブッシュ大統領、大規模戦闘の終結を宣言。

おもな参考文献

〈邦語文献〉

有賀貞・大下尚一・志邨晃祐・平野孝『世界歴史体系　アメリカ史(1・2)』(山川出版社)

有賀夏紀『アメリカ・フェミニズムの社会史』(勁草書房)

有賀夏紀『アメリカの20世紀(上・下)』(中公新書)

有賀夏紀・油井大三郎『アメリカの歴史』(有斐閣アルマ)

五十嵐武士・福井憲彦『世界の歴史21　アメリカとフランスの革命』(中央公論新社)

猪木武徳・高橋進『世界の歴史29　冷戦と経済繁栄』(中央公論新社)

上杉忍『パクス・アメリカーナの光と陰　新書アメリカ合衆国史③』(講談社現代新書)

大下尚一・有賀貞・志邨晃祐・平野孝(編)『史料が語るアメリカ』(有斐閣)

亀井俊介(編)『アメリカ文化事典』(研究社)

紀平英作・亀井俊介『世界の歴史23　アメリカ合衆国の膨張』(中央公論新社)

木村靖二・柴宜弘・長沼秀世『世界の歴史26　世界大戦と現代文化の開幕』(中央公論新社)

斎藤眞・金関寿夫・亀井俊介・岡田泰男(監修)『アメリカを知る事典』(平凡社)

猿谷要『検証　アメリカ500年の物語』(平凡社)

猿谷要(編)『アメリカ大統領物語』(新書館)

下斗米伸夫・北岡伸一『世界の歴史30　新世紀の世界と日本』(中央公論新社)

清水博『世界の歴史17　アメリカ合衆国の発展』(講談社)

武田貴子・緒方房子・岩本裕子『アメリカ・フェミニズムのパイオニアたち』(彩流社)

飛田茂雄(編)『現代英米情報辞典』(研究社)

飛田茂雄『英米法律情報辞典』(研究社)

富田虎男・鵜月裕典・佐藤円『アメリカの歴史を知るための60章』(明石書店)

ノートン、メアリー・ベス他『アメリカの歴史』(全6巻)(三省堂)

野村達朗『フロンティアと摩天楼　新書アメリカ合衆国史②』(講談社現代新書)

松尾弌之『大統領の英語』(講談社学術文庫)

松岡完『ベトナム戦争』(中公新書)

安武秀岳『大陸国家の夢　新書アメリカ合衆国史①』(講談社現代新書)

油井大三郎・古田元夫『世界の歴史28　第二次世界大戦から米ソ対立へ』(中央公論新社)

吉見俊哉・小田隆裕・松尾弌之・巽孝之・能登路雅子・柏木博(編)『事典　現代のアメリカ』(大修館書店)

〈英語文献〉

Auchincloss, Louis. ed. *Theodore Roosevelt: Letters and Speeches.* New York: Library of America, 2004.

Gottlieb, Alan. ed. *George W. Bush Speaks to the Nation.* Bellevue: Merril Press, 2004.

Hitt, Laura. ed. *Human Rights.* San Diego: Greenhaven Press, 2002.

Lear, Linda. ed. *Lost Woods: The Discovered Writing of Rachel Carson.* Boston: Beacon Press, 1998.

MacArthur, Brian. ed. *The Penguin Book of Historic Speeches.* London: Penguin Books, 1996.

McIntire, Suzanne. ed. *American Heritage Book of Great American Speeches for Young People.* New York: John Wiley & Sons, Inc., 2001.

Straub, Deborah Gillan. ed. *Voices of Multicultural America: Notable Speeches Delivered by African, Asian, Hispanic, and Native Americans,* 1790–1995. New York: Gale Research, 1996.

Suriano, Gregory R. ed. *Great American Speeches.* New York: Gramercy Books, 1993.

Vonnegut, Jr., Kurt. *Wampeters, Foma & Granfalloons.* New York: Dell, 1976.

Waldman, Michael. ed. *My Fellow Americans: The Most Important Speeches of America's Presidents from George Washington to George W. Bush.* Naperville: Sourcebooks, 2003.

Woronoff, Kristen. ed. *American Inaugurals: The Speeches, the Presidents, and Their Times.* San Diego: Blackbirch Press, 2002.

索引

【ア行】

アイゼンハワー、ドワイト　Dwight David Eisenhower　160, 188, 238
アインシュタイン、アルベルト　Albert Einstein　115, 132–39
アグニュー、スピロ・T　Spire T. Agnew　237
アダムズ、アビゲイル　Abigail Adams　56
アダムズ、ジェイン　Jane Addams　75–76
アダムズ、ジョン　John Adams　56
アルデブロン、シャーロット　Carlotte Aldebron　217, 250–55
アンソニー、スーザン・B　Susan B. Anthony　11, 52–59
ウィルソン、ウッドロー　Woodrow Wilson　63, 88–95, 100, 103
ヴォネガット、カート　Kurt Vonnegut　167, 200–207
オズワルド、リー・ハーヴェイ　Lee Harvey Oswald　159
オッペンハイマー、ロバート　Robert Oppenheimer　136

【カ行】

カーソン、レイチェル　Rachel Carson　115, 148–55
カーター、ジミー　Jimmy Carter　241
カーネギー、アンドルー　Andrew Carnegie　68
キージー、ケン　Ken Kesey　204
ギャリソン、ウィリアム・L　William L. Garrison　41
キング、マーティン・ルーサー　Martin Luther King　87, 166, 168–75, 183
クーリッジ、カルヴィン　Calvin Coolidge　211, 214
クリントン、ヒラリー・ロダム　Hillary Rodham Clinton　217, 256–263
クリントン、ビル　Bill Clinton　257, 260–61
ケナン、ジョージ・F　George F. Kennan　128
ケネディ、ジョン・F　John F. Kennedy　115, 156–63, 166, 195–97
ケネディ、ロバート　Robert Kennedy　166, 173, 195, 199
ケリー、フローレンス　Florence Kelley　62, 72–79

ゴア、アル　Al Gore　247, 260
ゴールドマン、エマ　Emma Goldman　63, 96–103
ゴ・ディン・ジエム　Ngo Dinh Diem　188
コフィン・ジュニア、ウィリアム・スローン　William Sloane Coffin Jr.　167, 184–91
ゴルバチョフ、ミハイル　Mikhail Sergeyevich Gorbachev　246
コロンブス、クリストファー　Christopher Columbus　32

【サ行】

サヴィオ、マリオ　Mario Savio　166, 176–82
サリンジャー、J・D　J. D. Salinger　204
サンガー、マーガレット　Margaret Sanger　100
ジェームズ、フランク　Frank James　216, 226–33
ジェファソン、トマス　Thomas Jefferson　10, 20–27
ジャクソン、アンドルー　Andrew Jackson　31, 35
ジョセフ、チーフ　Chief Joseph　60
ジョンソン、リンドン・B　Lindon B. Johnson　51, 166–67, 188, 192–99
シラード、レオ　Leo Szilard　136
スターリン、ジョセフ・V　Joseph V. Stalin　123, 128
スタントン、エリザベス・ケイディ　Elizabeth Cady Stanton　55–57, 59
スミス、ジョン　John Smith　16

【タ行】

ダーウィン、チャールズ　Charles Darwin　76
ターナー、ナット　Nat Turner　41
ダグラス、スティーヴン　Stephen Douglas　51
ダグラス、フレデリック　Frederic Douglass　11, 36–43, 50
チザム、シャーリー　Shirley Chisholm　167, 208–14
チャーチル、ウィンストン　Winston Churchill　120, 123, 128
ディクシー・チックス　the Dixie Chicks　264
デブス、ユージン　Eugene Debs　100

デュボイス、W. E. B　W. E. B. Du Bois　63, 80–87, 172
テラー、エドワード　Edward Teller　136
トルーマン、ハリー・S　Harry S Truman　114, 123, 124–31, 160

【ナ行】
ニクソン、リチャード　Richard Nixon　160, 167, 199, 212, 214、234–241

【ハ行】
パークス、ローザ　Rosa Parks　172
バークマン、アレクサンダー　Alexander Berkman　99–100
パイエルス、ルドルフ　Rudolf Peierls　136
バオ・ダイ　Bao Dai　188
ハンフリー、ヒューバート　Hubert Humphrey　199, 238
ヒトラー、アドルフ　Adolf Hitler　120, 128
ビンラディン、オサマ　Osama bin Laden　245, 247
フーヴァー、ハーバート　Herbert Hoover　108, 111
ブース、ジョン　John W. Booth　45, 48
フォークナー、ウィリアム　William Faulkner　115, 140–47
フォード、ジェラルド　Gerald Ford　240–41
フセイン、サダム　Saddam Hussein　246, 248–51, 254
ブッシュ、ジョージ　Geroge Herbert Walker Bush　217, 243, 246, 248, 260
ブッシュ、ジョージ・W　George W. Bush　217, 242–49, 256–57, 260–61, 264
ブラウン、ジョン　John Brown　85
フランクリン、ベンジャミン　Benjamin Franklin　41
フリーダン、カール　Carl Friedan　222
フリーダン、ベティ　Betty Friedan　216, 218–25
フリック、ヘンリー・クレイ　Henry Clay Frick　68, 100
フリッシュ、オットー　Otto Frisch　136
フルシチョフ、ニキータ　Nikita Sergeyevich Khrushchev　238
ペイン、トマス　Thomas Paine　24
ヘラー、ジョセフ　Joseph Heller　204
ヘンリー、パトリック　Patrick Henry　10, 12–19
ホイットニー、イーライ　Eli Whitney　41
ホー・チ・ミン　Ho Chi Minh　131, 188
ポカホンタス　Pocahontas　16

【マ行】
マーシャル、ジョージ・C　George C. Marshall　131
マッカーシー、ジョセフ　Joseph McCarthy　144
マッキンリー、ウィリアム　William McKinley　68–69
マハン、アルフレッド・T　Alfred T. Mahan　67, 71
マルコム X　Malcolm X　183
ムーア、マイケル　Michael Moore　217, 264

【ラ行】
リー、ロバート・E　Robert Edward Lee　45
リンカーン、エイブラハム　Abraham Lincoln　11, 45–51, 173, 197
ルビー、ジャック　Jack Ruby　159
レーガン、ロナルド　Ronald Regan　217, 246, 260
レッド・ジャケット　Red Jacket　11, 28–35
ローズヴェルト、エリナー　Eleanor Roosevelt　107, 164
ローズヴェルト、セオドア　Theodore Roosevelt　62, 64–71, 108, 236–37, 240–41
ローズヴェルト、フランクリン・D　Franklin D. Roosevelt　63, 104–111, 114, 116–23, 128, 136, 164
ロック、ジョン　John Locke　24–25
ロックフェラー、ジョン・D　John D. Rockefeller　68

【ワ行】
ワシントン、ジョージ　George Washington　19, 32
ワシントン、ブッカー・T　Booker T. Washington　83–84

【編著者紹介】

上岡 伸雄（かみおか のぶお） 1958年東京生まれ。東京大学大学院英文科修士課程修了。米国ブラウン大学英文科修士課程修了。学習院大学文学部教授。現代アメリカ小説専攻。主な著書に、『ニューヨークを読む――作家たちと歩く歴史と文化』（中央公論新社）、『現代英米小説で英語を学ぼう――Read and Translate』（研究社）、『CD付き英語達人読本』（共著）（中央公論新社）など、主な訳書に、ドン・デリーロ『ボディ・アーティスト』『コズモポリス』（新潮社）、フィリップ・ロス『ヒューマン・ステイン』『ダイング・アニマル』（集英社）、E. アニー・プルー『シッピング・ニュース』（集英社）など、小説に、『この風にトライ』（集英社）がある。

【CD吹き込み者紹介】

ロジャー・パルバース（Roger Pulvers） 1944年ニューヨーク生まれ。作家、劇作家、演出家。UCLAおよびハーバード大学大学院で学ぶ。ワルシャワ、パリに留学ののち、67年に初来日。著書に『ほんとうの英語がわかる 51の処方箋』（新潮選書）、『キュート・デビルの魔法の英語』（研究社）など多数。役者としては『スパイ・ゾルゲ』（篠田正浩監督）などに出演。現在、東京工業大学世界文明センター長。ホームページは、Roger Pulvers Official Site (http://www17.ocn.ne.jp/~h-uesugi/)。

ザンティ・スミス（Xanthe Smith） ニューヨーク生まれ。カリフォルニア大学バークレー校卒業。1987年より日本でライター、ナレータとして活躍しつつ、2001年からはハワイの小学校で日本語も教えている。著書に *A Brave Clown* (AEON Kids) など。

名演説で学ぶアメリカの歴史

2006年9月11日 初版発行　　2016年5月20日 8刷発行

編著者● 上岡伸雄

Copyright © 2006 by Nobuo Kamioka

CD吹き込み者● ロジャー・パルバース (Roger Pulvers)
ザンティ・スミス (Xanthe Smith)

発行者● 関戸雅男
発行所● 株式会社 研究社
〒102-8152　東京都千代田区富士見2-11-3
電話　編集 (03)3288-7711(代)　　営業 (03)3288-7777(代)　　振替　00150-9-26710
http://www.kenkyusha.co.jp/

KENKYUSHA
〈検印省略〉

装丁・CDデザイン● 久保和正
イラスト● ウノカマキリ
本文・目次・各章扉レイアウト● 古正佳緒里
編集協力・CDタイトル曲● 砂見尚志

印刷所● 研究社印刷株式会社
CD録音・編集・制作● (株)東京録音

ISBN978-4-327-45198-1 C0082　Printed in Japan